Qiye Zhanlüe
Guanli

21世纪高等职业教育精品教材·工商管理类

U0648789

企业战略管理

（第七版）

谭开明　魏世红　主编

东北财经大学出版社　大连
Dongbei University of Finance & Economics Press

图书在版编目（CIP）数据

企业战略管理 / 谭开明，魏世红主编. —7版. —大连：东北财经大学出版社，2025.7. —（21世纪高等职业教育精品教材·工商管理类）. —ISBN 978-7-5654-5733-3

Ⅰ.F272.1

中国国家版本馆CIP数据核字第202559J4V8号

企业战略管理

QIYE ZHANLÜE GUANLI

东北财经大学出版社出版

（大连市黑石礁尖山街217号　邮政编码　116025）

网　　址：http://www.dufep.cn

读者信箱：dufep@dufe.edu.cn

大连市东晟印刷有限公司印刷　　　东北财经大学出版社发行

幅面尺寸：185mm×260mm　　　字数：342千字　　　印张：15

2025年7月第7版　　　　　　　2025年7月第1次印刷

责任编辑：郭海雷　张爱华　　　责任校对：何　群　刘贤恩

封面设计：原　皓　　　　　　　版式设计：原　皓

书号：ISBN 978-7-5654-5733-3　　　定价：42.00元

"人工智能+"时代正向我们走来，以人工智能产业为代表的新兴产业发展迅猛，展现出惊人的发展潜力，这些新兴产业为传统行业注入了新的活力，也改变了我们曾经熟知的商业模式。尤其在数字化转型和绿色经济推动下，行业变革周期显著缩短，传统制造业需要快速适应智能技术渗透，服务业则需要适应消费偏好多样化与碎片化带来消费模式的变化，线上线下融合成零售业常态等，这些都让现阶段的企业面临生存和发展的巨大挑战。因此，加强战略管理，制定突出全局性、长远性、科学性的总体发展规划，适时依据企业内外部环境变化进行战略调整，对当前企业实现成功转型具有重要意义。

技术迭代加速行业重塑，产业升级与创新压力给企业经营带来很大的挑战，战略转型将成为企业的新常态。为了适应"人工智能+"带来的社会经济形态的变化，企业战略管理的流程和方法需要进行相应调整。企业战略管理不是静态的管理过程，而是一种循环往复的动态的管理过程，需要企业根据外部环境和组织内部条件的变化以及战略实施的结果进行不断分析、评价和调整，直到达到预期的效果。紧跟时代的变化，尽可能全面地反映新时代企业战略管理实践发生的变革，正是本书此次修订力求达到的目标。

本书这一版在保留原有框架的基础上，重新修订了每章学习目标，将学习目标分解为知识目标、能力目标和素养目标，便于学生更加清晰明确具体学习目标和掌握程度。同时，本次修订继续深化企业战略管理实务与思政育人的有机融合，通过拓宽更多更新的思政视角，设计特色鲜明的课程思政内容，将立德树人理念贯穿于课程学习的全过程中，充分挖掘和体现战略管理理论中所蕴含的思政元素与所承载的思政功能。在课后练习"德育训练"栏目中，更新了最新的符合中国国情、体现中国特色的中国本土企业案例，有利于培养学生"四个自信""四个意识"，提升学生爱国主义情怀和民族自豪感等。

此次修订突出与时俱进、强化实务操作的特点，遵循反映新时代企业战略管理实践变革的思路，对各章正文和课后训练中的案例进行了更新，力求以最新经典案例反映新时代的特征，对实训栏目内容也进行了适当的更新与充实，以帮助学生尽快理解书中理论知识、提高应用能力。

本书由谭开明教授、魏世红教授担任主编。在本次修订编写中，大连大学赵婉均、东北财经大学唐易、云南财经大学谭鲲鹏承担了部分思政案例、企业管理案例的收集整理工作，河池学院陈喜玲、蒋珊珊、黄海燕、何宇冉、覃雅琪、李嘉芳同学承担了部分章节实训内容设计等工作。谭开明教授负责对全书进行校对、统稿和修订。

在本书编写过程中，我们借鉴了国内外许多有价值的文献，向相关作者表示衷心感谢。在本书第七版修订完成之时，我们由衷感谢东北财经大学出版社郭海雷编辑的热心帮助。由于时间仓促，书中难免有不足之处，敬请广大读者批评指正，以便不断完善。

编　者

2025 年 5 月

Contents

目录

企业战略管理概论

[学习目标]

知识目标：

1.掌握企业战略的定义、特点、构成要素、类型及作用。

2.了解我国历史上优秀战略思想的产生与发展。

3.理解企业战略管理的特征和过程。

能力目标：

1.能对企业战略管理水平进行综合分析与评价。

2.能对战略实施偏差提出可行性调整方案。

素养目标：

1.建立对中华传统战略智慧的认同感与传承使命感。

2.理解企业战略与国家产业政策之间的联动关系，塑造具有前瞻性和全局性的决策思维模式。

1.1 企业战略管理基本概念

1.1.1 战略与企业战略

1）战略概念源于军事

我们首先要了解什么是战略及其发展过程。"战略"一词早已存在，源于战争和军事活动，是战争实践、军事活动的理论概括，是指导战争的谋略，也就是克敌制胜的良策。在西方，战略（strategy）一词源于希腊语"strategos"或由其演变出的"stragia"，前者的意思是"将军"，后者的意思是"战役""谋略"，都是指指挥军队的科学和艺术。

在中国，早在春秋时代，齐国人孙武在总结过去战争经验的基础上写成了《孙子兵法》，虽未用"战略"命名，但其内容蕴涵着丰富的战略思想，并流传至今，被世界各国运用，颇有影响力。《隆中对》是我国历史上军事战略系统分析的典范。我国以"战略"命名的专著，从西晋司马彪的《战略》之后不断出现，著名的有明代军事家茅元仪编著的《廿一史战略考》等。

我国古代优秀战略思想是文化自信的重要组成

中华民族是一个历史悠久、文化灿烂的民族，是一个富于创造性和智慧性的民族。中华民族灿烂文化和高度智慧的结晶之一便是很早就重视并学会了战略性思维，很早便懂得了"人无远虑、必有近忧"（孔子）的道理。

例如，"以民为本"在我国古代就是一项重要的政治战略，也是一项基本的治国方略，历代政治家、思想家给予了高度重视和充分阐释。如孟子提出了"民为贵，社稷次之，君为轻"的观点，高度重视"民"在治国中的战略地位。《左传》《国语》《尚书》等古代典籍，都有丰富的论述，如"天聪明，自我民聪明；天明畏，自我民明威""天视自我民视，天听自我民听"，无一不把"民"的意志愿望视作天意的根源，视为统治的第一要素，把顺从民意视为君主进行统治的基本战略原则。

以人为本始终是中国共产党的根本宗旨和执政理念的集中体现，是中国特色社会主义理论体系的核心。多年来，党坚持把"人民拥护不拥护""人民赞成不赞成""人民高兴不高兴""人民答应不答应"，作为各项政策方针的出发点和归宿。党的一切奋斗和工作都是为了造福人民。发展为了人民，发展依靠人民，发展成果由人民共享，使全体人民朝着共同富裕的方向稳步前进。

资料来源 董根洪. 中国古代战略思想［J］. 资料通讯，2001（4）：18-23.节选.

在人类社会的不断发展中，人们逐步把战略应用于广泛的领域：政治活动，如政党和政府的某一时期为实现总体目标所进行的资源部署、对策措施等战略规划；经济活动，如指导国民经济或某些重要产业发展的战略等。

2）战略概念引入企业经营管理领域

战略被引入经济领域的历史并不算长，最早把战略的思想内容引进企业经营管理领域的是美国的管理学家切斯特·巴纳德（1886—1961）。他在其代表作《经理人员的职能》（1938年出版）一书中，说明了企业是一个由物质、生物、个人和社会几个方面因素构成的综合系统。为了说明企业组织的决策机制，他开始运用战略因素这一思想对企业诸因素及它们相互之间的影响进行分析。

国外在企业经营管理领域中广泛使用战略概念是在1965年，以美国学者安索夫（H.I.Ansoff）的主要著作《公司战略》的问世为代表。在此之前，人们总认为企业战略是偶然决定的，或者认为它是最高决策者的信念、直觉的产物。在以往的管理理论中，和战略相关的内容仅仅是以"企业家活动""企业政策""长期计划"等名称出现的。安索夫针对20世纪50年代末期出现的企业规模扩大和转向多种经营的形势，分析了产品-市场战略的意义。他把"经营决策结构"和"战略决策模式"摆在首位，以确定企业目标作为决策的出发点，建立了自己的企业战略规划理论，继而在1979年推出了《战略管理》，研究从战略计划推向战略经营，从现代组织理论的立场出发，分析环境、战略、组织三者之间的对应关系，进一步发展了企业战略模式的理论。

20世纪80年代，战略管理得到了较大发展，以产业结构分析为基础的竞争战略理论占据了主导地位。最近十年，企业注重对自身独特的资源和知识的积累，以形成特有的竞争力，从而形成了以资源、知识为基础的核心竞争力理论。

3）企业战略的定义

关于战略的定义至今仍没有统一的认识，许多学者从多种角度进行探讨，赋予企业战略不同的含义。20世纪80年代以后，明茨伯格以其独特的认识归纳总结了"战略"的五个定义：计划（plan）、计谋（ploy）、模式（pattern）、定位（position）和观念（perspective）。

（1）战略是一种计划。大多数人认为战略是一种计划，它代表了用各种各样精心构建的行动或一套准则来处理各种情况。战略的这个定义具有两个特点：第一，战略是在企业经营活动之前制定的，战略先于行动；第二，战略是有意识、有目的地开发和制订的计划。在企业的管理领域中，战略计划与其他计划不同，是关于企业长远发展方向和范围的计划，其适用时限长，通常在一年以上。战略确定了企业的发展方向（如巩固目前的地位、开发新产品、拓展新市场或者实施多元化经营等）和范围（如行业、产品或地域等）。战略涉及企业的全局，是一种统一的、综合的、一体化的计划，其目的是实现企业的基本目标。目前我国许多企业纷纷通过"三层次战略架构"（十年远景、五年规划、三年行动方案）为企业长期发展提供方向与目标。

（2）战略是一种计谋。战略也是一种计谋，是要在竞争中取胜竞争对手、令竞争对手处于不利地位及受到威胁的智谋。这种计谋是有准备和意图的。例如，当企业知道竞争对手正在制订一项计划来提高市场份额时，企业就可以准备增加投资去研发更新、更尖端的产品，从而增加自身的竞争力。因此，战略是一种计谋，使之能对竞争对手构成威胁。

（3）战略是一种模式。有的学者认为，将战略定义为计划是不充分的，它还应包括由计划导致的行为，即战略是一种模式，是一系列行动的模式或行为的模式，或者是与企业的行为相一致的模式。"一系列行动"是指企业为实现基本目的而进行竞争、分配资源、建立优势等决策与执行活动，是独立于计划的。计划是有意图的战略，而模式则是已经实现的战略。从这个角度来看，战略可以区分为经过深思熟虑的战略和应急战略。在经过深思熟虑的战略中，先前的意图得以实现；在应急战略中，模式的发展与意图无关。应急战略主要是通过动态适应机制完成风险抵御和控制，为企业实现可持续发展提供战略支撑。

（4）战略是一种定位。将战略作为一种定位，涉及企业如何适应所处环境的问题。定位包括相对于其他企业的市场定位，如生产或销售什么类型的产品或服务给特定的部门，或以什么样的方式满足客户和市场的需求，如何分配内部资源以保持企业的竞争优势。战略的定位观认为，一个事物是否属于战略，取决于它所处的时间和情况。今天的战术问题，明天就可能成为战略问题。在细节可以决定成败的时候，细节就成为战略问题。战略问题是确定自己在市场中的位置，并据此正确配置资源，以形成可以持续的竞争优势。因此，战略是协调企业内部资源与外部环境的力量。比如，海底捞的定位是以服务为核心的中高端火锅连锁品牌，通过超预期服务差异化竞争，将用餐体验作为品牌壁垒和长期竞争优势。

（5）战略是一种观念。从这个角度来看，战略不仅包含既定的定位，还包括感知世界的一种根深蒂固的认识方式。这个角度指出了战略观念通过个人的期望和行为而形成共享，变成企业共同的期望和行为。

那么企业战略应如何定义呢？

根据理论界和企业界多数人的看法，企业战略可定义为：企业面对激烈竞争、严峻挑

3

战的环境，为求得生存和发展而做出的带有长远性、全局性的谋划或方案。它是企业经营思想的体现，是一系列战略性决策的结果，又是制订中长期计划的依据。

这个定义包括了以下含义：

第一，企业战略是在市场经济条件下，企业在激烈竞争、严峻挑战的形势下所做出的对策集合。例如，英国最早实行的是自由市场经济模式，在第二次世界大战后市场竞争日益激烈的条件下，英国企业才真正有了制定和实施战略的需要。

第二，企业战略是企业为了长期生存和发展所做出的谋划。显然，企业战略关系着企业的成败兴衰，决定着企业能否不断成长。

第三，企业战略是一系列战略性决策的成果。为了正确制定企业战略，企业必须从实际出发，正确总结历史经验，深入分析企业内外情况，科学预测未来发展，绝不能靠主观设想或单凭过去经验来制定企业战略。

第四，企业战略同经营思想、决策、计划等概念有密切关系，但不可以把它们混同。

1.1.2　企业战略的特点

尽管管理学派和经理们对战略定义的认识有很多分歧，但是对战略特点的认识基本一致。概括起来，企业战略具有以下特点：

1）全局性

企业战略以企业全局为研究对象，按照企业总体发展的需要，规定企业的总体目标，确定企业的总体行动方向，追求企业的总体效果。虽然它必然包括企业的局部活动，如下属经营单位的活动、职能部门的活动等，但是这些局部活动都是作为总体行动的有机组成部分在战略中出现的。也就是说，企业战略不是专为企业某一局部或单项活动谋划的方案，而是把注意力放在企业的总体发展上。这也就决定了企业战略具有综合性和系统性。

2）长远性

企业战略既是企业谋取长远发展的反映，又是企业在未来较长时期内如何生存和发展的通盘筹划。这就是说，企业战略着眼于企业的未来，是为了谋求企业的长远发展和长远利益。因此，那种不顾企业长远发展的一切短期行为，都是缺乏战略眼光的行为。虽然在制定战略时，要以企业内外条件的当前情况为出发点，在战略实施中必须搞好当前的生产经营活动，但是这一切不仅是为了当前，更是为了长远发展，当前是长远发展的起点。企业战略的长远性决定了企业战略的方向性和阶段性。

思政视角 1-2

让中华优秀传统文化赋能企业创新发展

中华文化蕴含整体性和综合性的思维方式，"天人合一"的思想有利于企业形成超越传统战略管理范式的战略观。中华文化蕴含动态性和前瞻性的理念，以前瞻性、动态性看企业创新发展意味着要超越传统的资源观、核心能力观，形成更有效的动态能力观乃至先导能力观。以中华传统伦理性思维中的"仁"和"礼"为核心看待企业价值追求，更能激发以意义为方向、以人性为本质、以员工价值最大化为特色的企业管理新范式。

资料来源　陈劲.让中国优秀传统文化赋能企业创新发展［J］.清华管理评论，2023（10）：1.

3）竞争性

这是指企业战略是关于企业在竞争中如何与竞争对手抗衡的行动总方案，也是针对来自各方的各种冲击、压力、威胁和困难，迎接挑战的行动方案。它不同于那些单纯以改善企业现状、增加效益、提高管理水平等为目的，而不考虑如何竞争、如何迎接挑战的行动方案。应当明确的是，现代的市场总是与激烈竞争密不可分的，企业只有正视竞争，参与竞争，准确地谋划具有竞争取胜性的战略，才能保证自己的生存和发展。企业战略的产生和发展，就是因为企业面临激烈竞争和严峻挑战，否则企业就不需要战略了。

4）纲领性

这是指企业战略所规定的关于企业的总体长远目标、发展方向、前进道路、发展重点，以及应采取的基本行动方针、重大措施和基本步骤，都充分体现原则性、概括性的特点，是企业的行动纲领。要将企业战略变成实际行动，还需要将其进一步展开、分解和具体化，形成企业计划。

5）动态性

这是指企业战略必须是稳定性与灵活性密切结合的行动方案。企业战略是关于企业长远发展的行动纲领，不能频繁变化，使企业员工无所适从，它必须是稳定的。同时，企业战略必须在其执行过程中，根据企业内外部条件的重大变化，尤其是那些原来未预料到的重大变化，及时调整战略的内容，甚至在必要时废弃原来的战略，重新制订新的战略。战略的动态性就是指企业根据内外部条件的重大变化，及时对企业战略进行必要的调整或重新制定。

6）风险性

企业战略是对未来发展的规划，然而环境总是处于不确定的和变化莫测的趋势中，任何企业战略都伴随风险，如财务风险、经营风险。企业管理者必须习惯于管理各种不确定性，正确地认识、化解乃至创造并利用不确定性。企业战略规划一般流程是从战略分析、战略选择、战略实施到战略评价与控制，是一个渐进螺旋式调整上升的过程，整个过程都存在各种各样的不确定性风险。

7）相对稳定性

企业战略一经制定，在较长时期内要保持稳定（不排除局部调整），以利于企业各级单位和部门努力贯彻执行。战略的稳定性是由战略的全局性和长远性决定的。不论是何种战略，它的生命周期的终结都依赖于战略目标的最后实现，这是战略之所以具有稳定性的重要原因。当然，战略的稳定性也是一个相对概念。任何战略只是大致的谋划，其本身就是粗线条的、有弹性的。战略出现明显错误或战略赖以存在的条件发生了重大变化，就需要对战略进行调整和修正。但这种情况应该尽量避免，要提高战略的科学性和适应性。否则，战略朝令夕改势必失去战略的实际价值，并且会造成不必要的损失。

8）复杂性

企业战略是企业高层领导人价值观念的反映，是一种高智慧的复杂脑力劳动和集体决策的结果，是一种非程序性决策。依靠战略咨询专家及企业高层领导团队的政治敏感、远见卓识、捕捉机遇、战略技巧的有机组合才能制定出好的企业战略，因此战略制定过程是非常复杂的。新战略的贯彻实施会牵扯到企业产品结构、组织机构、人事安排的调整，关系到企业内部干部和员工的切身利益、权力、地位等问题。实际上从某种角度来说，企业战略的实施是企业内部高层领导者政治权力平衡的结果，因此企业的董事长或总经理如果没有坚定的决心，即使企业战略制定得很好，也未必能贯彻到底。事实也证明，有的企业战略贯彻1~2年就被迫停下来，就是因为阻力太大，贯彻不下去。只有企业的董事长或总经理具有贯彻战略的坚定决心，排除企业内外一切干扰，又制定了切实可行的措施，企业战略才能得到贯彻，因此战略的贯彻实施也是非常复杂的。

观念应用1-1

麦当劳的"中式维新"发展战略

麦当劳（McDonald's）是全球大型跨国连锁餐饮企业，1955年创立于美国芝加哥附近的德斯普兰斯，在世界上拥有3万多家分店。1990年10月8日，麦当劳正式进入中国内地市场。

随着中国经济高速发展，市场呈现越来越多本土化的特色，大量跨国企业难以找到可直接复制的商业模式。麦当劳曾在中国内地出现一定的"水土不服"，但麦当劳立即调整融入了本地居民的生活，加速适应了中国餐饮市场的独特之处。

中信进入之后，将大量资源投入到麦当劳的外卖业务，6周做出麦当劳App。早餐依据区域性口味推出了"粥王系列"，张家茵称其不是一个品牌差异点，而是品牌渗透点。

目前，中国内地已成为麦当劳全球第二大市场、全球发展最快的市场，以及美国以外全球最大的特许经营市场。截至2020年2月，中国内地有超过3 500家麦当劳餐厅，每年服务顾客超过10亿人次，员工人数超过18万人。

资料来源　谭璐.麦当劳"中式维新"[J].21世纪商业评论，2019（5）：46-48.节选.

分析：企业战略的制定是企业谋取长远发展的直接反映，是企业在未来较长时期内如何生存和发展的通盘筹划。企业战略应着眼于顺应时代的发展，传统行业照样可以创新，中信进入后的麦当劳就是根据市场变化在做连续不断的微创新。

1.1.3　企业战略管理的特征及观念

1）企业战略管理的特征

基于上述企业战略的内涵，企业战略管理具有以下主要特征：

（1）一般来讲，企业战略管理的主体是企业高层领导。由于企业战略涉及企业的整体，既涉及企业资源的调配和使用，又涉及企业内部的各项职能和各个经营事业单位，只有高层领导才能全面、综合考虑到企业的各个方面，有权对资源进行调度，因而高层领导参与决策是必不可少的。

（2）战略性决策通常是涉及面很广的决策。企业中很多战略性问题的决策都涉及企业内部的各个部门，如用户构成、竞争重点、组织结构等，各个部门都会受到由这种决策所引起的资源调配和职责分工的影响。

（3）企业战略管理要体现对未来的预见性。企业战略的制定是基于高层领导人员的预测和判断，而不是基于已知事实，为此必须考虑多种方案并做出权衡选择。在变动和竞争的环境中，企业若要取得成功，就不能对未来的变革被动地做出反应，而是要秉持主动进攻的态度。

（4）企业战略管理要适应企业内外部环境的变化。企业战略受到外部环境因素的制约，所有的企业都处于一个开放系统之中，受到环境的影响，也影响环境，而这些环境因素基本上都不受企业控制。企业在未来的环境中要取得成功，不仅要看自己的经营，而且要注意竞争对手、用户和供应者等的行动。

2）从战略管理的角度讲，企业应该树立的几个观念

（1）系统总体优化的观念。企业作为系统，其战略性的决策应从系统总体出发进行优化，尽量防止从局部出发的优化。运用系统辩证思维方法，将企业看作一个系统整体，研究企业内部人、财、物各子系统的协调，使生产要素得到合理配置，才能使企业系统整体化，提高企业经济效益，以最小的人、财、物消耗，获得最佳的经济效益。

（2）有限的、合理性的观念。从企业总体出发对战略进行优化是一个重要原则，但在贯彻中必然涉及诸多复杂因素，其中还有相当多的因素是不确定的。由于决策受到时间和信息不充分的限制，往往只能在可取得的信息和时间许可的范围内寻求令人满意的方案。此外，战略决策除理性因素外，要受非理性因素如组织结构和人的行为因素等的制约，因此以有限、合理性为基础，考虑非理性的因素，是又一个重要的战略观念。

（3）资源有限的观念。企业在经营中具有的和可取得的资源是有限的。为此，在战略决策中必须有所取舍，不能贪多求全，应把有限的资源有重点地用在建立某些方面的优势上，而不是追求建立全面优势。对资源的调配使用还应该分清轻重缓急，制定出先后顺序，避免因某些偶然事件的发生而导致资源的调配偏离企业的方向和战略部署。

思政视角 1-3

习近平谈资源安全：全面促进资源节约集约循环利用

生态环境问题，归根到底是资源过度开发、粗放利用、奢侈消费造成的。资源开发利用既要支撑当代人过上幸福生活，也要为子孙后代留下生存根基。要解决这个问题，就必须在转变资源利用方式、提高资源利用效率上下功夫。

要树立节约集约循环利用的资源观，实行最严格的耕地保护、水资源管理制度，强化能源和水资源、建设用地总量和强度双控管理，更加重视资源利用的系统效率，更加重视在资源开发利用过程中减少对生态环境的损害，更加重视资源的再生循环利用，用最少的资源环境代价取得最大的经济社会效益。要全面推动重点领域低碳循环发展，加强高能耗行业能耗管理，强化建筑、交通节能，发展节水型产业，推动各种废弃物和垃圾集中处理与资源化利用。

资料来源　习近平. 习近平关于总体国家安全观论述摘编［M］. 北京：中央文献出版社，2018.

（4）权变的观念。所谓权变，指的是要对环境所发生的变化以及这些变化会对企业产生的后果进行比较准确的估计，以便为随时采取适当的应变战略方案做好准备。企业经营所处的环境总是或多或少地在发生变化，企业的战略必须适应环境的变化，但是只从原则上承认要随着环境的变化而变化是远远不够的。

小思考 1-1

企业战略管理与企业职能管理的区别和联系是什么？

分析要点：与企业职能管理相关的生产管理理论、财务管理理论、市场营销管理理论等，都是从企业局部的角度来讨论管理问题的，它们对管理理论的发展做出了自己的贡献，也为人们深入了解某一方面的管理提供了工具支持。然而，被割裂的管理理论难以解

决企业整体性的管理问题。因为企业是不能分割的，它需要执行不同的功能。如何将企业的各个职能部门协调一致，有机地结合起来运作，就需要企业战略管理理论发挥作用。企业战略管理理论从企业整体的、全局的角度出发，综合运用职能管理理论，处理涉及企业整体的和全面的管理问题，使企业的管理工作达到整体最优的水平。

1.2 企业战略的构成要素、内容与分类

1.2.1 企业战略的构成要素

从企业为达到战略目标所采用的途径、手段来看，企业战略的构成要素有四种。

1）经营范围

经营范围是指企业生产经营活动所包括的领域，可以是单一领域，也可以是多个领域。按照时间的不同，企业的经营范围可分为两种：一种是现时经营范围，即企业现时生产经营活动所包括的领域；另一种是未来经营范围，即根据企业内外发展变化在战略中所确定的生产经营活动包括的未来领域。

一家企业在战略中应该以自己所能涉及的经营领域中与自己最密切的领域作为经营范围。因此，对于大多数企业来说，应根据自己可以涉及的行业、自己的产品和市场来确定经营范围。

界定经营范围的方式有如下几种：

（1）从产品角度看，企业可以按照自己产品系列的特点来定义自己的经营范围，如橡胶产品、机床等，或者从产品系列内含的技术来定义自己的经营范围，如光导纤维、半导体器件等。

（2）从市场角度看，企业可以根据自己所在市场来定义自己的经营范围，具体方法又分为两种：一种是以"企业的顾客是谁"来定义；另一种是以"可以满足顾客的什么需求"来定义。

（3）在多种经营情况下，企业不能仅从某一种行业角度或产品、市场角度来定义自己的经营范围，这时就需要多方位、多层次地研究自己的市场与顾客，以便更准确地定义经营范围。

小思考 1-2

甲公司属于大型和分散化经营的企业，首席执行官很难适当控制所有部门，因此将公司划分为多个事业部，由每个业务单位面向不同的市场处理各事业部的事务。以上描述体现的是什么战略？

分析要点：业务单位战略。公司的二级战略常常被称为业务单位战略或竞争战略。业务单位战略涉及各业务单位的主管以及辅助人员。这些经理人员的主要任务是将公司战略所包括的企业目标、发展方向和措施具体化，形成本业务单位具体的竞争与经营战略。业务单位战略要针对不断变化的外部环境，在各自的经营领域中有效竞争。为了保证企业的竞争优势，各业务单位要有效地控制资源分配和使用。

2）资源配置

企业资源是企业实现生产经营活动的支撑点。企业不仅应获得必要的资源，还应善于合理地配置与运用资源，这样才能很好地开展生产经营活动；否则，企业的经营范围就要受到限制。资源配置是指企业对所拥有资源（包括财力资源、物力资源、人力资源和技术资源等）是按什么水平和模式进行配置的，它是企业的一种特殊能力。当企业针对外部环境的变化考虑采取相应的战略行动时，一般都要对已有的资源配置模式进行或大或小的调整，以支持企业总体战略行动。

3）竞争优势

竞争优势是指企业在竞争中高于竞争对手的、关系经营全局成败的优势地位和强大实力，具有战胜竞争对手的作用。比如，领先于时代的技术水平、享誉全球的产品品牌、独特的生产工艺及产品配方等。

20世纪60年代，西方国家的一些传统产业逐渐变成夕阳产业，销售额和利润都在下降。同时，随着新技术的不断出现，产品更新换代加速，竞争问题在国内外市场上变得更为突出。在这种情况下，一些企业管理者和企业战略研究学者把注意力转向了企业的竞争行为，开始了对企业战略优势的研究。70年代末80年代初，一些西方管理学者得出这样的结论：竞争优势思想将成为战略管理的指导思想，会有越来越多的人把竞争优势的思想作为管理哲学来看待。随着人工智能时代的到来，企业需要通过多维度的智能化重构提升竞争力，如生产流程智能化升级、客户体验与营销智能化以及数据驱动的高效决策等。

从战略角度看，企业竞争优势主要是由以下因素构成的：

（1）企业具有的得天独厚的客观条件，包括对企业经营活动非常有利的自然条件和政策条件。

（2）实力雄厚的物质基础。一家企业若有雄厚的物质基础，就会使竞争对手无法与之抗衡。

（3）高超非凡的生产经营能力，包括技术开发能力、经营管理能力和公共关系能力等。它集中表现为企业开拓市场、占领市场并赢得市场的能力。

（4）出奇制胜的竞争行动，包括通过深入谋划、巧妙设计所产生的策略高明、手段强劲、时机恰当等，使竞争对手始料不及、无法招架的各种竞争行动。

补充阅读资料1-1

比亚迪引领新能源电池技术革命

2019年的车市经历了"至暗时刻"。这一年，全国汽车产销量分别完成2 572.1万辆和2 576.9万辆，产销量同比分别下降7.5%和8.2%，其中，新能源汽车产销量分别完成124.2万辆和120.6万辆，同比分别下降2.3%和4.0%。中国各大车企业绩普遍遇冷。

2020年4月22日，比亚迪（002594.SZ）发布的2019年年报显示，该年营收为1 277.39亿元，归属于上市公司股东的净利润为16.14亿元。作为新能源汽车领域的"元老"，比亚迪承压的同时体现着企业在"寒冬"下的韧性。凭着十余年的研发积累和在新能源汽车领域的规模化应用，比亚迪半导体有限公司未来将以车规级半导体为核心，同步推动工业、消费等领域的半导体发展，做高效、智能、集成的新型半导体供应商，同时强化市场需求导向，积极拓展外部市场订单，把握产业机遇。

作为中国电动车行业龙头，比亚迪拥有自主可控的电动化技术，随着供应链中性化战略稳步推进，长期价值有望显现。可以期待，默默蓄力的比亚迪有望凭借战略与技术优势迎来业绩爆发期。

资料来源　赵建琳.比亚迪引领新能源电池技术革命，开放战略优势将显 [J]. 商学院，2020
（5）：108. 节选.

4）协同作用

协同作用是指两个以上事物如果能够有机地结合、协调，共同发挥作用，会使效果大于各个事物分别作用的效果之和。它具体落实到企业战略，就是指企业进行资源配置、确定经营范围和创建企业优势决策时，要追求匹配、协调、互利、互补，使企业总体资源的收益大于各部分资源收益之和，使企业全局效益大于企业各个局部效益之和。

一般来讲，协同作用有以下四种：

（1）投资协同作用。这是指通过企业内各单位联合利用企业的设备、共同的原材料储备、共同的研究开发能力，以及分享企业专用工具和专有技术等所产生的增效作用。

（2）作业协同作用。这是指充分利用已有人员、设备，使企业内部尽最大可能共享信息，并且让共享的信息渗透到企业的业务流程中，从而使企业降低成本。

（3）销售协同作用。这是指通过使用共同的销售渠道、销售机构和推销手段等所产生的增效作用。

（4）管理协同作用。这是指通过共同运用企业内部某一单位的管理经验（包括原有的和新近总结的）产生的增效作用。

上述四种协同作用发挥的基本过程是通过协同机会识别、信息沟通、要素整合、信息反馈等一系列协同活动共同作用，最终实现协同效应的。协同作用机制模型框架如图1-1所示。

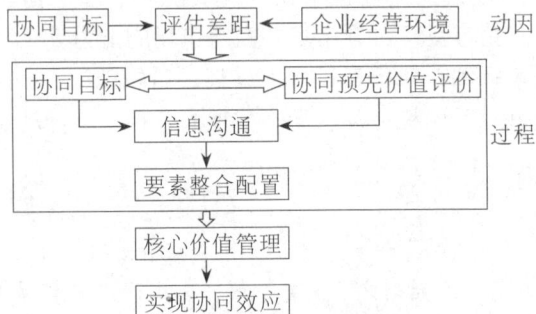

图1-1　协同作用机制模型框架

企业战略构成的要素中，前三项主要决定着企业效能的发挥程度，后一项是决定企业效率的首要因素。

补充阅读资料1-2

面向未来的战略管理

就本意而言，企业对当下的经营视为现实经营，而对未来的经营视为战略经营。企业对未来深海的开发、太空旅游的设计、量子计算的研究等都是面向未来的战略经营的部分。

　　战略经营的基本点是：战略是面向未来的，而未来是不确定的；企业领导人要在不确定的趋势中确立一个方向，设定要做的事情，这是在做"战略"；把设定未来要做的事情做成，做出效益，这是在进行"战略管理"；把做成的事情中的战略问题运用战略逻辑继续做好，并把最好的状态循环下去，这是在促进"战略循环"。把"战略""战略管理""战略循环"融合为一体，牵引企业发展，管控战略意外，这就是在做"战略经营"。战略经营的基本架构是：未来方向+战略+战略管理+战略循环+战略牵引。

　　资料来源　张国有.面向未来的战略经营［J］.企业管理，2021（10）：22-26.节选.

1.2.2　企业战略的内容

　　一个完整的战略至少包含三方面的内容：

　　首先，它是一种规划，即应规划出企业发展的未来之路。战略为企业的经营方向描绘了一幅蓝图，因而必须具有前瞻性，必须用于指导企业的业务经营，而不应是业务经营的附属品。

　　其次，战略作为一种规划具有很强的策略性，它的目的在于赢得相对于竞争对手的持续竞争优势。而且，战略应成为将企业各事业部、各职能部门、不同管理人员、不同员工的决策和行动统一为一种覆盖全企业协调一致的决策和行动的策略方法。在战略框架下，企业内跨部门分散的行动将形成一个以统一的目标和策略为中心的整体，个人的努力也将被汇聚成方向一致的团队力量。

　　最后，对于成功的企业而言，仅仅拥有完美的策略规划是远远不够的，要根据战略合理配置企业资源，并确保在战略的指引下自始至终采取协调一致的行动同样至关重要。

1.2.3　企业战略的类型

　　企业战略一般分为企业总体战略和企业经营战略两大类。企业总体战略考虑的是企业应该选择进入哪种类型的经营业务，企业经营战略考虑的则是企业一旦选定某种类型的经营业务，应该如何在这一领域里进行竞争或运行。

　　1）企业总体战略的基本职能与分类

　　（1）企业总体战略是涉及企业经营发展全局的战略，是企业制定经营战略的基础。企业总体战略主要有以下几个基本职能：

　　①全局性、长远性重大战略问题的决策。企业总体战略首先要解决的问题是，通过对目前经营结构的分析评价，确定扩大那些处于成长期、收益性好的市场或事业，缩减那些处于衰退期、收益性差的市场或事业，还要通过对未来环境的分析预测，寻找有利的发展机会，确定应该积极发展的市场与事业。这种经营结构的变革，还涉及其他一系列重大决策。例如，企业使命和企业目标的确定；企业生产经营规模的确定；增强企业优势、提高企业竞争能力的决策；新技术、新产品开发的决策；搞好对外协作、合作经营、营销活动的决策等。

　　②协调所属各经营单位的经营活动。这种协调工作会使企业的整体竞争能力和发展能力提高，使企业战略的有效性大大超过各个独立经营单位经营活动效果的简单总和。其主要内容是使企业或所属经营单位具有的资源和能力共同享用，各经营单位之间在生产经营

活动中能够紧密配合、相互支持。

③合理有效地配置资源。一家企业的资源是有限的，因此必须把有限的资源运用到最有可能使企业获得最大利润、保证企业能得到最大发展的项目上。同时，要使企业的资源有良好的流动性，从经营差的经营单位及时流向经营好、迫切需要发展壮大的经营单位，使企业的资源经常处于充分发挥作用的优化状态。

（2）一般来说，企业总体战略可分为以下几种类型：

①单一经营战略。单一经营战略是企业把自己的经营范围限定在某一种或某一类产品上。这种战略使企业的经营方向明确、力量集中，具有较强的竞争能力和优势。单一经营战略的优点是：把企业有限的资源集中在同一经营方向上，形成较强的核心竞争力；有助于企业通过专业化的知识和技能提供满意与有效的产品和服务，在产品技术、客户服务、产品创新和整个业务活动的其他领域开辟新的途径；有利于各部门制定简明、精确的发展目标；可以使企业的高层管理人员减少管理工作量，集中精力，掌握该领域的经营知识和有效经验，提高企业的经营能力。单一经营战略的风险是：由于企业的资源都集中于某一种或某一类产品，当行业出现衰退或停滞时，难以维持企业的长远发展。

②纵向一体化战略。纵向一体化战略是指企业在同一行业内扩大企业经营范围，后向扩大到供给资源，前向扩大到最终产品的直接使用者。企业实行纵向一体化战略的目标是提高企业的市场地位和保障企业的竞争优势。后向一体化可以在原材料供给需求大、利润高的情况下，把一个成本中心变成利润中心，还可以摆脱企业对外界供应商的依赖。纵向一体化战略的不足之处是需要的投资资本较大。

③多元化战略。多元化战略是指企业通过开发新产品、开拓新市场相配合而扩大经营范围的战略。这种战略一般适用于那些规模大、资金雄厚、市场开拓能力不强的企业。其作用主要是分散风险和有效地利用企业的经营资源。

多元化战略的优点：实施这一战略不仅能使企业挖掘现有资源潜力，节约成本，增加利润，分散风险，而且能把企业原有的经验运用到新的领域，通过资源共享和经营匹配，迅速建立起比单一经营企业更强的竞争优势，获得更多的利润。

多元化战略的缺点：企业营运成本高；多元化经营的人才资源需求量很大，管理成本很高；有限的资源过于分散；实行多元化经营的时机难以掌握；产业选择失误的成本高等。

补充阅读资料1-3

中储股份的多元化战略

中储股份通过构建供应链物流、供应链金融、供应链生态3层结构的供应链服务平台，形成了圈式和链式供应链两条业务主线，具备物流、贸易、金融等多种功能，为产业链各方提供充分整合、互利共赢的供应链生态环境。圈式供应链以市场为基础，以线上交易系统为载体，打造供应链生态圈，促进产业链上下游企业聚集、信息归集和交易资金周转。2017年中储股份扭转了连续3年营业收入下滑的颓势，实现营业收入331.17亿元，同比增长116.72%，扣非后净利润0.53亿元。

资料来源 杨洪.构建供应链物流生态圈——中储股份的多元化战略［J］.企业管理，2019（3）：63-66.节选.

④集团化战略。集团化战略是指企业通过组建企业集团来推动企业发展的一种企业发展战略。对企业来说，集团化经营有利于通过相互协作、相互渗透和相互扶助，扬长避短，促进技术和生产的发展，提高管理水平，获得规模经济，提高企业的综合经济效益。

⑤国际化战略。国际化战略是指实力雄厚的大企业把生产经营的方向指向国际市场，从而推动企业进一步发展的战略。实施国际化战略的企业常用的方式有商品输出和建立跨国公司两种。从国际上看，商品输出往往是企业国际化的起点，由于实施跨国经营会面临各种关税和非关税壁垒，因此一些资金雄厚、生产技术和经营能力强的企业，在开拓并比较巩固地占领了国外市场后，常常会在海外国际市场建立独资或合资企业，以充分利用当地政府的各种优惠政策，绕过所在国的贸易壁垒，降低生产和营销成本，强化竞争能力。

2）企业经营战略的分类

企业经营战略是企业为了实现自己的目标，对企业在一定时期内的经营发展的总体设想与谋划。企业经营战略是企业总体战略的具体化，其目的是使企业的经营结构、资源和经营目标等要素，在可以接受的风险限度内，与市场环境所提供的各种机会取得动态的平衡，实现经营目标。

人们按照不同的标准对企业经营战略进行了不同的分类。

（1）按照战略的目的性，可把企业经营战略划分为成长战略和竞争战略。成长战略的重点是产品和市场战略，即选择具体的产品和市场领域，规定产品和市场的开拓方向与幅度。竞争战略是企业在特定的产品与市场范围内，为了取得差别优势，维持和扩大市场占有率所采取的战略。从企业的一般竞争角度看，竞争战略大致有三种可供选择的战略：低成本战略、产品差异战略和集中重点战略。

（2）按照战略的领域，可把企业经营战略划分为产品战略、市场战略和投资战略。产品战略主要包括产品的扩展战略、维持战略、收缩战略、更新换代战略、多样化战略、产品组合战略等。市场战略主要有市场渗透战略、市场开拓战略、新产品市场战略、混合市场战略、产品生命周期战略、市场细分战略和市场营销组合战略等。投资战略是一种资源分配战略，主要包括产品投资战略、市场投资战略、技术发展投资战略、规模化投资战略和企业联合与兼并战略等。

（3）按照战略对市场环境变化的适应程度，可把企业经营战略划分为进攻战略、防守战略和撤退战略。进攻战略的特点是企业不断开发新产品和新市场，力图掌握市场竞争的主动权，不断提高市场占有率。进攻战略的着眼点是技术、产品、质量、市场和规模。防守战略也称维持战略，其特点是以守为攻，后发制人。它所采取的战略是避实就虚，不与对手正面竞争；在技术上实行拿来主义，以购买专利为主；在产品开发上实行紧跟主义，后发制人；在生产方面着眼于提高效率，降低成本。撤退战略是一种收缩战略，目的是积蓄优势力量，以保证在重点进攻方向取得胜利。

（4）按照战略的层次性，可把企业经营战略划分为公司战略、事业部战略和职能战略。公司战略是企业最高层次的战略，其侧重点是确定企业经营的范围和在企业内部各项事业间进行资源分配。事业部战略是企业在分散经营的条件下，各事业部根据企业战略赋予的任务而确定的战略。职能战略是各职能部门根据各自的性质、职能制定的部门战略，其目的在于保证企业战略的实现。

　　企业的总体战略和经营战略有很多种。根据企业实际的经营业务的特点，本书重点对六种目前企业广泛运用的职能战略进行详细阐述。

　　第一种，营销战略。营销战略具体来讲包括市场战略、产品战略、定价战略、促销战略和营销组合战略等。

　　第二种，企业发展战略。企业发展战略主要包括一体化战略、多元化战略、全球化战略、电子商务战略和虚拟经营战略等。

　　第三种，CI战略。CI战略主要包括CI设计战略和CI实施战略。CI系统包含三大部分：MI系统（理念识别系统）、BI系统（行为识别系统）、VI系统（视觉识别系统）。作为企业文化的主要内容，CI战略是形成企业全体员工共同的价值观的重要手段，可以培育和创造一种符合企业实际、催人向上、开拓创新、永争一流的企业精神。

　　第四种，企业财务战略。企业财务战略主要包括企业筹资战略、企业资金运用战略和企业财务战略效益评估战略。

　　第五种，企业人力资源战略。企业人力资源战略主要包括企业人力资源规划战略、人力资源开发战略、薪酬管理战略和绩效管理战略等。

　　第六种，企业国际化经营战略。企业国际化经营战略主要是指企业内部国际竞争战略和企业外部国际竞争战略，包括技术竞争战略、质量竞争战略、成本竞争战略、行业并购与专业化战略、跨国联盟竞争战略等。

1.3　企业战略的作用与任务

1.3.1　企业战略的作用

　　1）战略可作为决策的支持

　　战略是成功的一个关键因素，因为战略可以使个人或组织所做的决策前后一致，统一在一个主题之下。即使在一个很小的企业里，每天都得做出数以百计的决策，对于每一个决策，都要充分考虑决策变动的可能后果。但是，由于人们生活的社会具有信息不对称性，不可能掌握做出决策的所有信息，即使掌握所有需要的信息，其决策做出也不一定准确，战略过程中存在有限理性。所以说，战略决策主观性产生的根源是经营环境的不确定性和决策者的有限理性。

　　2）战略可作为协调和沟通的载体

　　战略有助于使决策前后一致，保持连贯性。相应地，在一个结构复杂的组织中，战略可以起到载体作用，使不同部门和不同个人的决策保持一致。组织是由大量个体构成的，而这些个体都会做出决策，这就使组织面临着一个大问题：如何协调这些不同的决策？在这种情况下，要使战略能够协调不同的决策，就要求它能在公司内发挥沟通的作用，将战略制定的责任从公司计划部门转移到直接管理者身上。

　　3）战略强化了企业经营的目标性

　　在表述公司的未来目标时，战略起着连接当前任务和未来前景的作用。确立公司的未来目标不仅可以为战略制定提供指导方针，还能为公司展示未来的远大宏图。因此，战略的第三个作用就是它可以作为组织的目标。战略通过"目标设定—路径规划—执行控制—反馈优化"的闭环管理，使企业经营从随机应变转向系统化的目标驱动，从而有效避免了短期利益对长期目标的干扰，使企业经营始终围绕核心方向推进。

4）战略可强化塑造自我的主动性

企业战略是把不适应（或适应）当前环境的企业，塑造成适应未来环境的企业，这是对企业进行的改造，是对企业的重塑。强化战略管理，就是强化企业从事这种塑造的能力，实际上就是得到了塑造企业的有效工具。对于塑造企业者来说，有了这样良好的塑造工具，当然会增强其从事这种"塑造"的主动性，也就是从事企业自我塑造的主动性。这种主动性会推动企业从小到大、从弱到强，走上持续发展的道路。

5）战略有利于创造富有特色的企业文化

每一家企业都有自己独特的文化，这种文化是一股无形的力量，影响并规定着企业成员的思维和行为方式，从而对落实企业战略产生重大的影响。因此，创造富有特色、活力的企业文化是实施战略的重要内容。

企业在一定时期所实施的战略与原有企业文化有时是一致的，有时可能发生冲突。高层管理人员必须根据不同的情况，采取不同的对策。如果企业现有的企业文化能够适应战略的变化，企业战略的实施就处于非常有利的地位。企业高层管理人员的职责是运用企业文化支持战略的实施。如果企业文化与企业现行的战略不相一致，企业高层管理人员应首先考虑制定新的战略，或者对新战略做出适当的修正，以防止原有文化阻碍新的战略的实施。如果企业文化不符合环境的变化，企业高层管理人员就要考虑改变原有的企业文化，使之适应企业战略实施的要求。

观念应用1-2

上海石化：故事征集推动企业文化建设

企业文化是构成企业核心竞争力的关键所在，是企业发展的原动力。优秀的企业文化是企业管理的灵魂，是凝聚员工的精神内核，是企业发展战略的重要组成部分。

以中国石化"爱我中华、振兴石化"的企业精神和"三老四严、苦干实干、精细严谨"等优良传统为基因，以"艰苦创业、科学求实、团结进取、忘我献身"的"金山精神"，"挑战先进、精细管理"的管理理念，"敬业守职做明白人、遵章守纪做老实人、明礼守信做文明人"的职业规范等为重要内涵的企业文化，在中国石化上海石油化工股份有限公司（以下简称"上海石化"）的发展历程中起到了有力的引领与支撑作用。

从开始，故事征集评选活动就将目标锁定为上海石化的一线员工，通过挖掘这些普通"小人物"身上的高光瞬间，向广大员工阐述如何在岗位上践行企业文化。其中，心系炼油炉压力偏高并排除了一次险情、工作严谨负责的炼油部林燕子（故事《燕子当班》），以及细心发现"洋设备"的窍门所在，并成功将其驯服，提高了碳纤维检测效率的质管中心沈亦（《驯服"洋设备"》）等都是爱岗敬业的"平民英雄"。

15

通过广泛宣传，让这些故事家喻户晓，主人公也慢慢为人熟知，从默默无闻的普通员工，一跃成为上海石化的先进典型。

资料来源 朱珊珊、杨祖寿.个个传播正能量 人人皆可当"英雄" 上海石化企业文化故事征集评选成为品牌 [J]. 上海企业，2021（9）：77-79.节选.

分析：企业文化建设重在实践，如果理念不能落地转化为员工的行为习惯，再好的文化也只是空中楼阁。故事主人公的身体力行和言传身教，正是理念落地开花的具体体现。要从传播企业文化的故事入手，进一步培育践行企业文化的土壤。

6）战略可推动企业领导和员工树立新的经营观念

战略管理是企业制定和实施战略的一系列的管理决策与行动，是对企业的生产经营活动实施总体性管理的过程，其核心是为了企业的长远生存发展，使企业能更好地适应不断变化的环境。实施这种总体性的管理，必须以新的经营观念为基础，又要在实施这种总体性管理过程中树立新的经营观念。这些新经营观念包括：适应环境变化的观念；不断强化竞争优势、核心能力的观念；适时重组企业结构的观念；与企业外部组织建立战略同盟的观念等。

7）战略可提高员工对企业的责任心

实施战略管理，重要的目的是使企业全体员工了解企业当前和未来面临的经营形势，企业要进一步分析应解决的重大问题，企业下一步的发展目标和措施，企业各部门、各单位应当完成的任务，每个员工应当担负的责任，以及员工在企业发展过程中可能获得的成长和利益等。实践经验表明，通过战略管理过程，特别是通过员工参与企业战略的制定，使其了解上述情况，能提高其主动性，增强其责任心，从而员工的凝聚力就强，士气就旺，积极性和创造性就高。

1.3.2 企业战略的任务

企业战略管理包括五项相互联系的基本任务，即制定企业的远景规划和业务使命、建立目标体系、战略制定、战略实施、战略评价。

1）制定企业的远景规划和业务使命

远景是企业对其前景所进行的广泛的、综合的和前瞻性的设想，即企业要成为什么，这是企业为自己制定的长期为之奋斗的目标。它是用文字描绘的企业未来远景，使人们产生对未来的向往，从而使人们团结在这个伟大的理想之下，集中他们的力量和智慧来共同奋斗。远景规划描绘的是企业未来发展的蓝图，即企业前进的方向、企业的定位及将要占领的市场位置和计划发展的业务能力。在未来的 5~10 年或更长的时间里，企业究竟要成为什么类型的企业？在企业决定进入的业务领域，究竟要占领什么样的市场位置？企业管理者对这两个问题的清晰回答就构成了企业的远景规划。明确的企业远景规划是制定战略的前提条件，如果企业前进的方向尚不明确，要在竞争中获得成功需要建立哪些能力也不明确，那么企业战略的制定及经营决策便缺乏明确的指导。

企业当前的业务选择及要为顾客所做的一切便构成了企业的业务使命。明确的业务使命应清晰地表达企业现在正从事的业务及要满足的顾客需求。与远景规划相比，业务使命主要描述的是"企业现在正在从事的业务是什么"，而对"企业未来的业务将是什么"涉及不多；而远景规划更多地关注企业未来发展的业务选择。当然，有些企业在进行战略描述时也会将二者合二为一，即不但清晰地描述企业现在的业务，还明确企业未来的前进方向和业务范围。定位清晰的企业远景规划和业务使命可以将其与行业中的其他企业区别开来，使自己拥有独特的形象、独特的业务以及独特的发展道路，从而使顾客更容易识别和记忆。

使命是企业存在的目的和理由。企业只有以某种技术，在某些地区，以某种可获利的价格，向某些顾客提供了某种产品或服务，满足了他们的某种需求，才能盈利。集中考察刚刚起步的企业可能会更好地理解企业使命。开办一家新企业时，要先决定可以满足的顾客需求和所采用的技术等。要想获得一个在战略的角度上清晰明了的业务界定，必须包括下面三个要素：

（1）顾客的需求。企业需要满足的需求是什么？仅仅知道企业所提供的产品和服务是远远不够的。顾客需要的不是产品或服务本身，而是产品或服务提供的功能，而这种功能能够满足他们的某种需求。没有需求，也就没有业务可言。

（2）顾客。需要满足的对象是谁？企业定位的顾客群是什么范围？顾客群这个因素之所以重要，是因为他们代表了一个需要提供产品和服务的市场，即企业打算在哪些地理区域内展开竞争以及企业追逐的购买者类型如何。

（3）技术和活动。它是指企业在满足目标市场时所采用的技术和开展的活动。它表明企业是如何满足顾客需求的，以及企业所覆盖的活动是行业的生产–分销价值链的哪些部分。例如，大型的跨国石油公司（如埃克森石油公司）所做的业务包括租赁采油场、钻油井、实地采油，用自有的油轮和管道将原油输送到自己的炼油厂，以及通过自己的品牌分销商和服务分店网络销售石油与其他精炼产品。这些业务覆盖了整个行业生产–分销价值链的各个阶段。而有些公司则是专业厂商（如沃尔玛），只集中经营行业整个生产–分销价值链的某一个阶段。

2）建立目标体系

公司的远景规划描述的往往是一段较长时间后公司的理想状态，要达到这种理想状态需要公司的管理者和员工付出持久、积极的努力。在这个过程中，需要不断地对公司的营运状况进行评估与监控，衡量公司的现实营运是否保持正确的方向，前进的速度是否足够快等。

明确一致的目标是高效率企业共同的特征之一。建立目标体系就是要将企业的远景规划和业务使命转换成明确、具体的业绩目标，从而使企业的发展过程有一个可以衡量的标准。好的目标体系使企业的各级执行者在采取行动时方向更加明确，努力更有成效。同时，好的目标体系应具有一定的挑战性。具有挑战性的目标往往能使企业更具创造力，使员工的紧迫感和自豪感更强烈。也就是说，如果想获得卓越的结果，就应该制定卓越的目标。

企业的目标体系需要层层分解，使企业的每个业务部门及每个员工都能清晰地知道自己的组织及本人的具体子目标，而且这些子目标完全承接了企业的战略目标。这样，只要企业中每个部门和员工都能努力完成其职责范围内的任务与目标，那么企业的战略目标及远景规划的实现不会有什么问题。正是由于企业的战略目标会最终落实在每个部门和员工的身上，因此企业目标体系的建立需要所有管理人员的参与，目标体系的分解则需要所有员工的参与，所以企业目标体系的有效分解有助于在整个组织范围内形成一种以业绩为导向的工作氛围。

企业的目标体系应该既包括着眼于提高企业的短期经营业绩的短期目标，又包括关注企业在更长的时期内持续发展的长期目标。如果企业的短期目标和长期目标发生冲突，那么在大多数情况下，企业的领导者在经营策略及资源配置上应优先考虑企业的长期目标，这应该成为企业一条基本的管理准则。

3）战略制定

制定一个能带动企业走向胜利的战略是每一家企业的高层管理团队最优先的管理任务。如果没有战略，或者战略不够清晰，企业的经营运作就会没有一个明确的指导，难以形成满足市场需求、获取竞争优势、达成企业目标的具体策略。如果没有战略，就会缺乏一种整体性的策略原则而无法将不同部门的运作凝聚成一种统一的团队力量，企业的管理者将难以协调各部门的分散决策和行动，无法形成合力，从而使企业的各种努力有可能互相抵消。

战略制定包括确定企业任务、认定企业的外部机会与威胁、认定企业内部优势与弱点、建立长期目标、制定供选择的战略以及选择特定的实施战略等内容。战略制定过程所要决定的问题包括企业进入何种新产业、放弃何种产业、如何配置资源、是否扩大经营或进行多元经营、是否进入国际市场、是否进行合并或建立合资企业等。

任何企业都不可能拥有无限的资源，战略制定者必须明确，在可选择的战略中，哪一种能够使企业获得最大收益。战略决策一旦做出，企业将在相当长的时期内与特定的产品、市场、资源和技术相联系。经营战略决定了企业的长期竞争优势。无论结果好坏，战略决策对企业都具有持久性的影响，决定了企业各主要经营活动的成败。

在战略制定过程中会有多种选择，企业要进行挑选。战略要获得成功，应该建立在企业的独特技能以及与供应商、客户及分销商之间已经形成或可以形成的特殊关系等之上。对于很多企业来说，这意味着形成相对于竞争对手的竞争优势，这些优势是可以持续的，或者是某种产品-市场战略，如市场渗透、新产品的开发以及多元化经营等。

战略要形成相对于竞争对手的竞争优势，利用自己的强项，克服或最小化自己的弱项。强项包括使企业具有竞争优势的技能、专业技术和资源。弱项是指使企业处于不利地位的某个条件或领域。如图1-2所示，在公司和业务单位层面上可以制定不同的战略。

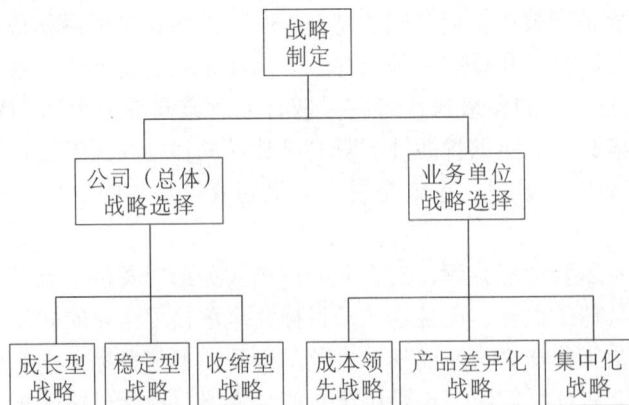

图 1-2 企业战略的制定

（1）公司（总体）战略选择。公司层面的战略选择包括成长型战略、稳定型战略和收缩型战略。成长型战略是以扩张经营范围或规模为导向的战略，包括一体化战略、多元化战略和密集型成长战略；稳定型战略是以巩固经营范围或规模为导向的战略，包括暂停战略、无变战略和维持利润战略；收缩型战略是以缩小经营范围或规模为导向的战略，包括扭转战略、剥离战略和清算战略。

（2）业务单位战略选择。业务单位层面的战略主要包括成本领先战略、产品差异化战略和集中化战略三个基本类型。

在上述战略中进行选择的标准包括：该战略是否适宜企业环境；是否符合利益相关者的预期；从企业的资源和能力来看是否切实可行。

补充阅读资料1-4

企业发展战略的前瞻思维

企业发展战略直接决定企业能否持续经营并不断壮大，制定企业发展战略并加以落实成为战略管理的重要组成部分。在制定战略过程中，结合时代变革、行业发展和企业实际情况，立足科技创新和以人为本，做好战略的系统化、多元化、市场化等前瞻，对于新形势下增强企业活力和竞争能力，促进可持续发展，推进供给侧结构性改革尤为重要。

1. 系统化前瞻

企业可持续发展需要系统性的前瞻作为支撑，没有系统性的认识和把握就不会有前瞻性思维。战略一定是前瞻性的，兼具全局性和系统性，首先要从战略高度出发。

2. 多元化前瞻

企业发展到一定的阶段和规模，可以进行多元化布局以帮助企业分散风险，创造新的机遇，提升品牌形象，扩大市场影响力。

3. 市场化前瞻

企业在制定战略时，要加快与外部市场化运行机制接轨，按照市场规律配置资源，实现供求机制、价格机制、竞争机制、风险机制的市场化。在企业内部生产单元之间也要建立市场化运营机制，激发企业活力，促进平等竞争，保证持续发展。

资料来源　刘锋.企业发展战略的前瞻思维［J］.企业管理，2020（8）：114-116.节选.

4）战略实施

战略实施是指将企业的战略计划变成实际的行动，然后转变成有效的结果，完成战略目标。战略实施是战略管理中最复杂、最耗时也是最艰巨的工作。在性质上与战略制定不同，战略实施完全是以行动为导向的，它的全部工作就是要让事情能正确地发生。它基本上包含管理的所有内容，必须从企业内外的各个层次和各个职能入手。战略实施所包含的工作内容包括建设企业文化、完善企业规则和制度、制定策略方针、拟定各种预算、组织必要的资源、实施控制与激励、提高企业的战略能力与组织能力等。

战略实施的关键在于其有效性。要保证战略的有效实施，首先要通过计划活动，将企业的总体战略方案从空间上和时间上进行分解，形成企业各层次、各子系统的具体战略或策略、政策；在企业各部门之间分配资源，制订职能战略和计划；制订年度计划，分阶段、分步骤来贯彻和执行战略。为了实施新的战略，要设计与战略相一致的组织结构。这个组织结构应能保证战略任务、责任和决策权限在企业中的合理分配。一个新战略的实施对组织而言是一次重大的变革，变革总会有阻力，所以对变革的领导是很重要的。这包括培育支持战略实施的企业文化和激励系统，克服变革阻力等。

虽然不同的企业实施战略的方式并不完全一样，所承担的主要任务也不尽相同，但不管怎样，战略实施都应包含如下几项基础任务：

（1）建立一个成功实施战略所必备的富有经验和能力的强有力的组织。

（2）组织获得实施战略所必备的资源，并分配到关键性的战略环节和价值链活动中。

（3）制定支持战略的程序和政策，包括战略业务流程与激励政策等。

（4）按照计划开展战略实施过程中的实践活动，并采取措施促进活动效果的改善。

（5）建立起有效的沟通、信息及运作系统，使企业的所有人员都能更好地扮演他们在战略管理中的角色。

（6）在适当的时机以适当的方式进行适当的激励，以鼓励战略目标的实现。

（7）建立一种与企业战略相匹配的组织文化和工作环境。

（8）充分发挥战略实施过程中企业中高层管理人员的领导作用，在他们的带动下不断提高战略实施的水平。

战略实施往往被认为是战略管理的行动阶段。战略实施意味着动员员工将已制定的战略付诸行动。战略实施往往被看成战略管理过程中难度最大的阶段，要求企业员工遵守纪律、有敬业和牺牲精神。战略实施的成功与否某种程度上取决于管理者激励普通员工能力的大小，这与其说是一门科学，还不如说是一种艺术。已经制定的战略无论多么好，如未能实施，便不会有任何实际作用。

5）战略评价

战略评价是战略管理过程的最后阶段。管理者非常需要知道哪一特定的战略管理阶段出了问题，而战略评价便是获得这一信息的主要方法。由于外部及内部因素处于不断变化之中，所有战略都将面临不断调整与修改。几项基本的战略评价活动包括：

（1）重新审视外部与内部因素，这是决定现时战略的基础。

（2）评估业绩。

（3）采取纠正措施。

在大型企业中，战略的制定、实施与评价活动发生在三个层次：企业层次、分部（分企业）或战略事业部层次、职能部门层次。通过促进企业各层次管理者和普通员工间的相互交流与沟通，战略管理有助于使企业形成一个竞争集体。绝大多数小企业和一些大企业不设立分部或战略事业部，它们只分企业层次和职能部门层次，处于这两个层次的管理者和普通员工也应共同参与战略管理活动。

补充阅读资料1-5

战略管理的过程

战略管理是一个循环往复、永远没有终点的过程，而不是一个既有起点又有终点的简单事件。战略管理的各项任务无论从内容上还是从时间上来讲都不存在完全明确、可以分割的界限，也没有严格的先后顺序，它们之间只是一种概念上的区别。在战略管理的过程中，各项任务必须作为一个整体来进行，不能人为地将其割裂开来。无论是企业的远景规划、业务使命、目标体系和具体战略，还是战略实施的过程等，在外部环境或内部运作发生变化时，都应根据实际需要对其本身进行适应性的调整。企业领导者和战略管理者的重要责任之一就是跟踪战略执行进度、评估企业业绩、监测环境变化，并根据需要采取调整性措施。这种调整可能会涉及战略管理的各个方面，可能需要调整企业的长远发展方向，可能需要重新界定企业的业务内容，可能需要提高或者降低企业的总体目标，也可能需要对企业的战略及其实施策略和行动进行修改与调整。

资料来源 佚名. 战略管理的过程 [EB/OL]. [2024-11-26]. http://www.canet.com.cn/jingjishi/jjsfd/201207/12-252583.html.

● **本章小结**

★ 介绍了企业战略管理的基本概念。

★ 分析了企业战略的类型，归纳了企业战略的构成要素：（1）经营范围；（2）资源配置；（3）竞争优势；（4）协同作用。

★ 分析、介绍了企业战略的特点及作用。

● **知识掌握**

1）单项选择题

（1）最早把战略的思想内容引进企业经营管理领域的是（　　）。

A.巴纳德　　　　　　　　　　　B.安索夫

C.安德鲁斯　　　　　　　　　　D.波特

（2）战略最早源于（　　）。

A.军事　　　　　　　　　　　　B.企业经营

C.国家管理　　　　　　　　　　D.外交

（3）企业战略管理最早出现在（　　）。

A.德国　　　　　　　　　　　　B.日本

C.美国　　　　　　　　　　　　D.英国

（4）企业战略管理是在（　　）形成的。

A.20世纪60年代后期　　　　　　B.20世纪50年代后期

C.20世纪60年代中期　　　　　　D.20世纪70年代后期

（5）战略管理第一阶段的（　　）占据战略核心地位。

A.规划思想

B.跨国企业经营管理

C.寻找企业有别于其他竞争者的资源与能力

D.产品质量

（6）实施（　　）战略可以分散风险，把企业原有的经验运用到新的领域，通过资源共享和经营匹配，迅速建立起比单一经营企业更强的竞争优势，获得更多利润。

A.多元化　　　　　　　　　　　　B.集团化

C.国际化　　　　　　　　　　　　D.一体化

（7）按照战略的目的不同，可以把企业经营战略分为（　　）。

A.成长战略和竞争战略　　　　　　B.产品战略、市场战略和投资战略

C.进攻战略、防守战略和撤退战略　D.公司战略、事业部战略和职能战略

（8）按照战略的领域不同，可以把企业经营战略分为（　　）。

A.成长战略和竞争战略　　　　　　B.产品战略、市场战略和投资战略

C.进攻战略、防守战略和撤退战略　D.公司战略、事业部战略和职能战略

（9）按照战略对市场环境变化的适应程度不同，可以把企业经营战略分为（　　）。

A.成长战略和竞争战略　　　　　　B.产品战略、市场战略和投资战略

C.进攻战略、防守战略和撤退战略　D.公司战略、事业部战略和职能战略

（10）按照战略的层次不同，可以把企业经营战略分为（　　）。

A.成长战略和竞争战略　　　　　　B.产品战略、市场战略和投资战略

C.进攻战略、防守战略和撤退战略　D.公司战略、事业部战略和职能战略

2）多项选择题

（1）企业战略的特点是（　　）。

A.全局性　　　　B.长远性　　　　C.竞争性

D.纲领性　　　　E.动态性

（2）战略管理是由（　　）构成的。

A.战略分析　　　　B.战略选择　　　　C.战略评价

D.战略指导　　　　E.战略实施

（3）从战略管理的角度讲，企业应该树立（　　）。

A.系统总体优化的观念　　　　　　B.有限的、合理性的观念

C.资源有限的观念　　　　　　　　D.效益第一的观念

E.权变的观念

（4）协同作用包括（　　）。

A.投资协同　　　　B.作业协同　　　　C.销售协同

D.管理协同　　　　E.人员协同

（5）企业总体战略可分为（　　）。

A.单一经营战略　　B.纵向一体化战略　C.多元化战略

D.集团化战略　　　E.国际化战略

3）简答题

（1）企业总体战略的职能有哪些？

（2）企业战略的构成要素有哪些？

（3）企业战略的作用有哪些？

（4）企业战略管理的特征有哪些？

（5）我国企业战略的类型有哪些？

知识应用

□ 案例分析

Esprit 大溃败

似乎是一夜之间，港资服装品牌集体"没落"，一代人心中的青春记忆终结了。堡狮龙"卖身"、Esprit 败走中国、I.T 退市、佐丹奴业绩暴跌……如今的"90后""00后"或许不熟悉这些品牌，不过"70后""80后"的衣橱里一定有过它们的位置。最繁荣时期，这些品牌曾站在时尚潮流的前端，撑起全国各地商业街和服装卖场的半边天。潮流瞬息万变，它们逐渐在激烈竞争中失去光芒，淡出一线城市的主流商圈。

时代之王

1964 年，Esprit 由美国运动员 Douglas Tompkins 与妻子一同创立。不过，真正让 Esprit 成为一个全球时尚品牌并风靡中国市场，归功于一个精明的中国香港商人邢李㷧（著名影星林青霞的丈夫）。

1972 年，邢李㷧的中国香港远东有限公司成为 Esprit 的原料采购代理商，将 Esprit 服装引入亚洲各地，填补了当时时尚品牌匮乏的需求，赚得盆满钵满。1993 年，邢李㷧旗下的思捷环球在中国香港上市，之后又分 4 次收购了 Esprit 所有控股权。Esprit 定位于高街潮牌，消费者集中在相对有经济实力的中产阶级。由于当时在内地市场并无竞争对手，Esprit 占据了主流商场最好的位置，独领风骚 10 多年。

在截至 2008 年 6 月底的财年，思捷环球迎来了巅峰，营收为 372.27 亿港元，净利润达 64.5 亿港元，并创下超过 1 750 亿港元的最高市值，碾压同期的佐丹奴、堡狮龙，成为港股的"时装之王"。

盛极而衰

登上山顶，接下来的就是下坡路。2009 年，思捷环球没能延续此前 15 年的双位数高速增长，营业额和净利润分别下滑了 7.4%、27.4%，之后更是每况愈下。2013 年，思捷环球遭遇了上市后的第一次年度亏损，净亏损达 43.88 亿港元，被剔出蓝筹股。让 Esprit 备受打击的，包括掌舵者邢李㷧抽身离去。2006 年起，邢李㷧先后辞掉公司董事会主席和 CEO 的职位，并不断减持股份直到 2010 年完全抛空。Esprit 最后一次被中国消费者关注，还是其中国门店和官网以低至 1 折的折扣清库存。如此巨大的反差，是如何造成的？

潮流瞬息万变，Esprit 还保持亘古不变的设计，加之产品更新相对慢，没有跟上年轻人的消费需求，难以激起其购买欲，更重要的变化，在于快时尚品牌的冲击。2002 年至 2007 年，优衣库、ZARA、H&M 等品牌相继进军中国市场，这些品牌在款式、设计等方面都与国际时尚潮流高度接轨，并凭借对年轻消费者需求的快速反应，以及更便宜的价格、更快的供应链，日渐占领了内地消费者的衣橱。在纺织服装管理专家程伟雄看来，港资品牌没落，归根究底，是对消费者的需求和变化了解不够，品牌、产品、渠道都出现老化。Esprit 高速成长的黄金十年，移动互联网和电商还未普及，传统线下商场是优势渠道。程伟雄说，基于惯性思维，Esprit 不会轻易改变其固有模式，"这导致了它就像被温水煮的青蛙，觉醒的时候已经跳不出来了"。此外，"零售批发"的基因是桎梏之一。Esprit走的都是服装行业传统的"轻资产"路线，公司负责设计新品和召开订货会，产品开发周期长，使得Esprit难以对市场变化做出快速反应。"现在必须是自下而上的需求导向，品牌要按需去生产、研发、推广，而不是关起门来自己搞。"程伟雄说。

学习ZARA

近几年，Esprit一直苦苦寻找转型的路径。2012年，思捷环球挖来ZARA母公司的马浩思担任首席执行官，以及其他几位ZARA前高管负责公司战略、采购、销售各方面业务，开启了"ZARA化"的改革。改革确有成效，2016—2017财年，思捷环球实现了连续两年盈利。可惜好景不长，随着2018年马浩思离职，New Look的前高管Anders Kristiansen接任，思捷环球又被打回原形，2018至2019财年均出现超过20亿港元的亏损。

不仅如此，管理层的频繁动荡，也让Esprit的产品风格多次变化，模糊了品牌定位。频繁的价格促销也让以往高大上的形象不复存在，造成原有客户群体的流失。2013财年至2020财年，思捷环球在中国内地的销售额由24亿港元降至2.59亿港元。思捷环球的主要收入来源分为批发零售和加盟，市场集中在德国和欧洲地区，近些年亚太市场占比不到10%。Esprit原本希望在中国市场寻找新的机会。2019年12月，思捷环球和慕尚集团宣布将成立合资公司，进一步改善Esprit。不过这场被视为"抱团取暖"的合作随着新冠肺炎疫情的到来泡汤了。

2020年7月，思捷环球公告称，与慕尚集团的合资之协议已终止，原因在于后者未能在协议签署后两个月内成立合资公司。

思捷环球通过削减员工数量、降薪、优化店铺组合等措施来降低营运成本，渡过新冠肺炎疫情难关，包括在德国关闭50%的门店，裁员约1 100人，在亚洲减少100个岗位等。

十年河东，十年河西。这个曾缔造港股市值神话的时尚帝国，如今在慕尼黑地方法院监督下进行资产清算。当林青霞1994年婚礼上的Esprit礼服登上苏富比拍卖台时，这个品牌便以文化符号（而非商业实体）的姿态，永久定格于时尚史的黄金篇章。

资料来源　李惠琳.Esprit大溃败［J］.21世纪商业评论，2021（1）：70-71.

问题：运用本章内容分析Esprit大溃败的原因。

□德育训练

工匠精神对我国质量强国战略的促进作用

培育和弘扬工匠精神是我国实施质量强国战略的必然选择。当前我国正全面实施"以质取胜"战略。大力倡导质量改革创新，不断加强政策引导，集中力量抓好落实，是当前推进供给侧结构性改革的出发点和落脚点。此外，通过培养和弘扬"精益求精"的工匠精神，引导企业树立"质量第一，信誉至上"的经营理念，以生产大众消费品为导向，推动质量革命，推动中国制造的加速发展，提升品质，赢得大市场。以质量强国战略为根本，实现从"中国制造"到"中国创造"的根本转变，从"中国制造"到"中国制造智能化"，在国内外树立中国产品新形象、新品牌。

"中国创造"和"中国制造智能化"都是对产品质量的追求与推崇，都是培养注重持续改进的工匠精神，都是企业品牌凝聚力和核心竞争力的体现，体现了"卓越品质"和工匠精神在价值诉求中的一致性和相关性。要在有效供给中培育和弘扬工匠精神，不断提高产品质量竞争力，增强企业的核心竞争力，不断开拓"精品制造"新领域，树立"中国制造智能化"新形象。

　　资料来源　张瑞雪.新媒体背景下弘扬工匠精神对实体经济发展的促进作用［J］.经济师，2021（10）.节选.

　　讨论：根据上述资料，分析工匠精神对于我国企业发展的战略意义。

● 网上资源

　　https：//www.strategyclub.com

　　https：// www.microsoft.com

　　https：// www.stamps.com

　　https：// www.walmart.com

企业环境分析

[学习目标]

知识目标:

1.了解影响企业战略制定的宏观外部环境、行业环境和企业内部环境内容的相关因素。

2.理解PEST分析法对企业进行宏观环境分析的作用。

3.理解波特五力模型对企业进行行业环境分析的作用。

4.理解SWOT分析法对企业进行内部环境分析的作用。

能力目标:

1.能够运用PEST分析法系统梳理企业面临的宏观环境特征。

2.能够利用波特五力模型对企业所处的行业环境进行分析。

3.能够通过SWOT分析法提炼企业内部的优势、劣势和外部的机会、威胁。

素养目标:

1.形成"绿色战略"思维惯性,拒绝以牺牲环境为代价的短期利益导向分析。

2.培养将企业战略与国家生态文明建设战略相协同的责任意识。

2.1　企业外部环境分析

许多企业发展的经验以及研究结果表明,外部环境的发展在很大程度上影响着企业的成长。企业面临着一个越来越混乱、复杂、全球化的外部环境,这些外部环境给企业带来了威胁,也带来了挑战,因此企业必须制定和实施适应外部环境的企业战略,从中发现企业的机会与威胁,以便能捕捉、利用机会,避开、减少威胁,保证企业生存和发展,所以说,外部环境研究对企业战略行动有着重大的影响。

企业外部环境分析,包括宏观环境分析和行业环境分析两个层次。

2.1.1　宏观环境分析

宏观环境的内容非常复杂,在对其进行分析时,一般划分为政治、法律、经济、文化、科技等各种性质不同的具体环境,分别进行分析。

1）政治环境

（1）政治环境的含义。企业的政治环境是指影响和制约企业的各种社会政治因素及其运行所形成的环境系统，包括政治制度、政治团体及其制度、国家政策方针、政治形势气氛等。

具体来讲，政治环境分析包括以下四个方面：

①企业所在地区或国家的政局稳定状况。

②政府行为对企业的影响。政府对国家自然资源（如森林、矿山、土地等）的管制程度及政府政治透明程度、市场化意识等会对企业战略有一些影响。

③执政党所持的态度和推行的基本政策（如产业政策、税收政策、进出口限制等）以及这些政策的连续性和稳定性。政府要通过各种法律、法规及其他一些旨在保护消费者、保护环境、调整产业结构与引导投资方向等措施来推行政策。

④各政治利益集团对企业活动产生的影响。一方面，这些集团通过议员或代表来扩大自己的影响，政府的决策会去适应这些集团；另一方面，这些集团可以对企业施加影响，例如诉诸法律、利用传播媒介等。

（2）政治环境对企业影响的特点。①直接性，即国家政治环境直接影响着企业的经营状况。②难以预测性。对于企业来说，很难预测国家政治环境的变化趋势。③不可逆转性。政治环境因素一旦影响到企业，就会使企业发生十分迅速和明显的变化，而这一变化企业是驾驭不了的。

（3）政治环境分析的基本内容。政治环境分析主要分析国内的政治环境和国际的政治环境。其中，国内的政治环境包括政治制度、政党和政党制度、政治性团体、国家的方针政策、政治气氛等基本要素。在这些要素中，执政党的政策是最为关键的，所以在进行环境分析时要特别关注执政党所要推行的基本政策以及这些政策的连续性和稳定性。这些基本政策包括产业政策、税收政策、政府订货及补贴政策等。国际政治环境主要包括国际政治局势、国际关系、目标国的国内政治环境等要素。

政治环境不仅能直接给企业带来很大影响，还能左右其他社会因素对企业进行影响，因此它是决定和制约企业生存发展的重要因素。

2）法律环境

企业的法律环境是指与企业相关的社会法制系统及其运行所形成的环境系统，包括法律规范、司法与执法机关、社会法律意识等。一般来说，政府主要是通过制定一些法律和法规来间接地影响企业的活动。

为了促进和指导企业的发展，国家颁布合同法（实务中现由民法典替代适用）、企业破产法、商标法、质量法、专利法等法律。此外，国家有对工业污染程度的规定、卫生要求、产品安全要求、产品定价的规定等，而这类法律和法规对企业的活动有限制性的影响。这些法律法规的存在有以下四个目的：

第一，保护企业，反对不正当竞争。

第二，保护消费者，包括商品包装、食品卫生、广告及其他方面的消费者保护法规。

第三，保护员工，包括涉及员工招聘的法律和对工作条件进行控制的健康与安全等方面的法规。

第四，保护公众权益免受不合理企业行为的损害。

法律环境因素分析主要是对以下四个因素进行分析：

（1）法律规范，特别是与企业经营密切相关的经济法律法规。例如，《中华人民共和国公司法》《中华人民共和国外商投资法》《中华人民共和国民法典》《中华人民共和国专利法》《中华人民共和国商标法》《中华人民共和国企业破产法》以及税法等。

（2）国家司法执法机关。在我国主要有人民法院、人民检察院、公安机关以及各种行政执法机关。与企业关系较为密切的行政执法机关有市场监督管理机关、税务机关、物价机关、计量管理机关、技术质量监督机关、专利管理机关、环境保护管理机关、政府审计机关等。此外，还有一些临时性的行政执法机关，例如，各级政府的财政、税收、物价检查组织等。

（3）社会的法律意识。它是社会的法律观和法律思想的总称，是社会对法律制度的认识和评价。社会的法律意识，最终都会物化为一定性质的法律行为，并造成一定的行为后果，从而构成每个企业不得不面对的法律环境。

（4）国际法所规定的国际法律环境和目标国的国内法律环境。良好的法律环境对企业成长、发展有积极的促进作用，不健康的法律环境有碍企业的生存和发展。不同的法律环境为企业提供不同的生存发展条件，而且对企业有导向作用。鉴于法律环境对企业的影响方式由法律的强制性特征所决定，对企业的影响方式具有刚性约束的特征，企业必须增强法律意识，面对现实的法律环境提高适应能力。

3）经济环境

经济环境是指一个国家的宏观经济的总体状况，构成企业生存和发展的社会经济状况及国家经济政策。社会经济状况包括经济要素的性质、水平结构、变动趋势等多方面内容，涉及国家、社会、市场及自然等多个领域。国家经济政策是国家履行经济管理职能、调控宏观经济结构、实施国家经济发展战略的指导方针，对企业经济环境有重要影响。企业的经济环境包括社会经济结构、经济发展水平、经济体制、经济政策、社会总体购买力水平等。经济环境分析在企业宏观环境分析中占有核心地位。

（1）社会经济结构。它是指国民经济中不同的经济成分、不同的产业部门以及社会再生产各个方面在组成国民经济整体时相互的适应性、量的比例及排列关联的状况。社会经济结构主要包括五方面的内容，即产业结构、分配结构、交换结构、消费结构、技术结构，其中最重要的是产业结构。

（2）经济发展水平。它是指一个国家经济发展的规模、速度和所达到的水准。反映一个国家经济发展水平的常用指标有国民生产总值、国内生产总值、人均国民收入、经济发展速度、经济增长速度等。

（3）经济体制。它是指国家经济组织的形式。经济体制决定了国家与企业、企业与企业、企业与各经济部门的关系，并通过一定的管理手段和方法，调控或影响国民经济的范围、内容和方式等。

（4）经济政策。它是指国家、政党制定的一定时期内实现国家经济发展目标的战略与策略，包括综合性的全国经济发展战略和产业政策、国民收入分配政策、价格政策、物资流通政策、金融货币政策、劳动工资政策、对外贸易政策等。

（5）社会总体购买力水平。社会总体购买力水平是一个综合性的指标，是社会经济发展水平、产业结构、工资水平、消费结构、物价、储蓄、信贷、税收、就业程度等一系列经济变量的函数。

在众多的经济环境因素中，首先要分析的是宏观经济的总体状况，即企业所在国家或地区的经济发展形势是属于高速发展还是属于低速发展，或者处于停滞或倒退状态。一般来说，在宏观经济大发展的情况下，市场扩大、需求增加，企业发展机会就多。例如，国民经济处于繁荣时期，建筑业、汽车制造业、机械制造业以及轮船制造业等都会有较大的发展，而上述行业的发展必然带动钢铁行业的繁荣，增加对各种钢材的需求量。反之，在宏观经济低速发展、停滞或倒退的情况下，市场需求增长很慢甚至缩减，这样企业发展机会就少。

反映宏观经济总体状况的关键指标是国内生产总值（GDP）增长率、中央银行或各商业银行的利率水平、劳动力的供给（失业率）、消费者收入水平、价格指数的变化（通货膨胀率）等。这些因素将影响企业的投资决策、定价决策以及人员录用政策等。

对于从事跨国经营的企业来说，必须考虑的经济因素包括关税种类及水平、国际贸易的支付方式、东道国政府对利润的控制、税收制度等。例如，一些外国政府有时限制外方企业从该国提走利润额，有时还要对外方企业所占有的股份比例加以限制。

企业的经济环境是通过上述构成因素的结合来影响企业生存和发展的，又常常通过微观环境对企业产生作用。当经济环境迅速变化时，企业常常措手不及，不是错过机会，就是陷于非常被动的境地。

思政视角 2-1

优化营商环境，培育和激发市场主体活力

营商环境是决定市场主体活力的制度性条件，是企业等市场主体在市场经济活动中所涉及的体制机制性因素和条件。党的十八大以来，以习近平同志为核心的党中央高度重视政府职能转变，深化"放管服"改革，优化营商环境，为培育和激发市场主体活力提供制度保障。

首先，优化营商环境有助于完善社会主义市场经济体制。近年来，我国持续推进市场准入负面清单、公平竞争审查、产权保护制度，聚焦市场主体关切，坚持社会主义市场经济价值取向，接轨国际通行标准，持续推动商事登记、投资项目审批、工程建设监管、跨境贸易、市场监管、双创激励等各领域改革系统集成，推动我国各方面涉企服务制度政策更加成熟、更加定型，完善社会主义市场经济体制理论内涵。

其次，优化营商环境有助于厘清政府和市场的边界。习近平总书记强调法治是最好的营商环境，将改革过程中好的做法经验固化为体制机制，形成制度性成果，在法治层面保障市场在资源配置中起决定性作用，更好发挥政府作用，稳定市场主体预期，推动国家治理体系和治理能力现代化。

最后，优化营商环境有助于降低市场主体制度性交易成本。健全市场公平竞争机制，通过持续放宽市场准入，保障市场主体依法平等进入与合理退出，促进更多企业参与竞争，有利于形成"大众创业、万众创新"的市场氛围，促进各项资源的流动与合理配置，形成包容开放与公平竞争的市场环境。

资料来源 胡税根，冯锐，杨竞楠.优化营商环境培育和激发市场主体活力［J］.中国行政管理，2021（8）：16-18.节选.

4）文化环境

文化环境影响企业的目标和企业的宗旨，影响企业内部文化的底蕴和色彩，进而会影响企业对于社会责任的态度。因此，研究企业战略，绝不能忽视文化环境对企业的影响，只有全面了解企业所处的文化环境，才能真正把握企业经营战略与文化环境的内在联系，在更深层次上掌握企业经营行为的规律性。

要充分认识文化在社会经济发展中的作用。文化对于人们认识经济发展规律，调整人们的经济活动，加速或延缓经济发展有重大作用。一般来讲，文化先进、文化水平高，有利于经济发展；文化落后、文化水平低，不利于经济发展。文化与工业发展之间有不可分割的关系，工业落后，文化必然落后，文化落后，工业也必然落后，·两者相互制约、相互影响。企业为了占领市场，获得好的经济效益，必须注重研究文化环境。文化的影响将会遍及企业生产和经营的各个领域，包括产品设计、生产、定价、促销、分销渠道的建立、产品包装及产品服务等。另外，企业一切生产经营活动都会受到环境文化价值观念的检验，有的产品受欢迎，有的产品则遭到排斥和抵制。因此，成功的企业不仅要了解环境中有关文化的具体知识，而且要对文化有非常敏锐的感受力和影响力，能够捕捉文化环境中对人们的价值观、人生观等有影响的抽象文化理念在产品以及市场中的需求和反应，这样才能够客观地评价和理解企业所处的文化环境，并以此作为制定企业战略的重要依据和参考。

5）科技环境

企业的科技环境是指企业所处环境中的科学技术因素及其相关的社会现象的总和，包括科技水平、科技力量、科技发展趋势、国家科技体制、科技政策等。科学技术是社会生产力的新的和最活跃的因素，作为企业外部环境的一部分，科技环境不仅直接影响企业内部的生产和经营，还与其他环境因素相互依赖、相互作用，特别是与经济环境、文化环境的关系更紧密。新技术革命既给企业发展创造了机会，又带来了威胁。企业的机会在于寻找或利用新的技术，实现新的增长。技术力量从两个方面影响企业战略的选择。

（1）技术革新为企业创造了机遇。这表现在：

①新技术的出现使社会和新兴行业增加对本行业产品的需求，从而使企业可以开辟新的市场和新的经营范围。

②技术进步可能使企业通过利用新的生产方法、新的生产工艺过程或新材料等各种途径，生产出高质量、高性能的产品，也可能使产品成本大大降低。

（2）技术的变革在为企业提供机遇的同时，对它形成了威胁。技术力量从两个方面影响企业战略的选择：

①技术进步会使社会对企业产品或服务的需求发生重大变化。技术进步对某一个产业形成机遇，可能会对另一个产业形成威胁。

②竞争对手的技术进步可能使本企业的产品或服务陈旧过时，也可能使本企业的产品价格过高，从而失去竞争力。在国际贸易中，某个国家在产品生产中采用先进技术，就会导致另一个国家的同类产品价格偏高。

企业科技环境中的上述因素都会对企业的生产、经营、管理活动及生存发展产生影响。因此，企业必须对其现状进行调查，对其发展变化进行预测，以此为依据开展技术与产品开发工作，调整产品结构，使企业有良好的技术基础，在竞争中立于不败之地。

补充阅读资料 2-1

房地产企业布局特色小镇的宏观环境分析

1.政策环境（P）

在国家倡导产业结构优化升级，促进新型城镇化建设的背景下，地方政府大力支持特色小镇的发展，但部分基层领导仍坚持传统的管理模式，对特色小镇建设干预过多，容易导致项目的营运主体错位。

2.经济环境（E）

住建部倡导各大银行集团提供贷款、债券融资、股权投资、基金、信托、融资租赁等综合融资服务，有效解决项目融资问题，进一步放宽房地产企业建设特色小镇的门槛。在特色小镇项目前期需要投入大量资金进行基础设施建设、一二级地产开发及产业培育等工作，能否构建相对应的盈利模式是对房地产企业核心能力的挑战。

3.社会环境（S）

国家关于加快提高户籍人口城镇化率的部署有力地促进了农业转移人口的市民化，不断增长的城市人口正成为汽车市场持续发展的内在动力。经济结构的合理性和社会文化环境的包容性因项目而异，在注重软硬件配套的同时，特色小镇的区位条件和产业吸附能力决定了特色小镇能否引进外来人才。

4.技术环境（T）

区域发展不平衡是我国的基本国情。在建设特色小镇热潮下，房地产企业运用技术优势等纷纷抢占市场，行业竞争日益激烈。

资料来源　段永辉，陈旭斌.房地产企业布局特色小镇的宏观环境分析及建议［J］.建筑经济，2019（3）：76-79.节选.

2.1.2　行业环境分析

1）行业的定义

所谓行业，是居于微观经济的细胞（企业）与宏观经济单位（国民经济）之间的一个集合概念。行业是具有某种同一属性的企业的集合，又是国民经济以某一标准划分的部分，如汽车行业、家电行业等。

由于行业中的企业生产的产品是非常相近的替代品，在竞争过程中，这些企业互相影响。一般来说，每个行业内有很多种竞争策略，企业可运用这些策略获得竞争优势和超额利润。这些策略之所以被采纳，大部分是由行业的特征所决定的。

2）行业环境分析的内容

行业环境分析属于企业外部环境分析中的微观环境分析部分，企业已经进入的行业或将要进入的行业，是对企业影响最直接、作用最大的外部环境。行业环境分析的目的在于弄清行业的总体情况，把握行业中企业的竞争格局以及本行业和其他行业的关系，有效发现行业环境中存在的威胁，努力寻找企业发展的机会，理顺竞争形势，从而进行行业的选择以及明确在行业中所处的地位。

一般来说，对企业进行行业环境分析时，需要从行业总体形势、行业生命周期、行业经济结构、行业竞争形势四个方面展开分析。

（1）行业总体形势分析。要深入认识行业，了解行业状况和发展趋势，就必须从行业的总体形势上把握其基本情况。行业总体形势分析主要是考察行业的基本特性、行业在社会经济中的地位与作用及行业所处的发展阶段。例如，行业性质是什么，行业在国民经济中的地位和作用如何，行业的市场总容量及未来增长前景如何，行业处在什么发展阶段，行业技术变革的速度，行业的市场边界等。这些因素显然是企业进行行业选择以及在行业中如何经营要考虑的重要因素。企业在进行多元化发展时，对要进入的行业进行动态性、复杂性的分析，有助于企业识别该行业的前景及把握该行业的盈利性，以便初步得出是否进入的结论。表2-1反映了行业主要经济特性及其战略重要性。

表2-1 行业主要经济特性及其战略重要性

行业主要经济特性	战略重要性
1.市场规模	小市场吸引不了大的或新的竞争者，大市场常常引起公司的兴趣
2.行业内企业竞争的范围	是在全球范围内开展竞争，还是在全国、区域、当地范围内开展竞争
3.市场增长速度及行业所处生命周期	行业处在生命周期的不同阶段，其市场增长速度是不同的
4.竞争厂商数目及其相对规模	行业是被众多公司所细分，还是被几家大公司所垄断
5.客户的数量	如果产品是高价位商品，则客户的数量较少，追寻低价位产品的客户将增加
6.行业盈利水平	高利润行业吸引新进入者，行业环境萧条会增加退出者
7.进入/退出壁垒	进入壁垒高会保护现有公司的地位和利润，进入壁垒低会使该行业易于吸引新的进入者。退出壁垒高使行业内竞争激烈
8.产品是标准化的	会使购买者选择权力增加
9.技术变革迅速	企业风险加大
10.资源条件	资本、时间等资源需求往往成为进入、退出行业的重要因素
11.规模经济	要求具有成本竞争所必需的产量和市场份额
12.产品革新迅速	缩短产品生命周期，风险加大

资料来源　刘冀生．企业战略管理［M］．北京：清华大学出版社，2003．

（2）行业生命周期分析。行业的生命周期是指行业从出现直到完全退出社会经济活动所经历的时间。行业生命周期主要包括四个发展阶段：投入期、成长期、成熟期、衰退期。

识别一个行业处于生命周期不同阶段的主要标志有市场增长率、需求增长率、产品品种、竞争者数量、进入/退出壁垒、技术变革、用户购买行为等。每一行业均有各自不同的生命周期，就是同一行业也会因其发展的不同而处于不同的阶段。在一个行业的生命周期的不同阶段，企业所面临的微观环境有较大差别，客观上要求企业必须制定相应的匹配战略。因此，在制定企业发展战略时，明确企业所处的生命周期阶段是非常必要的。

第一阶段：投入期。

行业处于投入期的特征有：市场增长率较高；需求增长较快；技术变动较大；行业中的企业主要致力于开辟新用户、占领市场，但此时技术上有很大的不确定性，在产品、市场、服务等策略上有很大的余地；对行业特点、行业竞争状况、用户特点等方面的信息掌握不多；企业进入壁垒较低。

在这一阶段，由于新行业刚刚出现不久，因而只有为数不多的创业公司投资于这个新兴的行业。由于在行业的初创阶段企业的创立投资和产品的研究、开发费用较高，大众对其尚缺乏了解易造成产品市场需求较少，销售收入较低，因此这些创业企业在财务上可能不但没有盈利，反而普遍亏损。同时，较高的产品成本和价格与较小的市场需求使这些创业企业面临很大的投资风险。另外，企业可能面临因财务困难而引发破产的风险。

投入期后期，随着行业生产技术的提高、生产成本的降低和市场需求的扩大，新行业便逐步由高风险、低收益的投入期转向高风险、高收益的成长期。

第二阶段：成长期。

行业处于成长期的特征有：市场增长率很高；需求高速增长；技术渐趋成熟；行业特点、行业竞争状况及用户特点已比较明朗；企业进入壁垒提高；产品品种及竞争者增多。

在这一时期，拥有一定市场营销和财务力量的企业逐渐主导市场。这些企业往往是规模较大的企业，其资本结构比较稳定，因而它们开始定期支付股利并扩大经营。

在成长阶段，新行业的产品经过广泛宣传和消费者的试用，逐渐以其自身的特点赢得了大众的欢迎或偏好，市场需求开始上升，新行业也随之繁荣起来。与市场需求变化相适应，供给方面相应地也出现了一系列的变化。由于市场前景良好，投资于新行业的厂商大量增加，产品也逐步从单一、低质、高价向多样、优质和低价方向发展，因而新行业出现了生产厂商和产品相互竞争的局面，这种状况会持续数年或数十年。由于这一原因，这一阶段有时被称为投资机会时期。

这种状况的继续将导致市场竞争的不断发展和产品产量的不断增加，市场的需求日趋饱和。生产厂商不能单纯依靠扩大生产量、提高市场的份额来增加收入，必须依靠追加生产、提高生产技术、降低成本，以及研制和开发新产品的方法来争取竞争优势，战胜竞争对手以维持企业的生存。但是，这种方法只有资本和技术力量雄厚、经营管理有方的企业才能做到。那些财力与技术力量较弱、经营不善或新加入的企业（因产品的成本较高或不符合市场的需要）则往往被淘汰或被兼并。因此，这一时期企业的利润虽然增长很快，但所面临的风险也非常大，破产率与合并率相当高。

在成长阶段的后期，由于行业中生产厂商与产品竞争优胜劣汰规律的作用，市场上生产厂商的数量在经过大幅度下降之后便开始稳定下来。由于市场需求基本饱和，产品的销售增长率减慢，迅速赚取利润的机会减少，整个行业开始进入成熟期。

第三阶段：成熟期。

行业处于成熟期的特征有：市场增长率不高；需求增长不高；技术上已经成熟；行业特点、行业竞争状况及用户特点非常清楚而稳定；买方市场形成；行业盈利能力下降；新产品和产品的新用途开发更为困难；企业进入壁垒很高。

行业的成熟阶段是一个相对较长的时期。在这一时期，在竞争中生存下来的少数大厂商垄断了整个行业的市场，每个厂商都占有一定比例的市场份额。由于各厂商彼此势均力敌，市场份额比例发生变化的程度较小。厂商与产品之间的竞争手段逐渐从价格手段转向各种非价格手段，如提高质量、改善性能和加强售后维修服务等。行业的利润由于一定程度的垄断达到了很高的水平，而风险因市场比例比较稳定、新企业难以打入成熟期市场而较低。其原因是市场已被原有大企业分割，产品的价格比较低，因此新企业往往会由于创业投资无法很快得到补偿或产品的销路不畅、资金周转困难而倒闭或转产。

在行业成熟阶段，行业利润稳定但增长率不高，整体风险也会维持在一个较低的水平。但在某些情况下，整个行业的增长可能会完全停止，其产出甚至会下降。由于资本不再增长，致使行业很难较好地保持与国内生产总值同步增长，当国内生产总值减少时，行业甚至会蒙受更大的损失。

值得着重指出的是，成熟阶段的行业有可能出现二次飞跃，重新进入快速成长期。其前提是有新的重大技术突破使成本大大降低或者是开发出全新一代产品，重新产生巨大的市场需求。家电行业是典型的例子，已经进入成熟阶段的家电在数字技术的推动下，产生了向"信息家电"发展的新趋势，市场前景难以限量。

第四阶段：衰退期。

行业处于衰退期的特征有：市场增长率下降；需求下降；产品品种及竞争者数目减少。这一时期出现在较长的稳定阶段之后。由于新产品和大量替代品的出现，原行业的市场需求开始逐渐减少，产品的销售量也开始下降，某些厂商开始向其他更有利可图的行业转移资金，因而原行业出现了厂商数目减少、利润下降的萧条景象。至此，整个行业进入了生命周期的最后阶段。在衰退阶段里，厂商的数目逐步减少，市场逐渐萎缩，利润率停止增长或不断下降。当正常利润无法维持或现有投资折旧完毕后，整个行业便逐渐解体了。

多数行业经过投入期、成长期进入成熟期，其中有的行业成熟期很长，有的则很短，也有的行业从成熟期又回到成长期等，这些都是由技术、社会、经济等因素所决定的。

行业生命周期分析在应用上有一定的局限性，在某些情况下要确定行业发展处于哪一个阶段是困难的，识别不当就容易导致战略上的失误。影响销售量变化的因素很多，关系复杂。整个经济中的周期性变化现象与某个行业演变也不易区别开来。有些行业演变是由集中到分散，有些行业是由分散到集中，因而无法用一个战略模式与之对应。综上所述，应将行业生命周期法与其他方法结合起来应用，才不致陷入分析的片面性中。

（3）行业经济结构分析。行业的经济结构随该行业中企业的数量、产品的性质、价格的制定和其他一些因素的变化而变化。由于经济结构的不同，行业基本上可分为四种市场类型：完全竞争、垄断竞争、寡头垄断和完全垄断。

其一，完全竞争。完全竞争是指许多企业生产同质产品的市场情形。它的特点：生产者众多，各种生产资料可以完全流动；产品不论是有形或无形的，都是同质的、无差别的；没有一家企业能够影响产品的价格；企业永远是价格的接受者，而不是价格的制定者；企业的盈利基本上由市场对产品的需求来决定；生产者和消费者对市场情况非常了解，可自由进入或退出这个市场。

从以上特点可以看出，完全竞争是一个理论性很强的市场类型，其根本特点在于所有的企业都无法控制市场的价格和使产品差异化。在现实经济中完全竞争的市场类型是较少见的，初级产品的市场类型与完全竞争市场较为类似。

其二，垄断竞争。垄断竞争是指许多生产者生产同种但不同质产品的市场情形。垄断竞争的特点：生产者众多，各种生产资料可以流动；生产的产品同种但不同质，即产品之间存在差异；由于产品差异性的存在，生产者可以树立自己产品的信誉，从而对其产品的价格有一定的控制能力。产品的差异性是指各种产品之间存在实际或想象上的差异，它是垄断竞争与完全竞争的主要区别。

其三，寡头垄断。寡头垄断是指相对少量的生产者在某种产品的生产中占据很大市场份额的情形。在寡头垄断的市场上，由于这些少数生产者的产量非常大，因此其对市场的交易价格具有一定的垄断能力。同时，由于只有少量的生产者生产同一种产品，因而每个生产者的价格政策和经营方式及其变化都会对其他生产者产生重要影响。因此，在这个市场上，通常存在一个起领导作用的企业，其他企业随该企业定价与经营方式的变化而相应地进行某些调整。资本密集型、技术密集型产品（如钢铁、汽车等），以及少数储量集中的矿产品（如石油等）的市场多属于这种类型，因为生产这些产品所必需的巨额投资、复杂的技术或产品储量的分布限制了新企业对这个市场的进入。

其四，完全垄断。完全垄断是指独家企业生产某种特质产品的情形。特质产品是指那些没有或缺少相近的替代品的产品。完全垄断分为两种类型：政府完全垄断，如国有铁路、邮政等部门；私人完全垄断，如根据政府授予的特许专营或根据专利生产的独家经营，以及由于资本雄厚、技术先进而建立的排他性的私人垄断经营。

完全垄断市场类型的特点是：第一，由于市场被独家企业所控制，产品又没有或缺少合适的替代品，因此垄断者能够根据市场的供需情况制定理想的价格和产量，在高价少销和低价多销之间进行选择，以获取最大的利润。第二，垄断者在制定产品的价格与生产数量方面的自由性是有限度的，要受到反垄断法和政府管制的约束。在现实生活中，公用事业（如发电厂、煤气公司、自来水公司和邮政通信部门等）和某些资本、技术高度密集型或稀有金属矿藏的开采等行业属于这种完全垄断市场类型。

每个企业都归属于某个行业，宏观环境因素对企业的影响往往是间接的、潜在的，而行业环境因素对企业的影响则是直接的、明显的，宏观环境对企业的影响常常通过行业环境因素变化来对企业起作用。因此，要正确制定企业战略，必须对企业所在行业及所要进入的行业进行深入分析，弄清行业的总体情况，发现行业环境中存在的机遇与威胁，把握竞争的形势。

（4）行业竞争形势分析。企业在对所处行业的总体形势进行分析的基础上，要进一步分析行业内现有的竞争力量及其强度，明确本企业与这些竞争力量相比所具有的优势及存在的劣势，从而确定本企业对各种竞争力量的基本态度和相应战略。事实上，企业经营战略归根结底就是一种竞争战略，行业竞争形势在决定企业竞争原则及经营战略方面具有决定性的影响。因此，企业在进行行业环境分析时，最关心的就是所在行业的竞争形势。

行业竞争形势分析的主要方法是美国哈佛大学商学院教授波特（M.E.Porter）提出的五力模型。波特认为，一个行业中的竞争远不止在原有竞争对手中进行，而是存在五种基本的竞争力量，即潜在的竞争对手的威胁、现有企业间的竞争能力、替代品或服务的威胁、供应商的讨价还价能力、购买者的讨价还价能力。波特五力模型如图2-1所示。

其一，潜在的竞争对手的威胁。一个行业的进入者通常带来大量的资源和额外的生产能力，并且要求获得市场份额，从而使整个市场发生变化，甚至会给本行业带来很大威胁。

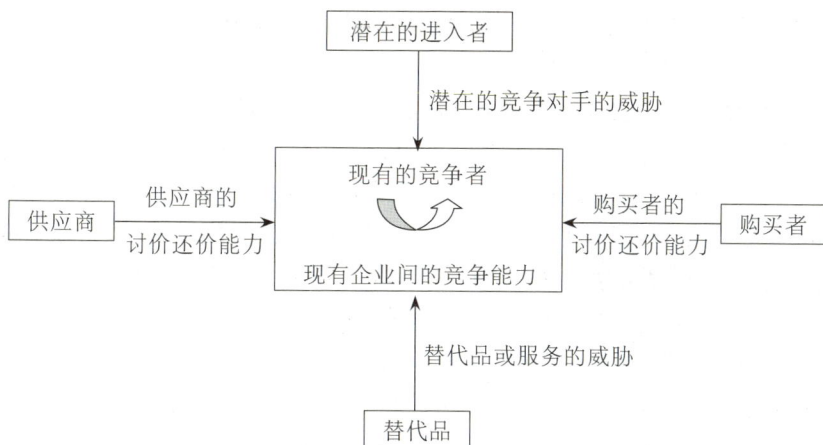

图 2-1　波特五力模型

新的进入者对特定市场的竞争威胁取决于进入障碍和原有企业的反击程度。进入障碍高、反击程度强，则进入威胁大。决定进入障碍高低的主要因素有经济规模、专卖产品的差别、商标专有、资本需求、分销渠道、绝对成本优势、政府政策、行业内企业的预期反击等。

其二，现有企业间的竞争能力。行业内各企业为增强各自的经营能力不可避免地要展开竞争，现有企业间的竞争能力是五种力量中最主要的一种。其竞争的激烈程度取决于以下因素：竞争者的多少及力量对比、市场增长率、固定成本或库存成本、产品差异、退出壁垒等。为此，企业必须在市场、价格、质量、产量、功能、服务、研发等方面建立自己的核心竞争优势。

其三，替代品或服务的威胁。替代品是指那些与企业产品具有相同功能或类似功能的产品。它们包括产品替代、需求替代和同类替代三种情况。替代品的存在为产品的价格设置了上限，当产品价格超过这一上限时，客户将转向替代品。因此，虽然替代品生产企业带来的威胁一般比行业内主要竞争对手的威胁要小，但对企业的获利能力影响很大。当本行业中存在替代品时，生产替代品的企业就对本行业的现有企业形成一定的竞争威胁。决定替代品威胁大小的因素有替代品的相对价格表现、转换成本、客户对替代品的使用倾向。

其四，供应商的讨价还价能力。供应商往往通过提高价格或降低质量及服务的手段，向产业链的下游企业施加压力，以此来榨取尽可能多的产业利润。供应商的讨价还价能力越强，现有行业的盈利空间就越小。因此，供应商的讨价还价能力会影响产业的竞争程度，尤其是当供应商垄断程度比较高、原材料替代品比较少，或者改用其他原材料的转换成本比较高时更是如此。

决定供应商讨价还价能力的因素有投入的差异、供方和企业的转换成本、替代品投入的现状、供方的集中程度、批量大小对供方的重要性、与产业总购买量的相关成本、投入对成本和特色的影响、产业中企业前向整合相对于后向整合的威胁等。

其五，购买者的讨价还价能力。与供应商一样，购买者也能够对行业盈利性造成威胁。购买者能够强行压低价格，要求更高的质量或更多的服务。为达到这一点，购买者可能使生产者互相竞争，或者不从任何单个生产者那里购买商品。当用户分布集中、规模较大或大批量购货时，其讨价还价能力将成为影响行业竞争程度的一个主要因素。

决定购买者讨价还价能力的因素有集体购买、产品的标准化程度、购买者对产品质量的敏感性、替代品的替代程度、大批量购买的普遍性、产品在购买者成本中占的比例、购买者后向整合能力等。

经过对五种行业力量的分析，企业应当能够对该行业的吸引力做出判断，看是否有机会获得足够甚至超常的投资回报。一般来说，竞争力量越强，行业中的企业能够获得的回报就会越少。典型的吸引力不大的行业具有低的进入障碍，供应商和买方有强的讨价还价能力，来自替代品的竞争很强，而且行业内竞争对手之间的竞争程度很高。这些行业特征使企业很难在其中获得战略竞争力和超额回报。相反，有吸引力的行业通常具有高的进入障碍；供应商和买方没有什么讨价还价能力，替代品的竞争很弱，竞争对手之间的竞争程度中等。

总之，波特五力模型要求企业对五大竞争力量分别进行分析，根据其综合影响确定市场竞争情况，在分析企业自身的优势和劣势的基础上确定企业的策略。

观念应用2-1

某管理咨询公司的行业分析模板示例见表2-2。

表2-2　　　　　　　　　　　行业分析模板示例

一、行业简介

二、行业生命周期
1.市场容量
2.市场增长率、需求增长率
3.产品的技术水平
4.产品品种
5.竞争者数量及进出壁垒
6.结论：行业生命周期的阶段判断

三、行业市场结构
1.供需关系
2.竞争者数量
3.各自市场份额
4.力量对比
5.行业集中度

四、行业竞争结构
1.行业中现有企业的竞争
2.竞争方式（价格、质量、服务、品牌）
3.激烈程度
4.新进入者的威胁
5.进入壁垒（政策、特许、自然垄断、规模经济、资金、技术、资源供应）
6.供应链分析
7.上游行业状况
8.资源供应状况
9.供应品可替代性及重要性、供应者集中度
10.替代产品的威胁
11.替代产品技术上的可替代性、替代产品成本上的可替代性（盈利性）
12.替代产品的转变费用
13.客户压力
14.客户集中度
15.产品在客户产品中的成本比重
16.客户盈利能力

五、行业发展的影响因素

资料来源　作者根据相关资料整理.

分析：这是某管理咨询公司在进行行业分析时采用的模板，它也是通过行业简介、行业生命周期、行业市场结构、行业竞争结构和行业发展的影响因素五个方面对每个行业进行分析的。

补充阅读资料 2-2

宏观环境的分析工具——PEST 分析法

PEST 分析法是一个常用的分析工具，通过四个方面的因素分析从总体上把握宏观环境，并评价这些因素对企业战略目标和战略制定的影响。

（1）P 即 politics，代表政治要素，是指对企业经营活动具有实际与潜在影响的政治力量和有关的法律、法规等。当政治制度与体制及政府对企业所经营业务的态度发生变化时，当政府发布了对企业经营具有约束力的法律、法规时，企业的经营战略必须随之进行调整。

（2）E 即 economy，代表经济要素，是指一个国家的经济制度、经济结构、产业布局、资源状况、经济发展水平以及未来的经济走势等。构成经济环境的关键要素包括 GDP 的变化发展趋势、利率水平、通货膨胀程度及趋势、失业率、居民可支配收入水平、汇率水平等。

（3）S 即 society，代表社会要素，是指企业所在社会中成员的民族特征、文化传统、价值观念、宗教信仰、教育水平以及风俗习惯等。构成社会环境的要素包括人口规模、年龄结构、种族结构、收入分布、消费结构和水平、人口流动性等。其中，人口规模直接影响着一个国家或地区市场的容量，年龄结构则决定消费品的种类及推广方式。

（4）T 即 technology，代表技术要素。技术要素不仅包括那些引起革命性变化的发明，还包括与企业生产有关的新技术、新工艺、新材料的出现和发展趋势以及应用前景。在过去的半个世纪里，最迅速的变化就发生在技术领域，微软、惠普、通用电气等高科技公司的崛起改变着世界和人类的生活方式。同样，在技术上领先的医院、大学等非营利性组织，也比没有采用先进技术的同类组织具有更强的竞争力。

资料来源 邱猛. 如何进行变革管理［M］. 北京：北京大学出版社，2004.

2.2 企业内部环境分析

企业内部环境是指企业内部的物质、文化环境的总和，包括企业资源、企业能力、企业文化等因素，也称企业内部条件。它是组织内部的一种共享价值体系，包括企业的指导思想、经营理念和工作作风。

企业内部战略环境是企业内部与战略有重要关联的因素，是企业经营的基础，是制定战略的出发点、依据和条件，是竞争取胜的根本。企业内部环境分析的目的在于掌握企业过去和目前的状况，明确企业所具有的优势和劣势。它有助于企业制定有针对性的战略；有效地利用自身资源，发挥企业的优势；避免企业的劣势，采取积极的态度改进企业劣势，抓住发展机遇，谋求企业的成长和壮大。

企业内部环境分析是指企业对自身的条件，主要是对内部资源和能力的现状及其变动趋势进行分析。

企业内部环境分析的内容包括很多方面，如组织结构、企业文化、资源条件、价值链、核心能力分析、SWOT分析等。本节将重点从企业资源分析、企业能力分析和企业核心能力分析三个方面展开企业内部环境分析。

2.2.1 企业资源分析

企业资源泛指企业从事生产经营活动所需的人、财、物的总和。它表示的是企业的一种静态的力量，也表示企业的潜力。在企业战略层，有一项重要的工作就是在确定各业务单位的业务组合后进行资源分配，以使战略能很好地与资源匹配，充分发挥战略的主导作用。

企业的经济活动离不开资源，资源也反映企业的实力，高效的产业结构与竞争优势都源于企业本身的资源。分析企业的资源，目的在于找准企业在资源上表现出的优势和劣势，从而发现在资源使用上需要进行的变革。企业的资源按照不同目的可划分为不同类型，一种较为简单和经典的分类方法是把企业的资源分成有形资源、无形资源以及人力资源。

（1）有形资源。有形资源包括实物资源和财务资源。这里要搞清楚有形资源与有形资产的联系与区别。有形资产是比较容易确认和评估的一类资产，一般可以从财务报表上看到。但是，财务报表所反映的资产价值往往是比较模糊的，有时甚至是带有误导性的，造成这种情况的原因是：过去所反映的成本报价并不能真实地反映某项资产的市场价值。

在评估有形资源的战略价值时，必须注意以下两个关键问题：①是否有机会更经济地利用财务资源、库存和固定资产，即能否用较少的有形资产获得同样的产出或用同样的资源获得更大的产出。②怎样才能使现有资源更有效地发挥作用。事实上，企业可以通过多种方法增加有形资产的回报率，如采用先进的技术和工艺，以增加资源的利用率；通过与其他企业的联合，尤其是与供应商和客户的联合，以充分利用资源。

（2）无形资源。无形资源是指没有实物形态但能为企业带来经济效益的资源。它主要包括企业的自然科学技术、经营技术、企业信誉、企业形象、企业知名度等。有些无形资源可以通过无形资产表现出来，如专利权、著作权、商标权等，而有些无形资源不能通过无形资产来表示，如信誉、知名度和自然科学技术、经营技术等。从这个角度来讲，企业无形资源的价值一般都会大于企业无形资产的价值。

无形资源对于企业而言是一种非常重要的资源，因为它往往与企业在社会公众心目中的形象联系在一起，信誉好、诚信度高、产品科技含量高的企业必然会受到社会公众的爱戴，受到市场的青睐。

无形资源可以在企业不同层次存在，如人力资源、团队、职能、流程、项目或组织整体等。根据所需能力的不同，来自无形资源的竞争力分为三个层面：①经营能力的竞争力，主要与生产过程的效率相关。竞争优势可以通过规模、经验以及以资本替代劳动来取得。②企业家能力的竞争力，来自对组织和业务的一种全新组合。经营能力的竞争和企业家能力的竞争，可以通过战略管理理论中以活动为基础的观点加以理解，如波特对成本领先战略和产品差异战略的论述：成本领先战略体现了经营能力的竞争优势，而产品差异战略则与企业家能力的竞争紧密相连。③签订合约能力的竞争力，即签订合约以有效地调动某种不完全可交易的无形资源的竞争能力。

思政视角 2-2

科学的劳动观是企业最宝贵的无形资源

习近平的"劳动观"是对马克思主义劳动观的生动继承和创造性发展，具有深厚的现实和理论内涵。他指出："人世间的美好梦想，只有通过诚实劳动才能实现；发展中的各种难题，只有通过诚实劳动才能破解；生命里的一切辉煌，只有通过诚实劳动才能铸就。"

人类社会的发展历程无不向我们展示，劳动是创造价值的唯一源泉，是历史不断向前延伸的必要因素。当前，我国正处于实现"两个一百年"奋斗目标的历史交汇期，中华民族正处于走向伟大复兴的重要历史关键时期。深刻阐释习近平的"劳动观"，对我们立足当下，联合全国劳动者发扬团结精神，全面推动中国特色社会主义伟大实践，实现共同理想和远大理想的有机统一，具有重要的现实意义。

资料来源　李宗芮. 习近平劳动观的深刻意蕴——基于价值观、时代性和践行路径的三重维度解读[J]. 广西大学学报（哲学社会科学版），2021（5）：20-36.节选.

企业的无形资源具有隐蔽性，其战略价值常常被忽略。实际上，无形资源是企业在长期的经营实践中逐步积累起来的，竞争对手难以掌握和模仿，它是企业持续竞争优势的可靠来源。因此，在分析企业有形资源的基础上，还要补充分析企业的无形资源，以全面了解和准确评价企业的资源总量。在进行企业资源分析时，要着重对企业的商誉和技术这两项无形资源进行分析。

随着产品和技术之间的差异度不断缩小，企业商誉在市场竞争中扮演着越来越重要的角色，直接决定企业的生存环境。对企业的商誉进行分析采用的指标主要是企业产品的市场地位、企业形象、对顾客的服务、对员工的公正性、与供应商的互利合作关系等。

企业技术资源指企业所拥有的专有技术，包括专利、版权、专有知识和贸易秘密等，其充足程度是决定企业是否具有竞争优势的关键。技术资源分析一般从产品质量和研究开发两方面分析：产品质量可用产品平均技术性能、产品等级品率、产品合格率等指标进行分析；研究开发可用研究与开发经费占产品销售额的比重、企业生产工艺技术水平、企业发明和专利数等指标进行分析。

（3）人力资源。人力资源是指企业人员的数量和质量的总和。一家企业最重要的资源就是人力资源。如何确认和评价企业的人力资源价值是一件有难度的事情。人们往往根据他们的工作业绩、经验、知识、实践技能来评价个人资源的状况，但是个人资源能否充分发挥作用还取决于个人所处的岗位。在环境变化很快的条件下，如果企业想要适应这种变化，利用新的机会求得发展，就不仅要考察员工过去或现在具有怎样的能力和业绩，更重要的是评估他们是否具有挑战未来的信心、知识和能力，尤其要评价他们的人际沟通技巧和合作共事的能力等，因为具有创造性和内聚力的企业会具有更大的竞争优势。有关企业人力资源战略的问题将在本书第8章进行详细论述，在此不再赘述。

2.2.2　企业能力分析

（1）企业能力的概念与分类。企业能力是指企业的各种资源经过有机整合而形成的经济力量。虽然企业能力是一个整体概念，但是在具体体现其作用时，是可以分解的。按照不同的标准，企业能力可以分解为各种分项能力，如按经营职能的标准划分，可以分为决策能力、管理能力、监督能力、改善能力等；按经营活动的标准划分，可以分为战略经营能力、生产能力、供应能力、营销能力、人力资源开发能力、财务能力、合作能力、投资能力等。需要说明的一点是，以上这些分类只是相对的，因为这些分项能力不是彼此孤立的，而是相互关联、相互作用、相互融合的。

（2）企业能力分析的主要内容具体包括：

①企业资源能力分析。

企业资源能力包括企业从外部获取资源的能力和从内部积蓄资源的能力。它的强弱将影响企业的发展方向、速度，甚至企业的生存，同时直接决定着企业战略的制定和实施。

企业从外部获取资源的能力取决于以下要素：企业所处的地理位置；企业与资源供应者（包括供应商、金融、科研和情报机构等利益相关者）的关系；资源供应者与企业讨价还价的能力；资源供应者前向一体化趋势；企业供应部门人员的素质和效率等。

企业内部资源包括有形资源、无形资源和人力资源。企业积蓄资源的能力涉及企业整体能力和绩效，它形成企业的经营结构。企业经营结构必须保证在竞争市场上形成战略优势。

分析企业内部资源的积蓄能力可以从以下几个方面入手：投入产出比率分析（包括各经营领域）；净现金流量分析；规模增长分析；企业一体化的能力和必要性分析；商标、专利、商誉分析；员工的忠诚度分析等。

②生产能力分析。

生产是企业进行资源转换的中心环节，必须在数量、质量、成本和时间等方面符合要求的条件下形成有竞争性的生产能力。

竞争性的生产能力构成要素包括加工工艺和流程、生产能力、库存、劳动力、质量五个方面。这五个方面的优劣势可以决定企业的成败，因此一方面企业生产系统的设计和管理必须与企业的战略相适应，另一方面企业战略管理者在着手制定新的企业战略的时候，要对现在的生产部门和生产管理情况进行认真分析。

③营销能力分析。

从战略角度考虑，营销能力主要包括三方面的内容：其一，是市场定位的能力；其二，是市场营销组合的有效性；其三，是营销管理能力。

市场定位的能力直接表现为企业生产定位的准确性，取决于企业在以下四个方面的能力：市场调查和研究的能力、评价和确定目标市场的能力、把握市场细分标准的能力及占据和保持市场位置的能力。

确保市场营销组合的有效性主要应把握两个方面：其一，是否与目标市场中的有效需求一致；其二，是否与目标市场产品生命周期一致。

营销管理能力主要是指企业对各项营销工作进行管理的能力，具体包括营销队伍的建设与培训、营销人员的考核与激励、应收账款管理等一系列工作。

④科研与开发能力分析。

科研与开发能力就是指企业是否有能力根据企业的发展需要开发和研制新产品，是否有能力改进生产工艺。企业的科研与开发能力和水平由企业科技队伍的现状与变化趋势来决定。如果没有这样的人才，就要看是否能在短期内找到这样的人才，否则企业就要考虑和高等院校或科研单位合作，以解决技术开发和技术改造的问题。

⑤财务能力分析。

要评估一个组织的经营能力，必须对组织的财务状况进行客观公正的分析。财务报表和资料涉及组织经营管理的各个方面，通过数据说话，反映经营管理的全过程。组织的财务能力可以用以下五类指标体现：

第一类是收益性指标，主要表明企业的收益及获利能力，包括所有者权益报酬率、毛利率、净利率、成本费用率等。

第二类是安全性指标，指的是企业经营的安全程度，或者说是资金使用的安全性，包括资产负债率、流动比率、所有者权益比率等。

第三类是流动性指标，指企业在一定时期内的资金周转状况，企业资金的运用效率，包括资金周转率、应收账款周转率、存货周转率等。

第四类是成长性指标，指企业在一定时期内经营能力的发展变化趋势，包括销售收入增长率、利润增长率、固定资产增长率、成本降低率等。

第五类是生产性指标，其目的在于了解企业在一定时期内的生产经营能力、水平和成果的分配，包括人均销售收入、人均净利润、人均工资、人均资产总额等。

（3）企业能力评价的标准。在评价企业能力时，效率和效果是两个主要的标准。效率是企业进行经营活动时实际产出与实际投入的比率，即实际的投入产出比。效果是企业进行经营活动时实际产出达到预期产出的程度。实施不同战略的企业，所使用的能力分析的标准有所不同。在成本竞争中，效率指标对企业特别重要。通过服务或者产品的差异化竞争的企业，效果是关键性的衡量指标。

①效率分析。影响企业经营活动效率的因素很多，主要包括：各种投入要素的成本，如原材料、劳动力等生产要素；生产率，即单位要素的产出；工艺设计水平；产能的利用程度等。

②效果分析。影响经营活动效果的因素有：所提供的产品和服务是否符合用户的要求，满足的程度如何；所提供的售后服务是否是用户所需要的，是否能够给企业带来增加值；能否一贯地提供满足用户需要的产品和服务。

（4）企业能力的分析方法。企业价值链分析是能力分析的重要手段。企业价值链是指从事设计、生产、营销、交货以及对产品起辅助作用的各种活动的集合。价值是买方愿意为企业提供给他们的产品所支付的价格。价值链分析是用价值链的方法来分析企业内部条件，找出最有价值的活动加以改进提高，从而提高企业的能力。图2-2是企业价值链图。

从图2-2中可以看出，价值链的各项活动之间是紧密联系的，恰恰是这种联系才形成了企业竞争优势，而各项活动对企业竞争优势的形成所起的作用不同，企业内部条件分析就是要抓住企业价值链中的关键环节仔细进行分析，找到企业存在的优势及劣势。

竞争优势来源于企业在设计、生产、营销、交货及辅助过程中许多独立的活动。企业的产品最终成为买方价值链的一部分。如果企业所得的价值超过创造产品所花费的成本就有利润。如果企业的成本低于对手，就有竞争优势。企业通过价值链分析缔造核心能力。在大多数行业内，很少有哪一家企业能够单独完成全部的价值创造活动，这就需要进行专业分工和外包。外包是企业从外部供应商购买部分价值创造活动的战略选择。企业常常需

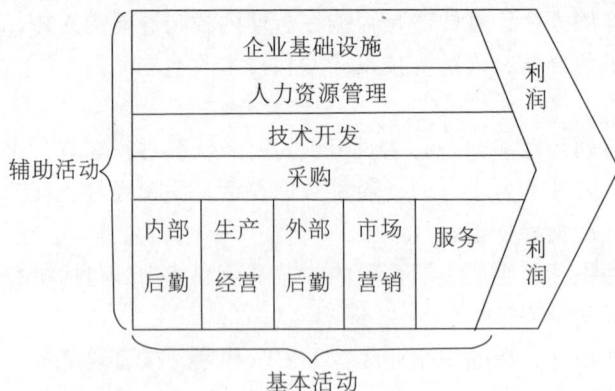

图2-2 企业价值链图

要向外部的专业供应商购买部分价值创造活动，因为外部供应商可以高效地完成这些活动。

小思考 2-1

企业独特竞争力包括哪些内容？

分析要点：企业独特竞争力包含两个方面：一是企业所具有的资源；二是企业的能力。企业所具有的资源可以是财务的、实体的、人力的、技术的，也可以是资产等。企业资源包括有形资源和无形资源两类。企业资源要成为独特竞争能力，则必须是独特的和有价值的。所谓独特资源，是指其竞争对手所不具有的资源。

企业能力是指企业协调资源并发挥其生产作用的技能。这些技能存在于企业的日常活动中，也就是说，存在于企业进行决策和管理其内部过程以达到企业目标的方式中。概括起来，企业能力是组织结构和控制系统的产物。这些系统规定了在企业内部如何进行决策、在哪儿进行决策、企业要奖惩的行为、企业的文化和价值等。企业能力也是企业的无形资源，但企业能力不存在于企业中的单个人身上，而更多地体现在企业范围内个人之间相互作用、相互配合和进行决策的方式上。

一家企业可能具有独特而有价值的资源，但是除非这家企业具有使这些资源有效发挥作用的能力，否则资源就不能创造竞争优势并使这些竞争优势持续下去。管理人员也应当认识到，一家企业只要具有竞争者所不具备的能力，它可能不需要具有独特而有价值的资源也可以建立起自己的独特竞争能力。

2.2.3　企业核心能力分析

1990年，美国密歇根大学商学院教授普拉哈拉德（C.K.Prahalad）和伦敦商学院教授哈默尔（G.Hamel）在《哈佛商业评论》上发表了《企业核心能力》（The Core Competence of the Corporation）一文，标志着核心能力理论的正式提出，该理论较目前其他企业理论更好地解释了成功企业竞争优势长期存在的原因，因此它成为近年来企业理论研究的热点。

1) 企业核心能力的基本概念

企业核心能力是决定企业生存和发展的最根本因素，是企业保持持久竞争优势的源泉。积累、保持、运用核心能力是企业生存和发展的根本性战略，也是企业经营管理的永恒目标。计划、组织、协调、控制等各类管理职能都应该围绕企业核心能力而展开，生产、营销、财务等各个管理领域都应该以企业核心能力为中心。

企业拥有各种资源，是资源的特殊集合体，它们能否产生竞争优势取决于各种资源能否形成一种综合能力。那些与竞争对手相比具有资源的独特性和优越性、能够与外部环境匹配得当的企业将具有竞争优势。满足价值性、稀缺性、不可模仿性和替代性标准的企业资源被称为关键资源，只有基于这些关键资源建立起的竞争优势才是持久的竞争优势。战略分析的一个重点是识别哪些资源可以形成企业的核心竞争力。一般来说，能够形成企业核心竞争力的资源主要包括如下五种：

（1）建立竞争优势的资源。这是指能帮助企业利用外部环境中的机会降低潜在威胁并建立竞争优势的资源。例如，两家提供类似食物的饭店，地理位置成为决定竞争优势的重要资源，而其他资源（如饭店菜单等）则属于正常经营所必备的资源，对于建立竞争优势的贡献比较小。

（2）稀缺资源。企业占有的资源越稀缺，越能满足顾客的独特需求，从而越有可能变成企业的核心竞争力。

（3）不可模仿的资源。如果企业的某种资源能够很容易被竞争对手模仿，这种资源所能创造的价值将是有限的，企业难以据此获得持久的竞争优势。不可模仿的资源主要包括独特的实物资源（如旅游景点、矿山等）、企业文化、商标、专利、公众的品牌忠诚度等。

（4）不可替代的资源。波特五力模型指出了替代产品的威胁力量，同样，企业的资源如果能够很容易被替代，即使竞争者不能拥有或模仿企业的资源，它们也仍然可以通过获取替代资源而改变企业的竞争地位。

（5）持久的资源。资源的缺乏速度越慢，越有利于形成核心竞争力。一般来说，有形资源往往都有自己的损耗周期，而无形资源和组织资源则很难确定资源的贬值速度。一些品牌资源实际上不断升值，通信技术和计算机技术迅速更新换代对建立在这些技术上的核心竞争力构成了严峻挑战。

总的来说，企业只有运用那些能够建立竞争优势的、稀缺的、不可模仿的、不可替代的和持久的资源，才能形成自己的核心竞争力，从而持久地获取有利的竞争地位。企业在战略分析时应当排除那些缺乏独特机制、并非稀有、能够模仿、存在替代品和贬值较快的资源，将注意力集中在那些能够建立企业核心竞争力的资源上。

2）评价核心竞争力

在对企业的核心竞争力进行评价时，只有当企业的核心竞争力不仅是企业的优势（如产品或服务的质量超越大多数的竞争对手），而且这种能力很难被模仿时，这种优势对于企业来讲才具有战略价值，以下是可以用来评价的几种方法：

（1）企业的自我评价。

一种既快速又经济的办法就是企业在内部收集信息。例如，可以进行绩效趋势分析来判断企业经营到底是在改善还是在恶化。另外，企业的内部人员可以根据自己的行业经验来判断企业是否在某一特定方面强于竞争对手。

（2）行业内部比较。

行业专家通常会收集这个行业内企业的某些数据进行企业间的比较，所收集的数据包括市场份额、成本结构、关键成本以及顾客满意度等。这些信息可以告诉企业是否强于竞争对手，但是并没有告诉其导致该结果的原因。

（3）基准分析。

基准分析是比较企业和竞争对手的业绩，包括单个或多种具体活动、系统或过程的比较。最理想的方法是把企业和一流企业相比较，无论它们是否处在同一个行业。另一种方法是把企业与行业内的国内外其他企业进行比较，通常跨国公司会把自己的子公司设在几个不同的国家，因而可以把企业与跨国公司在该国家设立的子公司进行比较，因为它们具有共同的经营环境与成本结构，特别是信息之间具有很强的可比性。

（4）成本驱动力和作业成本法。

企业使用作业成本法以及找出企业的成本驱动力，与传统的成本会计方法相比能提供更有用的信息。然而，找出成本驱动力并非易事，因为作业一般不仅是某项具体的活动，更是由一系列活动形成的系统。因而为了简便，可以找出对顾客没有什么价值但投入较多，以及对顾客有价值但投入不够的活动。

（5）竞争对手的信息。

企业有多种收集其竞争对手信息的方式，主要包括：

a.与顾客进行沟通。

b.与供应商、代理人、发行人以及行业分析师进行沟通。

c.对竞争对手进行实地考察。

d.分析竞争对手的产品。

e.通过私下沟通、电话交谈以及网上交谈的方式询问对方的产品。

f.雇用竞争对手的员工。

3）企业核心能力分析要考虑的因素

企业核心能力分析是从企业组织的本质和目标出发，从不同角度对核心能力进行层层分解，将核心能力落实到企业各个管理职能领域和经营管理业务活动中。进行企业核心能力分析，需要从以下几方面考虑：

第一，要建立企业核心能力的识别体系与企业绩效的评价指标体系。这涉及相互关联的两方面指标体系内容的建立。一是有关企业核心能力的评价指标体系。如何识别、评价企业的核心能力，需要有一套全面、科学的指标，没有这套指标就不能判断企业核心能力的差异，使基于核心能力制定的经营战略无法执行。二是指标对企业绩效的衡量。这套指标用于测度运用核心能力理论制定和选择企业战略行为的结果。财务管理领域逐渐重视的关于可持续竞争优势的衡量、知识管理的衡量、无形资产的测量等，基本上反映了这种研究和发展趋势。

第二，单纯从战略管理领域角度看，需要发展一个关于企业核心能力的、类似于波特五力模型的、操作性强的战略分析框架，使得企业核心能力分析有一套科学的程序。

第三，需要探讨行业特性与企业核心能力的关系，分析企业所处的行业差异对企业核心能力的重大影响，分析行业规模、产品特点、技术进步、市场结构、竞争程度、进入和退出壁垒等对企业核心能力培养和形成、对企业战略制定的影响，寻求其规律性，指导企业根据所处的行业特性辨识和培育核心竞争力，寻求经营战略的正确基点。

第四，从企业核心能力角度评价现代企业的战略选择。现代企业的战略选择，如跨国经营战略、战略联盟、兼并战略、多元化经营战略、差异化战略等，可以从企业核心能力角度进行评定。对这些企业日常采用的战略行为进行分析，一方面可以归纳出这些战略的适用条件，从而指导企业进行科学的战略选择；另一方面为企业已有的战略选择提供了新的评价和判断标准。

小思考 2-2

应如何理解企业核心能力？

分析要点：核心能力是指居于核心地位并能产生竞争优势的各种能力和知识。能为企业长久使用且不能被其他企业模仿的能力是核心能力，能够成为企业利润源的能力也是核心能力，核心能力不等同于核心技术，关键是能为自己所特有，并能在整个价值链中占有不可替代的一席之地。

补充阅读资料 2-3

企业内外部环境的分析工具——SWOT分析法

SWOT分析法常常用于制定公司发展战略和分析竞争对手情况。在战略分析中，它是常用的方法之一。所谓SWOT分析，就是态势分析，即将与研究对象密切相关的各种主要内部优势、劣势和外部的机会、威胁等，通过调查列举出来，并依照矩阵形式排列，然后动用系统分析的思想，把各种因素相互匹配起来加以分析，从中得出一系列相应的结论，而结论通常带有一定的决策性。

运用这种方法，需要对研究对象所处的情景进行全面、系统、准确研究，从而根据研究结果制定相应的发展战略、计划以及对策等。

SWOT是由"S""W""O""T"四个英文字母组成的，它们分别代表一个单词，也就是说SWOT实际上是由四方面组成的。

S：strength，即优势，是指在竞争中拥有明显优势的方面，如产品质量优势、品牌优势、市场优势等。

W：weakness，即劣势，是指在竞争中处于相对劣势的方面。一家企业具备相当的优势并不代表它就没有劣势，企业只有客观评价自己的劣势，所采取的对策才会对企业发展真正有利。

O：opportunity，即机会，是指外部环境（通常指宏观市场）提供的比竞争对手更容易获得的机会，这种机会往往可以比较轻松地得到收益。

T：threat，即威胁，主要指一些不利的趋势和发展带来的挑战，一般指一种会影响销售、市场利润的力量。企业一般会对可能出现的风险制订预防和管理的方案。风险本身并不可怕，可怕的是没有一套预警机制和相应的避免风险的管理机制。

根据分析的结果，企业可以将问题按轻重缓急分类，明确哪些问题目前急需解决、哪些可稍后解决、哪些属于战略上的障碍、哪些属于战术上的障碍。SWOT分析法针对性很强，管理者可协调管理，进行正确的规划和决策。

资料来源　作者根据相关资料整理.

观念应用 2-2

中国体育产业发展：机遇、挑战与转型策略——基于 SWOT 分析的视角

1.优势

政策优势。2021 年发布的《"十四五"时期全民健身设施补短板工程实施方案》《全民健身计划（2021—2025 年）》等政策，推动了体育产业发展，有助于实现全民健身的目标。

2.劣势

（1）体育产业发展布局不均衡。我国体育产业的发展布局失衡是影响体育产业健康、全面、可持续发展的现实阻碍之一。（2）体育人才匮乏。专业人才是产业发展的基石，体育产业相关专业人才的匮乏是制约我国当前体育产业发展的瓶颈之一。

3.机会

在数字经济的时代背景下，全球已经普遍形成了融合发展模式的共识，"三生融合"即生产、生活、生态全面融合的理念逐渐成为大多数人的普遍认知，人们也将关注的焦点越来越多地投入到健康、养生、休闲等领域上来。

4.威胁

路径依赖与低端锁定。作为体育产业发展的后起之秀，我国体育产业存在一定的路径依赖，主要表现在宏观的管理体制运行方式上以及微观方面的企业组织和行为上。

资料来源　吕栋.中国体育产业发展：机遇、挑战与转型策略——基于 SWOT 分析的视角 [J].山西财经大学学报，2021，43（12）：127-132.节选.

● 本章小结

★ 介绍了企业战略环境的基本概念与内容。

★ 归纳了企业外部环境、内部环境的分类与特点。

★ 分析了各种环境因素对制定企业战略的影响。

★ 介绍了企业内、外部环境分析的工具——SWOT 分析法和 PEST 分析法。

● 知识掌握

1）单项选择题

（1）（　　）分析在企业环境分析中占有核心地位。

A.政治环境　　　B.经济环境　　　C.法律环境　　　D.社会环境

（2）（　　）是决定和制约企业生存发展的重要因素。

A.政治环境　　　B.经济环境　　　C.法律环境　　　D.社会环境

（3）社会经济结构中最重要的是（　　）。

A.产业结构　　　B.分配结构　　　C.交换结构　　　D.消费结构

（4）行业处于投入期时企业进入壁垒（　　）。

A.较高　　　B.较低　　　C.不变　　　D.不一定

（5）市场增长率最高的是（　　）。

A.行业投入期   B.行业增长期

C.行业成熟期   D.行业衰退期

（6）企业进入壁垒最低的是（　　　）。

A.行业投入期   B.行业增长期

C.行业成熟期   D.行业衰退期

（7）（　　　）的根本特点在于所有的企业都无法控制市场的价格和使产品差异化。

A.完全竞争   B.垄断竞争

C.寡头竞争   D.完全垄断

（8）不属于判断持久性核心竞争力标准的是（　　　）。

A.有价值的能力   B.稀有的能力

C.特别的能力   D.行业衰退期

（9）生产者众多，各种生产资料可以完全流动，产品是同质的、无差别的，这是（　　　）的特点。

A.完全竞争   B.垄断竞争   C.寡头竞争   D.完全垄断

（10）行业竞争形势分析的主要方法是由（　　　）提出的。

A.巴纳德   B.安京夫   C.安德鲁斯   D.波特

2）多项选择题

（1）政治环境对企业的影响特点有（　　　）。

A.直接性   B.难以预测性   C.不可逆转性

D.间接性   E.逆转性

（2）社会环境包括（　　　）。

A.社会经济结构   B.社会文化   C.社会习俗

D.社会道德观念   E.公众的价值观

（3）行业环境分析包括（　　　）。

A.行业总体形势   B.行业生命周期   C.行业背景

D.行业经济结构   E.行业竞争形势

（4）识别一个行业处于生命周期不同阶段的主要标志有（　　　）。

A.市场增长率   B.需求增长率   C.产品品种

D.竞争者数量   E.技术变革

（5）波特认为一个行业中的竞争来自（　　　）。

A.潜在的进入者   B.现有的竞争者   C.替代品

D.供应商的讨价还价能力   E.购买者的讨价还价能力

3）简答题

（1）政治环境对企业的影响特点是什么？

（2）行业生命周期主要包括哪些发展阶段？

（3）在进行企业核心能力分析时应着重考虑哪些因素？

（4）企业的宏观环境包含哪几个方面？

（5）行业处于投入期的特征有哪些？

● 知识应用

□ 案例分析

智慧医疗背景下三甲医院开展医养结合的PEST分析

1. P（politics）

医养结合上升为国家战略。民政部、国家发展改革委于2016年发布的《民政事业发展第十三个五年规划》中明确指出"重点发展医养结合型养老机构，增加护养型、医护型养老床位，提高养老服务的有效供给"。近年，各省也纷纷出台促进医养结合试点、实施的相关政策，医养结合成为我国医疗和养老领域应对老龄化日益加剧的国家战略。

公立三甲医院政策导向不明显，行政管理交叉。尽管近年来国务院、多部委颁布多项医养结合相关政策，将医养结合提升到了医疗、养老领域的国家层面高度，但总体来看，我国医养结合政策利好社会资本和民营机构。《"健康中国2030"规划纲要》中也提及进一步优化政策环境，优先支持社会力量举办非营利性医疗机构，推进与实现非营利性医院和公立医院同等待遇。

2. E（economy）

养老市场机遇期。我国现存的养老机构总量不足，有的地区床位供不应求，有的地区却存在大量的养老资源闲置。我国养老机构质量参差不齐，公众对养老机构的满意度还存在较大提升空间。智慧医疗日渐应用于适老化改造，为老年群体提供更为安全和高品质的养老生活，养老服务市场需求将进一步扩大。

三甲医院资金优势。公立三甲医院资金来源主要分为医疗服务费用收入、财政投入、药品销售收入。由于近年来药品零加成的实施，药品销售收入压缩。但是相对于其他等级的医院，公立三甲医院不仅是我国医疗卫生事业公益性的集中体现，也是专业性、权威性的代表，公立三甲医院依旧享有国家优厚的财政补贴。此外，三甲医院的门诊和住院床位通常供不应求，医疗资源利用效率高，医疗服务费用收入是三甲医院的重要资金来源。三甲医院相对雄厚的资金实力，为三甲医院购买、安装智慧医疗设备和软件提供了基本支持。

3. S（society）

公众选择偏好。医疗行业是高技术性行业，对人员准入和专业性要求高，而公众选择医疗机构，其专业水平是其最基本的影响因素。公众的信任度和医疗机构的美誉度是医疗机构生存发展的重要基石。我国医院共分为三级十等，其中三级甲等医院区域辐射范围较广，无论是技术、人力资源、设施设备还是智慧化程度等，都具有基础优势。公众对三甲医院具有普遍的信任度，因此在选择上有明显的心理偏好和倾向，这是三甲医院区别于普通民营医院一大优势。

4. T（technology）

行业技术革新。行业的技术更替会引起社会生活的变革，导致公众生活方式的改变。在医疗领域，这种变革将更大程度上影响公众的医疗和保健体验。在过去两年，全国大部分三甲医院都开展了在线预约挂号、手机App诊间结算，虽然对不同群体获益程度不同，但从某种程度上改变了大众传统的就医方式。目前，众多科技类企业纷纷涉足智慧医疗行业，形成了较好的规模效应和市场环境，从产业发展角度来看，有利于缩短行业的技术更替周期，更大程度上促进射频识别（RFID）技术、医院信息系统（HIS）、人工智能（AI）、虚拟现实（VR）技术的发展。智慧医疗行业技术革新必然带来个体单元的发展机遇。

资料来源 刘玉竹，王净.智慧医疗背景下三甲医院开展医养结合的PEST分析［J］.中国老年学杂志，2021，41（16）：3606-3610.节选.

问题：根据上述资料，试分析在智慧医疗背景下三甲医院面对外部环境变化开展医疗，应如何进行战略调整。

□ 实践训练

实训项目：SWOT分析能力训练。

实训目的：（1）培养认识企业SWOT环境的能力。

（2）培养能运用SWOT分析方法评价企业的能力。

实训步骤：（1）调查本地产品、企业、市场，搜集资料，寻找某产品或企业的SWOT环境。

（2）针对某个产品或企业进行SWOT分析评价。

（3）在班级组织一次现场交流演练。

□ 德育训练

国家行业发展规划助力新能源汽车产业优化升级

2020年11月，国务院办公厅印发《新能源汽车产业发展规划（2021—2035年）》（以下简称《规划》），明确指出："新能源汽车融汇新能源、新材料和互联网、大数据、人工智能等多种变革性技术，推动汽车从单纯交通工具向移动智能终端、储能单元和数字空间转变，带动能源、交通、信息通信基础设施改造升级，促进能源消费结构优化、交通体系和城市运行智能化水平提升，对建设清洁美丽世界、构建人类命运共同体具有重要意义。"《规划》提出发展愿景："到2035年，我国新能源汽车核心技术达到国际先进水平，质量品牌具备较强国际竞争力。纯电动汽车成为新销售车辆的主流，公共领域用车全面电动化，燃料电池汽车实现商业化应用，高度自动驾驶汽车实现规模化应用。"

不可否认，目前政策是我国新能源汽车产业的主要驱动力，且根据《规划》所述，我国对新能源汽车行业还将有持续性的补贴规划，以支持整车集成技术创新的强化、产业基础能力的提升、车用操作系统的开发、动力电池全价值链的发展、提升智能制造水平等方面协同发展，促进产业融合互补发展。由此可见，目前新能源汽车产业发展的政治环境与经济环境为行业发展提供了良好的宏观环境。

资料来源 郭禹希.政府补贴对新能源整车企业财务绩效的影响［J］.合作经济与科技，2021（22）.

讨论：运用本章知识，分析企业外部发展环境（政府产业政策等）对新能源汽车行业发展起到什么样的战略影响。

● **网上资源**

http：//www.chnmc.com

http：//www.efnchina.com

第3章

企业战略管理过程

[学习目标]

知识目标：

1.了解企业战略制定的基本原则、程序与方法。

2.理解企业战略选择的影响因素、企业战略实施的模式。

3.掌握企业战略控制的过程与方法。

能力目标：

1.能够具体分析企业的战略环境，并对不同的备选战略方案进行对比评估，选择最优战略方案。

2.能够为企业选择恰当的战略实施模式，将战略的构想转化成战略的行动，及时识别战略实施效果与企业战略目标的偏离，并采取纠正措施。

素养目标：

1.形成战略思维，增强对企业战略管理是一种创新性的、高级的动态管理过程的认同。

2.强化对人本主义思想的认识，积极传承中华优秀传统文化，对接现代企业治理要求。

企业战略管理是根据企业外部环境和内部条件的分析，确定企业的战略目标并制订有效的企业战略方案，在实施过程中进行控制的一系列管理决策与行动。企业战略管理作为一种创新性的、高级的动态管理过程，具体可划分为企业战略分析、企业战略制定、企业战略选择与实施以及企业战略评价与控制四个阶段，每个阶段又包括若干不同的步骤。其中，管理活动的重点是制定和实施战略。制定和实施战略的关键在于企业外部环境、内部条件和企业目标三者的动态平衡，以保证实现企业的战略目标。本章着重阐述企业战略制定的基本原则、企业战略制定的程序与方法、企业战略的选择与实施、企业战略的评价与控制。

3.1 企业战略制定的基本原则

制定一个能带动企业走向胜利的战略是每一家企业的高层管理团队最优先的管理任务。如果没有战略，或者战略不够清晰，企业的经营运作就没有一个明确的指导，就难以形成满足市场需求、获取竞争优势、达成企业目标的具体策略。如果没有战略，就会缺乏一种整体性的策略原则而无法将不同部门的运作塑造成一种统一的团队力量，企业的管理者将难以协调各部门的分散决策和行动，无法形成合力，从而使企业的各种努力有可能互相抵消。

企业在实际营运中必须积极应对现实的、眼前的、影响企业生存和发展的环境与竞争压力，也要对未来不可准确预期的环境及竞争状况有积极反应。因此，企业战略也应对现实和未来的外部环境与企业经营有积极而明确的反应。战略应该既是适应性的，又是前瞻性的。战略管理实际上就是企业的管理者在环境不断变化的各种情况下持续规划和再规划的演进过程。

所以说，好的战略应符合以下几个基本原则：

1）长远性和一致性原则

保持企业的长远盈利能力的最好办法是加强企业的长远竞争力。对于那些能够提高企业长远竞争地位的战略行动，管理者要优先予以制定和执行。如果管理者为了短期的财务目标而将那些能够巩固企业的长远地位和强势战略的行动排除在外的话，就不可能很好地保持企业未来的可持续发展。

2）目的性原则

战略制定的目的性原则，就是要求企业的各级管理者明确自己每一项活动所要达到的目标及其对实现战略总目标的意义。目的性原则是企业战略管理活动总的指导原则，企业的一切经济活动都应服从于、服务于企业发展总目标的要求，各项业务活动都应围绕总目标展开。坚持目的性原则，企业经营既可以立足于现实，又可以着眼于未来。

3）独特性原则

强调特色是企业确定自己竞争优势的关键，中庸式的战略几乎不会产生持久的竞争优势或者独特的竞争地位。一般情况下，企业如果执行折中式战略或者中庸式的战略，其最后的结果就会是：成本一般、特色一般、质量一般、吸引力一般、形象和声誉一般，行业排名居于中间，很难进入行业领导者的行列。

追求差别化战略是企业突出自己独特竞争优势所采用的主要手段，所以企业应尽力在质量、性能、特色、服务等上同竞争对手拉开距离，使自己拥有与众不同的独特形象、独特业务以及独特的发展道路等，从而使顾客更容易识别和记忆。

4）灵活性原则

长期的战略一致性是一种优点，但是对战略进行一些调整以适应变化的环境是很正常的，也是很有必要的。战略管理是一个不断循环、永远没有终点的过程，而不是一个既有起点又有终点的简单事件。无论是企业的远景规划、业务使命、目标体系、具体战略，还是战略实施的过程，在外部环境或内部运作发生变化时，都应根据实际需要对其本身进行适应性的调整。

企业领导者和战略管理者的重要责任之一就是跟踪战略执行进度、评估企业业绩、监测环境变化，根据需要采取调整性措施。这种调整可能会涉及战略管理的各个方面，可能需要调整企业的长远发展方向；可能需要重新界定企业的业务内容；可能需要提高或者降低企业的总体目标；可能需要对企业的战略及实施策略和行动进行修改与调整等。

5）可操作性原则

所谓可操作性，是指构成战略规划的各种要素应是具体的、可操作的、实实在在的。如果可操作性不强，随意解释，战略规划实施就很有可能成为空谈。坚持可操作原则，除了要制定宏观的发展战略之外，还要制定一系列与之相配套的实施细则。同时，要对实施细则中的内容进行量化、程式化、规范化，而且要环环相扣、紧密相连、互相配套，共同促进。为此，企业可以从以下两方面入手提高战略规划的可操作性：

第一，战略规划要针对企业的实际状况。企业在进行战略分析的时候，要在获得信息的基础上，得出切合自己特点的分析模型。可操作性最主要的是指决策要可行，决策的内容可以接受。决策执行的效果取决于两个因素：一是决策自身的质量，二是执行者对决策内容接受的程度，二者相互制约。制定决策的人认为决策可行是不够的，还需要执行决策的人认为决策可行。决策的可操作性要求决策的内容既要符合主观愿望，更要符合客观规律和客观条件，否则再好的决策执行的效果也等于零。

第二，使年度计划和战略规划相结合。既然企业要求战略规划具有可操作性，而年度计划是当期的东西，具有很强的操作性，因此年度计划和战略规划的结合就显得更为重要。所以，企业在制定3～5年滚动战略规划的时候，要包括最近一年的年度计划。该年度计划根据滚动战略规划第1年的分目标来制定，要说明具体的完成时间和主要的责任人。

3.2　企业战略制定的程序与方法

战略的制定是企业的决策机构组织各方面的力量，按照一定的程序和方法，为企业选择适宜的经营战略的过程。制定企业战略是企业战略管理过程中的核心部分，也是一个复杂的系统分析过程。

3.2.1　企业战略制定的程序

企业战略制定的程序一般包括以下步骤：

1）识别和鉴定企业现行的战略

在企业的营运过程中，随着外部环境的变化和企业自身的发展，企业的战略也应相应调整和转换。要制定新的战略，首先应识别和鉴定企业现行的战略。当现行战略已不适用时，就应及时制定新战略。同时，只有在认清现行战略缺陷的基础上，才能制定出较为适宜的新战略。

2）分析企业环境条件

企业经营战略的制定，不是依靠主观臆想，而是建立在大量有价值的信息资料的基础上。因此，分析企业外部环境和内部条件，为制定战略提供科学的依据，是战略制定过程中必不可少的准备工作。

企业应通过对目标市场、市场需求状况、市场竞争状况等外部环境及企业人、财、物资源状况等内部条件的调查分析，认清自身的优势与劣势，发现存在的经营问题等。

3）确定战略目标

战略目标是企业制定战略的基本依据和出发点。战略目标的确定就是在分析经营问题的基础上，确定能解决经营问题的目标。拟定战略目标一般要经过两个环节：拟定目标方向和目标水平。首先，要在既定的战略经营领域内，依据对外部环境、需要和资源的综合考虑，确定目标方向。其次，要通过对现有能力与手段等诸多条件的全面估量，对沿着战略方向展开的活动所要达到的结果进行初步规定，从而形成可供选择的目标方案。

小思考 3-1

制定战略目标时要考虑哪些利益相关者？企业涉及的主要利益相关者有哪些？

分析要点： 目标的制定过程基本上是一个博弈过程，各不同利益团体之间讨价还价的结果形成了目标。事实上，企业的使命与目标也是企业主要的利益相关者利益与权力均衡的结果。

企业内部利益相关者主要有：①向企业投资的利益相关者，包括股东与机构投资者。②经理阶层，一般指对企业经营负责的高、中层管理人员。他们向企业提供管理知识和技能，将各种生产力要素结合成整体。③企业员工。企业员工是一个包括企业操作层劳动者、专业技术人员、基层管理人员及普通职员在内的具有相当厚度的阶层。他们向企业提供各种基本要素，是企业的基本力量。

企业外部利益相关者主要有：①政府。政府向企业提供许多公共设施及服务，如道路、通信、教育、安全等，制定各种政策法规，协调国内外各种关系，这些都是企业生产经营必不可少的环境条件。②购买者和供应者。购买者包括消费者和推销商，他们是企业产品的直接承受者，是企业产品实现价值的基本条件。③贷款人。贷款人与投资者一道向企业提供资金，但与投资者不同的是，企业以偿付贷款本金和利息的方式给予贷款人回报。

4）形成战略方案

企业战略方案是企业战略的核心部分，是把战略目标、战略重点和实现目标的主要对策、战略阶段等加以综合，通过协调平衡而形成的。企业应根据发展要求和经营目标，依据所面临的机遇和挑战，列出所有可能达到经营目标的战略方案。企业战略方案一般包括战略思想、战略目标、战略方向、战略重点、战略对策、战略阶段等。

5）评价和比较战略方案

企业根据股东、管理人员以及其他相关利益团体的价值观和期望目标，确定战略方案的评价标准，并依照标准对各项备选方案加以评价和比较。方案的产生与评价过程，往往是相互交叉的，通过这个过程把可能解决问题的方案逐渐集中到可选方案上。

6）确定战略方案

在评价和比较战略方案的基础上，企业选择一个最满意的战略方案作为正式的战略方案。有时，为了增强战略的适应性，企业往往还要选择一个或多个方案作为备选的战略方案。

思政视角 3-1

履行社会责任与企业利益观

一方有难，八方支援，邻里相帮，患难相恤，是中华民族的传统美德，更是社会主义制度优越性的生动写照。积极承担和履行社会责任的理念存在于中华民族和中国企业的基因里，是企业发展利益观和战略选择的重要内容之一。

2021 年 7 月 21 日，鸿星尔克宣布，为刚刚遭受特大暴雨灾害的河南灾区紧急捐赠5 000 万元物资，受到大众的广泛关注与支持，产品瞬间热销，成为国货楷模。显然，正是鸿星尔克对企业社会责任的积极承担为其带来了良好的声誉和外部发展环境。

企业社会责任（CSR）实践已先后经历了 1.0 和 2.0 时代，正逐步开启共享价值的 3.0时代。CSR1.0 将企业承担经济责任之外的其他责任限于基础的公益慈善行为；CSR2.0 则强调战略性社会责任，关注企业社会责任与企业核心能力、业务发展之间的匹配性；CSR3.0 进一步提出构建企业社会责任的生态系统，强调企业与股东、员工、供应商、客户、社区、政府、公益组织及其他公众等直接和间接利益相关者的"共生关系"。

资料来源　范容慧.以社会责任为基础构筑企业韧性［J］.企业管理，2021（10）：121-123.节选.

3.2.2　企业战略的制定方法

不同类型与规模的企业以及不同层次的管理人员，在战略制定过程中会采取不同的方法。在小规模的企业，所有者兼任管理人员，其战略一般都是非正式制定的，主要存在于管理人员的头脑之中，或者只存在于与主要下级达成的口头协议之中。在大规模的企业，战略是通过各层管理人员广泛参与，经过详细繁杂的研究和讨论，有秩序、有规律地制定的。根据不同层次管理人员介入战略分析、制定工作的程度，可以将战略制定的方法分为四种形式。

1）自上而下的方法

这种方法是先由企业最高管理层制定企业的总体战略，然后由下属各部门根据自身的实际情况将企业的总体战略具体化，形成系统的战略方案。

这一方法最大的优点是领导层高度重视战略，能够牢牢地把握住整个企业的经营方向，同时便于集中领导。其不足之处是如果高层没有深思熟虑或不了解下情，对下层就不能提出详尽的指导。同时，该方法束缚了各部门的手脚，难以充分发挥中下层管理人员的积极性和创造性。

2）自下而上的方法

这是一种先民主后集中的方法。制定战略时，上级对各下属部门不进行硬性规定，只要求积极提交战略方案，之后由企业最高管理层对各部门提交的战略方案加以协调和平衡，经过必要的修改后加以确认。

这种方法的优点是，能充分发挥各个部门和各级管理人员的积极性与创造性，集思广益，同时由于战略方案有着广泛的群众基础，在实施过程中易于贯彻和落实。该方法的不足之处在于，各部门的战略方案较难协调，会影响企业整个战略计划的系统性和完整性。

3）上下结合的方法

这种方法是在战略制定过程中，企业最高管理层和下属各部门的管理人员共同参与，通过相互沟通和磋商，制定出适宜的战略。这种方法的主要优点是，可以产生较好的协调效果，制定出的战略具有更强的操作性。

4）战略小组方法

这种方法是指企业的负责人与其他的高层管理人员组成一个战略制定小组，共同处理企业所面临的问题。在战略制定小组中，一般是由总经理任组长，而其他人员的构成则有很大的灵活性，视小组的工作内容而定，通常是吸收与所要解决的问题关系最密切的人员参加。

这种方法的目的性强、效率高，特别适宜制定产品开发战略、市场营销战略等特殊战略和处理紧急事件。

小思考 3-2

在战略管理中，各级战略管理者的任务是什么？

分析要点：（1）董事会。从战略管理的角度讲，董事会具有三项主要的任务：提出企业的使命，为企业高层管理者划定战略选择的具体范围；审批企业高层管理者的建议、决策、行动，为他们提出忠告和建议，给出具体的改进措施；董事会通过它的委员会监视企业内外环境的变化，并提醒企业高层管理者注意这些变化将会给企业造成的影响。

（2）企业高层、中层管理者负责制定、管理或执行战略规划。为了确定企业的使命、建立企业的目标、制定企业的战略和政策，企业高层管理者必须从长远的角度看问题。在实施企业战略的过程中，高层管理者也起着关键作用。

（3）专职计划人员。当企业高层管理人员无法应付过于繁重的战略制定工作的时候，通常将其中一部分工作交给一个由高层管理人员组成的计划委员会或由一名副经理负责的专门的战略计划或规划部门。这种专职的计划人员主要负责收集和分析各种数据，提出和评价各种可行的战略选择。

3.3 企业战略的选择与实施

在战略管理中，战略选择与实施是战略制定的继续。当一家企业的经营战略制定之后，企业战略管理的工作重点就开始转移到战略的选择与实施上。有效的战略选择与实施可以使适当的战略走向成功，弥补不恰当战略的不足；反之，则会使一个适当的战略面临困境。

3.3.1 企业战略的选择

企业总体战略是指为实现企业总体目标，对企业未来基本发展方向所进行的长期性、总体性的谋划。总体战略决定了企业各项业务在战略谋划期间的资源分配和发展方向。对大多数企业来说，企业选择发展，因为它们都假定未来业务会不断扩大规模、不断增长。经济增长是大多数企业隐含的假定和预期，不仅企业所有者和高级管理层希望企业发展，其他的利益相关者包括雇员、供应商以及融资者等也都希望企业不断发展。作为企业主要的利益相关者，他们自己的未来依赖于该企业的发展。然而，在某些情况下，企业并不希望发展，如小型企业老板更希望保持对企业的严格控制，而不愿意雇用大量的员工。企业总体战略主要考虑的问题是企业业务应当扩张、收缩还是维持不变。相应地，企业总体战略可以划分为三种类型：成长型战略、稳定型战略和收缩型战略。

1）成长型战略

成长型战略是以发展壮大企业为基本导向，致力于使企业在产销规模、资产、利润或新产品开发等某一方面或几方面获得增长的战略。成长型战略是最普遍被采用的企业战略。成长型战略主要包括三种基本类型：一体化战略、密集型战略和多元化战略。

（1）一体化战略。

一体化战略是指企业对具有优势和增长潜力的产品或业务，沿其经营链条的纵向或横向扩大业务的深度和广度，以扩大经营规模，实现企业增长。一体化战略按照业务拓展的方向可以分为纵向一体化和横向一体化。

纵向一体化战略是指企业沿着产品或业务链向前或向后，延伸和扩展企业现有业务的战略。从理论上分析，企业采用纵向一体化战略有利于节约与上、下游企业在市场上进行购买或销售的交易成本，控制稀缺资源，保证关键投入的质量或者获得新客户。不过纵向一体化也会增加企业的内部管理成本。纵向一体化战略可以分为前向一体化战略和后向一体化战略。前向一体化战略是指获得分销商或零售商的所有权或加强对其控制权的战略。前向一体化战略通过控制销售过程和渠道，有利于企业控制和掌握市场，增强对消费者需求变化的敏感性，提高企业产品的市场适应性和竞争力。后向一体化战略是指获得供应商的所有权或加强对其的控制权。后向一体化有利于企业有效控制关键原材料等投入的成本，保证质量及供应可靠性，确保企业生产经营活动稳步进行。后向一体化战略在汽车、钢铁等行业采用较多。

横向一体化战略是指企业收购、兼并或联合竞争企业的战略。企业采用横向一体化战略的主要目的是减少竞争压力、实现规模经济和增强自身实力以获取竞争优势。

横向一体化战略主要可以通过以下几种途径实现：第一，购买，即一家实力占据优势的企业购买与之竞争的另一家企业；第二，合并，即两家相互竞争而实力和规模较为接近的企业合并为一个新的企业；第三，联合，即两个或两个以上相互竞争的企业在某一业务领域进行联合投资、开发和经营。

下列情形比较适宜采用横向一体化战略：

①企业所在产业竞争较为激烈。

②企业所在产业的规模经济较为显著。

③企业的横向一体化符合反垄断法律法规，能够在局部地区获得一定的垄断地位。

④企业所在产业的增长潜力较大。

⑤企业具备横向一体化所需的资金、人力资源等。

（2）密集型战略。

密集型战略也称加强型成长战略，是指企业充分利用现有产品或服务的潜力，强化现有产品或服务竞争地位的战略。密集型战略主要包括三种类型：市场渗透战略、市场开发战略和产品开发战略。

①市场渗透——现有产品和市场。

市场渗透战略的基础是增加现有产品或服务的市场份额，或增加正在现有市场中经营的业务。它的目标是通过各种方法来增加产品的使用频率。其方法有以下几种：

第一，扩大市场份额。此方法特别适用于整体正在成长的市场。企业可以通过提供折扣或增加广告来提高企业在现有市场中的销售额；改进销售和分销方式来提高所提供的服务水平；改进产品或包装来提高和加强其对消费者的吸引力并降低成本。

第二，开发小众市场。其目标是在行业中的一系列目标小众市场中获得份额，从而扩大总的市场份额。如果与竞争对手相比企业的规模较小，那么这种方法尤为适用。

第三，保持市场份额。特别是当市场发生衰退时，保持市场份额具有重要意义。企业运用市场渗透政策的难易程度取决于市场的性质及竞争对手的市场地位。当整个市场正在增长时，拥有少量市场份额的企业提高质量和生产力并增加市场活动可能比较容易，而当市场处于停滞状态时，则比较难。

②市场开发——现有产品和新市场。

市场开发战略是指将现有产品或服务打入新市场的战略。市场的战略成本和风险也相对较低。实施市场开发战略的主要途径包括开辟其他区域市场和细分市场。采用市场开发战略可能有几个原因：第一，企业发现现有产品的生产过程较难转而生产全新的产品，因此希望能开发其他市场。第二，市场开发往往与产品开发结合在一起，例如，将工业用的地毯清洁设备做得更小、更轻，这样可以将其引入到民用市场。第三，现有市场或细分市场已经饱和，这可能会导致竞争对手去寻找新的市场。

市场开发战略主要适用于以下几种情况：

a.存在未开发或未饱和的市场。

b.可得到新的、可靠的、经济的和高质量的销售渠道。

c.企业在现有经营领域十分成功。

d.企业拥有扩大经营所需的资金和人力资源。

e.企业存在过剩的生产能力。

f.企业的主业属于正在迅速全球化的产业。

③产品开发——新产品和现有市场。

拥有特定细分市场、综合性不强的产品或服务范围窄小的企业可能会采用这一战略。产品开发战略是通过改进、改变产品或服务以增加产品销售量的战略。产品开发战略有利于企业利用现有产品的声誉和商标，吸引消费者购买新产品。另外，产品开发战略是对现有产品进行改进，对现有市场较为了解，产品开发的针对性较强，因而较易取得成功。企业可采用多种方法来实现这个战略。消费者对企业会实施潜在的压力，要求企业在正常经营范围内提供丰富多样的产品或服务，这样便会促使企业去开发新的产品。由于消费者有许多选择空间，企业通常很难抵抗这种压力。

开发新产品可能会极具风险，特别是当新产品投放到新市场中时。这一点也会导致该战略实施起来有难度。尽管该战略明显带有风险，但是企业仍然有以下合理的原因采用该战略：第一，充分利用企业对市场的了解；第二，保持相对于竞争对手的领先地位；第三，从现有产品组合的不足中寻求新的机会；第四，使企业能继续在现有市场中保持安全的地位。

产品开发战略适用于以下几种情况：

a.企业产品具有较高的市场信誉度和顾客满意度。

b.企业所在产业属于适宜创新的高速发展的高新技术产业。

c.企业所在产业正处于高速增长阶段。

d.企业具有较强的研究和开发能力。

e.主要竞争对手以类似价格提供更高质量的产品。

新产品开发能有效地帮助企业发展，这是因为在大多数情况下，营销成功来源于对市场进行预测而不是仅仅对消费者的变化做出反应。真正的企业家会促使变化发生，创造需求。但是，其不一定仅仅是对全新产品的开发，还包括对现有产品进行小小的改变和升级等。

（3）多元化战略——新产品和新市场。

多元化指企业进入与现有产品和市场不同的领域。企业从擅长的领域退出可能需要进行激烈的思想斗争。由于战略变化是如此迅速，企业必须持续地调查市场环境寻找多元化的机会。

当现有产品或市场不存在期望的增长空间时（例如，受到地理条件限制、市场规模有限或竞争太过激烈），企业经常会考虑多元化战略。但是，有些人认为多元化从本质上来说是一个消极的战略，多元化总是在逃避某些问题，它表明企业只是对整个企业所发生的不良事件做出反应。不管怎样，多元化已经成为日益常见的经营战略。

企业集团多元化是一个重要的手段，或者说是多元化和一体化的高级表现。企业决定采用企业集团多元化可能有以下几个原因：①企业希望寻找高利润的市场机会；②现有产品和市场存在缺陷；③企业的某个部门能力过于薄弱，必须进行企业集团多元化；④从增加产品市场广度和灵活性中获得好处；⑤可避免与垄断有关的限制，这些限制使企业不能从现有产品和市场以外获得发展；⑥能更容易地获得资金，部分原因是可以从更广泛的活动组合中获得资金；⑦管理层的偏好和所受培训可能会使他们倾向于选择企业集团多元化。

2）稳定型战略

稳定型战略，又称防御型战略、维持型战略，即企业在战略方向上没有重大改变，在业务领域、市场地位和产销规模等方面基本保持现有状况，以安全经营为宗旨的战略。稳定型战略有利于降低企业实施新战略的经营风险，减少资本重新配置的成本，为企业创造一个加强内部管理和调整生产经营秩序的休整期，并有助于防止企业过快发展。应用较为广泛的稳定型战略主要有如下三种：暂停战略、无变战略和维持利润战略。

（1）暂停战略是指在一段时期内降低成长速度、巩固现有资源的临时战略。暂停战略主要适用于在未来不确定性产业中迅速成长的企业，目的是避免出现继续实施原有战略导致企业管理失控和资源紧张的局面。

（2）无变战略是指不实行任何新举动的战略。无变战略适用于外部环境没有任何重大变化、本身具有合理盈利和稳定市场地位的企业。

（3）维持利润战略是指为了维持目前的利润水平而牺牲企业未来成长的战略。很多情况下，当企业面临不利的外部环境时，管理人员会采用减少投资、削减一些可控费用（如研发费用、广告费和维修费）等方式维持现有利润水平。维持利润战略只是一种摆脱困境的临时战略，对企业持久竞争优势会产生不利影响。

总的来说，稳定型战略较适宜在短期内运用，长期实施则存在较大风险。这些风险主要包括：①稳定型战略的成功实施要求战略期内外部环境不发生重大变化，竞争格局和市场需求都基本保持稳定；②稳定型战略的长期实施容易导致企业缺乏应对挑战和风险的能力。

3）收缩型战略

收缩型战略也称撤退型战略，是指企业因经营状况恶化而采取的缩小生产规模或放弃某些业务的战略。采取收缩型战略一般是因为企业的部分产品或所有产品处于竞争劣势，以至于销售额下降、出现亏损等，从而采取的收缩或撤退措施，用以抵御外部环境压力，保存企业实力，等待有利时机。收缩型战略的目标侧重改善企业的现金流量，因此企业一般都采用严格控制各项费用等方式摆脱危机。收缩型战略也是一种带有过渡性质的临时战略。按照实现收缩目标的途径，可将收缩型战略划分为三种类型：扭转战略、剥离战略和清算战略。

（1）扭转战略是指企业采取缩小产销规模、削减成本费用、重组等方式来扭转销售和盈利下降趋势的战略。实施扭转战略，对企业进行"瘦身"，有利于企业整合资源，改进内部工作效率，加强独特竞争能力，是一种"以退为进"的战略。

（2）剥离战略是指企业出售或停止经营下属经营单位（如部分企业或子企业）的战略。实施剥离战略的目的是使企业摆脱那些缺乏竞争优势、失去吸引力、不盈利、占用过多资金或与企业主要活动不相适应的业务，以此来优化资源配置，使企业将精力集中于优势领域。在某些情况下，企业也通过实施剥离战略，为战略性收购或投资筹集资金。剥离战略适用于以下一些情形：①企业已经采取了扭转战略而未见成效；②某下属经营单位维持现有竞争地位所需投入的资源超出了企业现有能力；③某下属经营单位经营失败，从而影响了整个企业的业绩；④企业急需资金；⑤该业务在管理、市场、客户、价值观等方面与企业其他业务难以融合。

（3）清算战略是指将企业的全部资产出售，从而停止经营的战略。清算战略是承认经营失败的战略，通常是在实行其他战略全部不成功时的被迫选择。尽管所有管理者都不希望进行清算，但及时清算可能是比继续经营，以致巨额亏损更为有利的一种选择。清算能够有序地将企业资产最大限度地变现，并且股东能够主动参与决策，因而较破产更为有利。

成长型战略、稳定型战略和收缩型战略是最基本的企业总体战略。这些战略不仅可以单独使用，也可以组合使用。对于很多大型企业来说，一般都拥有多个业务单位，这些业务单位面临的外部环境和所需的内部条件都不尽相同，完全可以因地制宜、因时制宜地采用不同的总体战略。

小思考 3-3 ————————————————————————————

哪些因素会影响战略选择？

分析要点： 一般认为，在战略决策者选择某一特定战略的过程中，下列几个因素将影响其战略选择：（1）企业对外界环境的依赖程度；（2）管理者对待风险的态度；（3）企业过去的战略；（4）企业中的权力关系；（5）中层管理人员和职能人员的影响。

3.3.2 企业战略的实施

企业战略要真正发挥效用、创造价值，就要从概念转化为实际行动。因此，在战略管理过程中，企业选定最优化的战略方案后，随即进入战略实施阶段。这一阶段的任务就是通过一系列行政、经济等手段将战略的构想转化成战略的行动。战略实施的重要性日益为人们所认识，初期的企业战略管理理论偏重战略规划，而在最新的战略管理理论中，战略实施已开始占据越来越重要的地位。

1）战略实施的模式

企业战略实施的模式主要有以下几种：

（1）指挥型。该模式具有明显的集中指导倾向，又称指令型模式。在这种模式里，企业高层管理人员工作的重点是考虑战略的制定，一旦选定了满意的战略，便交给下层管理人员去执行，而自己并不介入战略实施的过程。

这种模式通常适用于小企业。在经营状况比较稳定、多种经营程度较低、环境变化小、战略变化不大的情况下，采用这种模式效果比较好。

这种模式的缺点是把战略制定者与执行者分开，下层管理者处于一种被动执行的状态，缺少执行战略的动力和创造精神，不利于调动员工的积极性。

（2）变革型。与指挥型模式相反，在变革型模式中，企业高层管理人员的工作重点放在战略的实施上，其角色是为有效实施战略而设计适当的行政管理系统。为此，高层管理人员要在其他各方面的帮助下，根据环境的变化，不断进行变革，如建立新的组织结构、新的信息系统，兼并或合并经营范围，增加成功实施战略的机会。

这种模式多是从企业行为角度考虑战略实施问题的，因而比指挥型模式更容易实施。但是，这种模式有它的局限性，即只适用于稳定行业中的小型企业。如果企业环境变化过快，企业来不及改变自己内部的状况，这种模式便发挥不出作用。同时，这种模式是自上而下地实施战略，同样不利于调动员工的积极性。

（3）合作型。在这种模式里，负责制定战略的高层管理人员启发其他管理人员共同考虑战略制定与实施的问题，管理人员可以充分发表自己的意见，提出各种不同的方案。这时，高层管理人员的角色是一个协调员，确保其他管理人员提出的所有好的想法都能够得到充分讨论和调查研究。

合作型模式克服了指挥型和变革型两个模式存在的局限性，使高层管理人员可以直接听取其他管理人员的意见，获得比较准确的信息。同时，由于战略的制定是建立在集体智慧基础之上的，因而提高了战略实施的有效性。

该模式的主要缺点在于战略是集体协商的产物，它可能只是各种不同观点和利益的妥协或折中，其实现可能是以牺牲经济合理性为代价的。

（4）文化型。文化型模式扩大了合作型模式的范围，将企业基层的员工也包括进来。在这种模式里，企业高层管理人员先提出关于企业发展总方向的设想，然后广泛邀请全体员工献计献策，提出自己的战略实施方案。在这里，高层管理人员的角色就是指引总的方向，在战略执行中放手让每个人做出自己的决策。

这种模式打破了战略制定者与执行者的界限，力图使每个员工都参与制定及实施企业战略，使企业战略实施迅速、风险小。这是前三个模式所没有的特点，但是这种模式有其局限性：它对员工素质有较高要求。同时，企业文化一旦形成，就很难接受外界的新生事物。此外，采用这种模式要耗费较多的人力和时间，而且可能因为企业高层领导不愿放弃控制权，从而使员工参与战略制定及实施流于形式。

（5）增长型。在这种模式里，企业高层管理人员只提出有限几个量化的指标，鼓励中下层管理人员制定与实施自己的战略，然后从中选优。这有利于促使管理者在日常工作中不断寻求创新的机会，充分挖掘企业内部的潜力，从而使企业经济效益获得增长。

这种模式与其他模式的区别在于它不是自上而下地灌输企业战略，而是自下而上地提出战略。其优点在于：给中层管理人员一定的自主权，鼓励他们制定有效的战略并使他们有机会按照自己的计划实施战略。同时，由于中下层管理人员和员工有更直接面对战略的机会，可以把握时机，自行调整并顺利执行战略。因此，这种模式适用于变化较大行业中的大型多元化企业。

上述五种战略实施模式在制定和实施战略上的侧重点不同，指挥型与合作型更侧重战略的制定，把战略的实施作为事后行为，而文化型与增长型则更多地考虑战略的实施问题。五种模式各有利弊，可以互相补充，但是没有哪种模式可以运用于所有企业。实际上，在企业实践中，这五种模式往往是交叉或混合使用的，其采用主要取决于企业多种经营的程度、发展变化的速度、规模的大小以及目前的文化状态等。

2）战略实施的内容

为完整、有效地贯彻实施企业已选定的战略方案，一般需开展调整组织结构、设定计划体系、合理配置资源、营造企业文化和提供信息保障等活动。

（1）调整组织结构。企业组织结构是实施战略的一项重要工具，企业战略的实施在很大程度上依赖于健全的企业内部组织机构和高素质的管理人员。实践表明，在战略实施过程中，不适宜的组织结构会妨碍战略的实施，使战略偏离预期的目标，影响企业的经营业绩。因此，企业组织结构是随着战略而定的，要按战略目标的变化而及时调整。在战略管理中，有效实施战略的首要内容就是建立适宜的组织结构，使其与战略相匹配。它们之间匹配的程度如何，将最终影响企业的绩效。

经过几十年的管理实践，人们已经总结出了若干种可行的组织结构类型，包括直线制组织结构、职能制组织结构、事业部制组织结构、矩阵制组织结构等。采取何种组织结构，主要取决于企业决策者和执行者对组织战略的理解，取决于企业自身的条件和战略类型，也取决于对组织适应战略发展标准的认识。

补充阅读资料 3-1

企业组织结构发展趋势

在知识经济时代，企业的内外部环境都发生了迅速的变化。传统企业组织结构所固有的弊端不断暴露出来，促使学术界与企业界不断探索适合知识经济时代的组织结构形式。纵观国内外企业组织结构已经或即将发生的变化，其主要的趋势可概括为以下四个方面：

一是扁平化趋势。组织结构的扁平化是指通过减少管理层级和扩大管理幅度，使组织结构形态由标准的金字塔形向圆筒形转化。这是对层级制组织类型的进一步发展，使组织变得灵活、敏捷。扁平化组织结构具有以下优势：信息流通畅，决策周期短；创造性、灵活性强，员工工作积极性增强；有助于增强组织的反应能力和协调能力。

二是弹性化趋势。组织结构的弹性化是指企业为了实现某一目标而把在不同领域工作的、具有不同知识和技能的人集中于一个特定的动态团队中，共同完成某个项目，待项目完成后团队成员各回各处。这种动态团队组织结构灵活便捷，取消或削弱了组织壁垒，提高了决策和行动效率，适应了知识经济时代知识共享、人才共用的需要。

三是网络化趋势。随着时代的发展，信息技术范式得到确立，网络在组织发展历程中引进新参与者和新内容的能力不断增强，网络化组织形态已逐渐获得独立的地位。组织结构网络化主要是指企业把相互的联结关系纳入到一定的组织结构框架下，拓宽组织模式的适应范围。为了提高环境适应程度，获得整体效率的提高，企业注重整合组织结构和各种资源，重建价值链，各种企业集团和经济联合体以网络化形式将利益共同体紧密联结在一起，打破了原来的组织界限，从而使组织成为网络上的节点，形成了新的价值网。其开放性、交互性、平等性的优势，使组织间可以开展更深层次的交往，丰富了组织的内容。

四是虚拟化趋势。组织结构虚拟化是指把不同地区的资产迅速组合成一种没有围墙、超越空间约束的企业组织模式。随着经济全球化的进一步发展，大量的劳动力将游离于固定的企业系统之外，分散劳动、职能部门外包、通过网络扩大合作范围将会成为新的工作方式。虚拟组织结构有利于各企业发挥自己的核心优势，既有利于企业的发展也有利于社会生产力的提高。

资料来源　曾武成. 现代企业组织结构发展趋势及其变革的启示 [J]. 湘潮，2012（10）.节选.

（2）设定计划体系。计划是管理的一个重要职能，是实施战略的具体行动方案。企业经营计划规定了所要达到的目标和实现目标要采取的措施，包括各种资源的分配和在时间、空间等方面做出具体安排。这有利于企业和员工明确奋斗目标和努力方向，减少盲目性，合理安排资源，提高经济效益，同时有利于企业内部各部门、单位和员工的工作协调运转，确保战略的实施。

企业经营计划作为一个体系，按所计划的期限长短可分为长期计划、中期计划和短期计划。长期计划为五年以上的计划，短期计划是年度计划，中期计划介于两者之间，是衔接性计划。

企业经营计划按内容可分为策略计划和职能计划。策略计划是实现战略目标对策的计划。职能计划是各个职能部门编制的计划，如商品采购计划、商品销售计划等。

企业经营计划按对象可分为单项计划和综合计划。前者是为解决某一特定问题而制订的计划，后者则是在前者的基础上综合而成的计划。

企业经营计划按作用可分为进入计划、撤退计划和应急计划。进入计划是为了开辟新市场所制订的计划。撤退计划是为了从某个市场退出而制订的计划。应急计划是为了应对意外情况发生而制订的计划。

（3）合理配置资源。资源配置是战略实施的又一重要内容，战略资源的配置是否合理，可促进或抑制战略实施的过程。企业在战略实施过程中，要对所属资源进行优化配置，才能充分保证战略的实现。

企业战略资源是指企业用于战略行为及计划推行的人力、物力、财力等资源的总和。它具体包括企业的采购与供应实力、生产与促销实力、技术开发实力、财务实力、人力资源实力、经营管理实力以及对时间、信息等无形资源的把握能力等。

企业在推进战略过程中所需要的战略转换往往就是通过资源分配的变化来实现的。由于在企业战略资源中，只有无形资源很难把握，除人力资源之外的有形资源都可以用价值形态来衡量，因此资源的分配一般可分为人力资源和资金两种分配方式。资金和人力资源的短缺会使各战略经营单位无法完成其战略任务，过多的资金和人力资源又会造成浪费，降低战略实施的效果，因此对这两种资源必须慎重考虑、合理分配。

其一，人力资源的分配。

人力资源的分配一般有三个内容：①为各个战略岗位配备管理和技术人才，特别是对关键岗位的关键人物的选择。②为战略实施建立人才及技能的储备，不断为战略实施输送有用的人才。③在战略实施过程中，注意搭配和权衡整个队伍的综合力量。

其二，资金的分配。

企业一般采用预算的方法来分配资金。所谓预算，是指一种通过财务指标或数量指标来体现企业目标、战略的文件。战略的实施通常可采取以下几种预算方式：

第一，零基预算。它不是以上年度的预算执行情况为基础，而是将一切经营活动都从成本-效益分析开始，从而有效地防止了预算控制的无效性。

第二，规划预算。它是按规划的项目而非按职能来分配资金。规划预算的期限较长，常与项目规划同步，从而便于直接观察项目规划对资金的需求和成效，提高整个财务预算的科学性。

第三，灵活预算。它又称比例预算，是指设定一些比例指标，通过控制相对指数来灵活实施预算的一种方法。它允许费用随产出指标而变动，因而有较好的弹性。

第四，产品生命周期预算。产品在不同生命周期中对资金有着不同的需求，而且各阶段的资金需求有着不同的费用项目。这时产品生命周期预算就要根据不同阶段的特征来编制各项资金支出计划。

在资金分配中应遵循两项原则：第一，根据各单位、各项目对整个战略的重要性来设置资金分配的优先权，以实现资金的有偿、高效利用；第二，努力开发资金分配在各战略单位的潜在协同功能。

（4）营造企业文化。企业文化是企业生存和发展的基本条件之一，每个企业都有自己独特的文化，这种文化是一种无形的力量，影响并规定着企业成员的思维和行为方式，从而对落实企业战略产生重大的影响。在战略管理过程中，企业内部新旧文化的协调和更替是战略实施获得成功的重要保证，营造富有活力的企业文化是实施战略的重要内容。

企业在一定时期所实施的战略与原有企业文化有时是一致的，有时可能发生冲突。高层管理人员必须根据不同的情况，采取不同的对策。

当企业实施的战略引起企业组织结构、管理人员、经营过程等发生重大变化，而企业现有的企业文化能够适应战略的变化时，企业战略的实施就处于非常有利的地位。企业高层管理者的职责就是利用目前的有利条件，巩固和强化现有的企业文化，充分发挥企业文化对战略实施的促进作用。

当企业实施的战略需要对组织结构和经营活动做出重大调整，而这种调整所要求的企业文化与企业现行的文化不一致时，企业高层管理者应首先考虑企业是否要推行新战略。这是因为企业为实施新战略要冒改变原有企业文化的风险，可能会付出巨大的代价，而这一改变能否取得预期的效果，还不能预料。如果企业高层管理者认为没有必要冒这一风险，就要考虑重新制定更适合的战略，或者对新战略做出适当的修正，以防止原有文化阻碍新战略的实施。如果新战略制定得科学并符合环境的变化，企业高层管理人员就要考虑改变原有的企业文化，使之适应企业战略实施的要求。

中国文化在企业中的运用：以人为本

以人为本，是指在企业管理中将员工作为一切管理的中心，满足员工的合理要求，保障员工基本权利，为员工的职业发展提供帮助。人本主义思想是中国传统文化中一直保持着先进的地方，在促进企业的良好经营中发挥着重要的作用。传统文化中主张"尊贤使能，俊杰在位"，这就在源远流长的中华传统文化中奠定了"人"的基础。

要想吸引并留住优秀人才，强化企业的核心力量，必然要求企业家树立以人为本、唯人兴业的企业管理理念。认识到人的重要性，尊重人的发展，并将其作为企业日常管理中的基本理念，对构建稳固先进的企业文化具有重要意义。重视人性化管理的企业文化，才能最大地激发员工的工作积极性，才能有利于企业的长期发展。

资料来源　王一涵. 中国传统文化在企业文化建设中的价值［J］. 现代企业，2021（7）：136-137. 节选.

（5）提供信息保障。无论是战略的制定还是战略的实施，每一个环节、每一个行动都要以信息作为基础，否则就会无法把握住方向。同时，战略实施的每一个行动都会产生出相应的信息，只有及时反馈这些信息，各级管理者才能做出科学的分析和正确的判断，及时采取有效措施，使战略实施系统始终保持最佳的运行状态。因此，企业的各级管理人员，尤其是高层管理人员，要利用正式的和非正式的渠道收集关键性的战略信息，以便于随时掌握战略的实施情况，及时解决出现的问题。

补充阅读资料 3-2

企业战略与组织变革

企业战略决定企业应该如何去实现目标，具有预见性、长远性的特点；而组织结构决定企业在目前以怎样的方式去实现目标，具有现实性、阶段性的特点。

企业战略与组织结构的关系就如同生产力与生产关系之间的相互作用，生产力决定生产关系，同时生产关系对生产力具有反作用。企业战略决定组织结构，同时组织结构对企业战略会产生反作用。企业战略的调整会引起组织结构的调整，然而当新的企业战略形成时，组织结构也会对新企业战略起到促进或阻碍作用。当组织结构与企业战略相匹配时，表现为促进作用，不匹配时则起到阻碍作用，此时组织结构会进行调整以更好地促进企业战略的实施。因此要想顺利实现企业目标，就要尽可能使组织结构与企业战略相匹配；反之，与企业战略不适应的组织结构将会阻碍、限制企业战略的发挥。企业既要充分认识企业战略对组织结构的决定性作用，也要重视组织结构对企业战略的反作用。

基于此观点，企业战略要实现与组织结构相匹配应注意以下几个问题：

1.选择与企业战略相适应的组织结构

一个既定的战略不可能持续适应不断变化的环境，一个既定的组织结构也不可能持续适应不断调整的战略。随着市场环境的动态变化和企业自身的发展需要，企业的战略也需要动态调整。对于管理者而言，要想有效地实施战略调整，就要处理好企业战略与组织结构的关系，构造适宜的组织结构，使其与战略互相匹配。企业在选择组织结构前，要分析战略的特点，比较不同组织结构类型的优缺点，并结合自身所处的环境、发展阶段，选择最适合的组织结构。

2.加强企业文化建设

一家企业如果具备了良好的战略和与之匹配的组织结构，却没有可以体现其内涵的企业文化，那么该企业在激烈的竞争中也很难立于不败之地。组织结构可以称为一家企业的"形"，而文化则是企业的"魂"，缺乏文化内涵的组织结构是没有活力的，对企业的支撑也不会长远。从另一角度来看，企业文化代表了企业员工的共同价值准则，如果缺乏文化，员工自然无法对企业战略达成共识，从而难以保证在战略实施过程中思想、行动的统一。

3.克服组织结构惰性，根据战略进行调整

企业成功后，通常会产生组织结构、企业文化上的惰性，这些惰性也曾经是企业成功的经验，但随着时间和空间的变化，这些固有经验可能会阻碍企业的发展。企业已有的成功路径将会限制其战略选择及战略更新。企业存在于一个瞬息万变的环境中，企业战略需要根据环境的变化与自身需求来调整。企业战略与组织结构的匹配是一个动态化的过程，如果两者被孤立，企业将无法持续获得竞争优势。因此，当企业战略进行调整时，必须克服组织惰性，对组织结构进行相应调整。在全业务转型时期，以客户为中心的组织结构与企业战略高度匹配，对企业战略的实施起到了促进作用。

3.4 企业战略的评价与控制

这是企业战略管理过程中的最后一个环节，是对战略实施的效果进行测定，及时发现实施效果与战略目标之间的差异，并迅速采取纠正措施的战略管理活动。

在战略实施过程中，既定战略常与变化着的企业内外环境发生矛盾，战略实施效果也常会与预定的战略目标相偏离。为保证战略目标的实现和战略执行计划的完成，除需要不断增强战略的应变性外，还要切实加强战略控制。战略控制是通过对企业战略实施过程进行严密监控，及时发现并纠正偏差，为实现战略目标提供有力保证。

战略控制离不开战略评价，评价可以说是战略控制的关键所在。只有通过评价，才能弄清战略实施的业绩及偏离战略目标的差距，并通过分析寻找影响因素，从而找到纠正的措施。战略评价与控制是交叉进行、滚动前进、互为融合的，二者共同保证战略目标的顺利实现。因此，本节将战略评价与战略控制合二为一来进行阐述。

3.4.1 战略控制的过程

战略控制的目标就是使企业战略的实际实施效果尽量符合预期的战略目标。为达成这一目标，可以将战略控制的过程分为制定评价标准、衡量实际效益、评价实际效益、纠正措施和权变计划四个步骤，如图3-1所示。

```
┌─────────────────────┐ ←─────────┐
│   企业战略目标        │          │
└─────────────────────┘          │
          ↓                      │
┌─────────────────────┐ ←───────┐│
│   制定评价标准        │        ││
└─────────────────────┘        ││
          ↓                  反 ││
┌─────────────────────┐      馈 ││
│   衡量实际效益        │        ││
└─────────────────────┘        ││
          ↓                    ││
┌─────────────────────┐        ││
│   评价实际效益        │        ││
└─────────────────────┘        ││
          ↓                    ││
┌─────────────────────┐        ││
│  纠正措施和权变计划    │ ───────┘┘
└─────────────────────┘
```

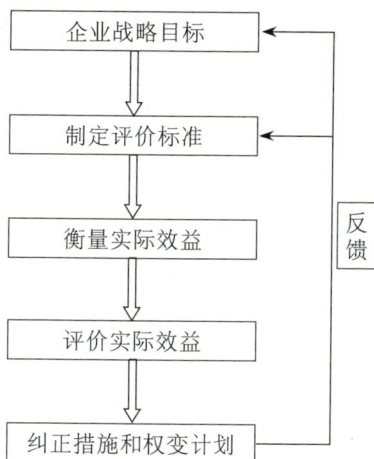

图3-1　战略控制过程图

1）制定评价标准

战略控制过程的第一个步骤就是根据预期的战略目标或计划，分析出应当实现的战略效益，制定出具体的评价标准。评价标准是企业战略目标或计划的具体表述，为企业的各项工作成果提供了评判的尺度。这些标准既可以是定性的，也可以是定量的，要根据不同组织单位和不同的目标灵活选用。可以基于以下几点去理解战略的成功标准：

（1）可行性标准。它评估战略在实践中会如何运行。例如，是否有足够的资源使战略得以实施？是否有足够的资金？是否可获得相关技术的支持？企业员工能力是否足够？

（2）可接受标准。它评估战略的收益结果是否可被接受。例如，战略产生的利润或增长是否足以达到高级管理者、股东及其他权益相关者的期望？该战略所涉及的风险水平有多大？该战略的实施是否需要对企业结构进行重大改变？

（3）适宜性标准。它评价备选战略在多大程度上适用于战略分析中所识别出的问题。该战略是否充分利用了企业的优点，克服、避免了企业的缺点并且应对了环境方面的威胁？它是否有助于企业实现目标？

在定性评价标准方面，国外一些学者提出了以下六种标准：①战略内部各部分内容具有统一性；②战略与环境保持平衡性；③战略执行中注重评估其风险性；④战略在时间上保持相对稳定性；⑤战略与资源保持匹配性；⑥战略在客观上保持可行性和可操作性。

在定量评价标准方面，可用以下项目制定出具体指标：销售额、销售增长、净利润、资产、销售成本、市场占有率、价值增值、产品质量和劳动生产率等。

企业战略的各项定量标准，应与本行业的有关资料对比，特别是要与竞争对手的有关资料进行比较，还要与国外同行业领先者的资料对比才能确定。

2）衡量实际效益

在这一步骤中，企业主要是判断和衡量实现企业效益的实际条件。管理人员需要搜集和处理数据，进行具体的职能控制，并且监测环境变化时所产生的信号。环境变化产生的信号主要可分为外部环境信号和内部环境信号。其中，外部环境信号较重要，但较难预测到，其影响也比较难以确定；内部环境信号则较易控制，时间也较短。

此外，环境变化的信号可分为强信号和弱信号两种。所谓强信号，是指环境变化的信息全面而且明确，企业可以做出反应的时间和选择的余地都很少。这种强信号出现时常常事先没有征兆，出现以后，企业大多不熟悉所发生的状况。在这种情况下，企业一般会突然感到有重大的战略机会或威胁。

弱信号常常会在强信号之前或伴随着强信号出现。企业管理人员在判断和衡量实际效益时，应尽可能及早而且正确地捕捉到弱信号，从而减少意外，增加对强信号的反应时间。企业一旦发现了环境变化的弱信号，就应对此进行监控，并制订采取反应措施的计划。

3）评价实际效益

在这一步骤里，企业要将实际的效益与计划的效益比较，确定两者之间的差距，并尽可能分析出形成差距的原因。如果实际效益在计划效益范围内，表明实现了预期的战略目标，应当总结成功的经验，必要时将其升华为企业内部的惯例或行为规范。如果实际效益与计划效益出现偏差，则要进一步分析形成偏差的原因和对策。原因可以从战略本身、战略环境、战略执行等多个方面进行分析。

4）纠正措施和权变计划

在战略控制的最后一个步骤里，企业应考虑采取纠正措施或实施权变计划。如果战略评价是在企业战略的执行过程中进行，一旦战略实施的结果出现了偏差，就必须针对存在的问题采取相应的对策和措施。如果战略评价是在战略实施终结时做出的，也必须认真分析导致战略实施出现偏差的原因，提出可行性建议，为新的战略制定和实施提供借鉴。

具体而言，企业采取纠正措施的方式主要有三种：①常规模式：企业按照常规的方式去解决所出现的问题，这种模式花费的时间较多。②专题解决模式：企业就目前所出现的问题进行重点解决，这种模式反应较快，节约时间。③预先计划模式：企业事先对可能出现的问题有所计划，从而减少反应的时间，增强处理战略意外事件的能力。

权变计划是指企业在战略控制过程中为了应对发生的重大意外情况，必须采用的备用应变计划。这种计划也是一种及时的补救措施，帮助企业管理人员处理不熟悉的情况。

小思考 3-4 ————

试分析战略控制和作业控制的联系与区别。

分析要点：

联系：（1）这里的作业控制对象是因战略落实而制订的年度计划乃至短期的计划，这些计划的实现是战略实现的条件，所以两种控制的终极目标是一致的。（2）在作业控制中同样可能发生战略是否需要变革的问题，这就同战略控制结合起来了。

区别：（1）战略控制关注的是长远性的战略和目标能否实现，是否需要变革；作业控制则关注年度计划乃至短期的季度、月度计划目标能否实现，是否需要变革。（2）战略控制的目的是保证企业的基本方向和战略的适宜性，及时改变不适宜的战略；作业控制则是对企业生产经营、业务活动的控制，要求及时纠正不合理的活动。（3）战略控制是对企业外部环境和内部环境条件的连续监测，主要由战略调研部门提供所需信息；作业控制则侧重企业生产经营、业务活动的连续监测，主要由会计、统计等核算部门提供信息。

3.4.2 战略控制的方法

控制方法按控制系统控制的对象可分为行为控制和产出控制。行为控制是指直接对人们进行的具体生产经营活动的控制，它基于直接的个人观察。当工作成绩的要求或标准已众所周知需要用个人观察来提高效率时，通常运用行为控制。产出控制是检查活动成果是否符合战略计划或评价标准的要求而进行的控制。它基于对定量数据，如销售额、财务或生产记录等的测定。在评定大型复杂的企业及这些企业内部主要的下属单位的工作成绩时，常使用产出控制。产出控制可以使一家企业将其工作成绩与其他企业的工作成绩相比较，也可以比较其内部各下属单位的工作成绩。

为实施有效的控制，人们在战略控制系统中使用了许多控制方法，其中较常用的有以下几种：

1）预算

预算是在企业内各单位之间分配资源的主要手段，也是实施控制的重要方法，而且可能是使用最广泛的控制方法。预算通过财务部门的开支记录、定期报表等来表明预算的实际收支以及两者的差额，然后报给所涉及的不同层次的负责人进行偏差分析，找出原因，采取纠正措施。

2）审计

审计是由有关的审计人员客观地获取与所评价的经济活动和事件判断有关的论据，经过评价弄清这些判断与实际状况之间的相符程度，并把结果告知用户或相关负责人，来采取纠正措施。

在我国，执行审计的人员可分为两类：一类是独立的审计人员或注册会计师，他们是为各企业提供有偿服务的专业人员，其主要职能是检查委托人的财务报表。此外，他们也执行其他工作，如会计服务、管理咨询以及为委托人编制财务报表等。另一类是企业内部审计人员，其主要职责是确定企业的方针和程序是否被明确地执行，并保护企业的资产。此外，他们经常评估各单位的效率以及控制系统的效率。

3）现场观察

现场观察算得上是一种最古老、最直接的控制方法。企业各级管理人员亲临生产、经营现场，实地视察，可以直接发现和解决可能出现的问题。视察的时间可以是定期或不定期，视察的方式可以是"走马观花"或"下马看花"。

4）目标管理

目标管理既是战略实施的有力工具，又是战略控制的有效方法。企业通过定期对战略实施过程进行审查，按目标管理的内容将实际成果与标准或目标进行比较，能及时发现偏差并采取纠正措施，从而实现控制功能。

● 本章小结

★ 介绍了企业战略管理的原则，确定了好的战略应符合以下几个基本原则：长远性和一致性原则、目的性原则、独特性原则、灵活性原则、可操作性原则。

★ 介绍了企业战略管理过程的企业战略的制定环节，主要介绍了企业战略的制定程序和制定方法。

★ 介绍了企业战略管理过程的企业战略的选择与实施环节。其内容主要包括企业战略选择的影响因素、企业战略实施的模式和内容。

★ 介绍了企业战略管理过程的企业战略的评价与控制环节，主要介绍了企业战略控制的过程与方法。

● 知识掌握

1）单项选择题

（1）（　　）将一切经营活动都从成本-效益分析开始，从而有效地防止了预算控制的无效性。

A.零基预算　　　　　　　　　　B.规划预算

C.灵活预算　　　　　　　　　　D.产品生命周期预算

（2）（　　）是指设定一些比例指标，通过控制相对指数来灵活地实施预算的一种方法。

A.零基预算　　　　　　　　　　B.规划预算

C.灵活预算　　　　　　　　　　D.产品生命周期预算

（3）（　　）组织结构是最简单的组织形式，没有职能机构，由组织的最高层垂直领导最低层。

A.直线制　　　　　　　　　　　B.职能制

C.事业部制　　　　　　　　　　D.矩阵制

（4）（　　）企业战略实施模式的主要缺点在于战略是集体协商的产物，它可能只是各种不同观点和利益的妥协或折中，其实现可能是以牺牲经济合理性为代价的。

A.指挥型　　　　　　　　　　　B.变革型

C.合作型　　　　　　　　　　　D.文化型

（5）（　　）的目的性强、效率高，特别适宜制定产品开发战略、市场营销战略等特殊战略和处理紧急事件。

A.自上而下的方法　　　　　　　B.自下而上的方法

C.上下结合的方法　　　　　　　D.战略小组方法

（6）（　　）能充分发挥各个部门和各级管理人员的积极性和创造性，集思广益，在实施过程中易于贯彻和落实。

A.自上而下的方法　　　　　　　B.自下而上的方法

C.上下结合的方法　　　　　　　D.战略小组方法

（7）（　　）可以产生较好的协调效果，制定出的战略具有更强的操作性。

A.自上而下的方法　　　　　　　B.自下而上的方法

C.上下结合的方法　　　　　　　D.战略小组方法

（8）（　　）是先由企业最高管理层制定企业的总体战略，然后由下属各部门根据自身的实际情况将企业的总体战略具体化，形成系统的战略方案。

A.自上而下的方法　　　　　　　B.自下而上的方法

C.上下结合的方法　　　　　　　D.战略小组方法

（9）（ ）的优点是能够大大提高管理的专业化程度，维护主要职能部门的权威性，同时便于集中控制战略实施的结果。

A.直线制组织结构 　　　　　　　B.职能制组织结构

C.事业部制组织结构 　　　　　　D.矩阵制组织结构

（10）（ ）的缺点在于管理工作复杂，分权太多，沟通的难度增加，既不利于企业快速进行决策，也难以分清各个部门的实际业绩大小，降低了组织结构的稳定性。

A.直线制组织结构 　　　　　　　B.职能制组织结构

C.事业部制组织结构 　　　　　　D.矩阵制组织结构

E.分支制组织结构

2）多项选择题

（1）制定企业战略的基本原则有（ ）。

A.长远性和一致性 　　　　　　　B.目的性

C.独特性 　　　　　　　　　　　D.灵活性

E.可操作性

（2）企业战略的制定标准有（ ）。

A.长远性 　　　　　　　　　　　B.预测性

C.不可逆转性 　　　　　　　　　D.间接性

E.逆转性

（3）企业战略实施的模式主要有（ ）。

A.指挥型 　　　　　　　　　　　B.变革型

C.合作型 　　　　　　　　　　　D.文化型

E.增长型

（4）企业组织结构可分为（ ）。

A.直线制组织结构 　　　　　　　B.职能制组织结构

C.事业部制组织结构 　　　　　　D.矩阵制组织结构

E.分支制组织结构

（5）战略控制步骤可分为（ ）。

A.制定评价标准 　　　　　　　　B.衡量实际效益

C.评价实际效益 　　　　　　　　D.纠正措施和权变计划

E.制定目标

3）简答题

（1）企业战略的制定方法有哪些？

（2）企业战略实施包括哪些内容？

（3）战略实施的方法有哪些？

（4）影响企业战略选择的因素有哪些？

（5）战略控制的方法有哪几种？

● 知识应用

□ 案例分析

新零售背景下安踏体育战略转型

安踏体育从2013年开始向新零售转型，不断提升公司内部的信息化程度，要求加盟店接入ERP系统。同时，安踏体育对公司的运营结构进行了改革，直接设立运营部门对加盟商进行统一管理。2020年8月，安踏体育实行了DTC（直面消费者）模式，从传统的批发型零售转变为直营型零售，从而实现从消费者订单到商品研发、运营和销售环节的闭环。2021年，安踏体育投资建造了一个大数据中心——"一体化物流园"，实现了由安踏总部直接向各处门店进行配货的运作方式，将线上和线下业务进行有机整合，提升了订单处理效率，提高了安踏体育的数字化管理能力。

资料来源　刘潇宇.新零售背景下安踏体育战略转型与绩效研究——以安踏体育为例［J］.环渤海经济瞭望，2024（10）：47-48.

问题：新零售模式要求安踏体育做出哪些战略转型？

□ 实践训练

实训项目：企业战略选择训练。

实训目的：培养分析企业的战略环境并选定最优战略方案的能力。

实训步骤：（1）调查某一企业，搜集该企业的管理战略资料。

（2）结合目前"数字化转型与人工智能赋能"的时代背景，对这家企业的战略环境进行分析评价。

（3）讨论在当前环境下企业应选定的最优战略方案。

□ 德育训练

战略执行前提——高度的战略共识

"从群众中来，到群众中去。"中国共产党的群众路线的领导方法和工作方法，是深入群众认真调查研究，把群众的分散意见集中为领导者和领导部门的指导意见，然后拿到群众的实践中去检验，并把实践证明的正确意见再集中起来，化为群众改造世界的自觉行动。群众路线是企业战略达成高度共识的必经之路。

泰康人寿董事长陈东升认为，执行力就是战略认识的统一，战略一定要在三个层面达成共识，即一定要在董事会形成高度的共识，在经营高管层形成高度的共识，还要在核心干部、基层骨干员工中形成高度的共识。让经营管理层和核心干部、基层骨干员工形成高度战略共识所采用的方法是"走出去、请进来""自上而下、自下而上"。从群众中来到群众中去，广泛发动、全员参与、充分讨论，自上而下、自下而上，反反复复、循环往复，把事情一件一件理清楚，把问题一个一个弄透彻，最终统一共识，形成集体智慧。这样集千钧之力形成的高度战略共识，就会有很强的执行力。

资料来源　陈东升.企业战略的四个层次［J］.经理人，2020，（12）：14-16.节选.

讨论：根据上述资料，分析群众路线对企业战略达成高度共识和执行的重要作用。

● **网上资源**

　　http：//www.chnmc.com

　　https：//wiki.mbalib.com

[学习目标]

知识目标：

1.掌握一体化战略的概念、分类和意义，理解横向一体化、纵向一体化的概念和特点。

2.掌握多元化战略的概念、实施多元化战略的前提条件以及多元化战略的选择和评价。

3.了解并购战略的概念、类型、优势及风险，熟悉并购战略应考虑的因素。

4.了解虚拟经营战略的发展演变、概念、前景以及虚拟经营的战略制订过程。

能力目标：

1.能够理解不同发展战略之间的联系与区别、优势与劣势，明晰在企业发展的不同阶段或不同性质的企业所采用不同战略的原因。

2.能够理论联系实际为企业制定出一套可行的发展战略。

素养目标：

1.积极以国家创新驱动战略为指引，认识到企业转型升级与国家战略的深度融合。

2.提升社会责任内化力，主动将社会效益纳入战略决策的考量范畴。

4.1 一体化战略

4.1.1 一体化战略的概念

一体化战略是指企业在现有业务的基础上或是进行横向扩展，实现规模的扩大；或是进行纵向扩展，进入目前经营的供应阶段或销售阶段等，实现在同一产品链上的延长，以促进企业进一步成长与发展。

4.1.2 一体化战略的分类

1）横向一体化

横向一体化又称水平一体化，是指企业以收购、兼并或联合处于同一生产经营阶段的企业为其长期活动方向，以促进企业实现更高程度的规模经济和迅速发展的一种战略。

采用横向一体化战略，企业可以有效地实现规模经济，快速获得互补性的资源。此外，通过收购或合作的方式，企业可以有效地建立与客户之间的固定关系，遏制竞争对手的扩张意图，维持自身的竞争地位和竞争优势。

横向一体化战略也存在一定的风险，如过度扩张所产生的巨大生产能力对市场需求规模和企业销售能力都提出了较高的要求。同时，在某些横向一体化战略如合作战略中，存在技术扩散的风险。此外，组织上的障碍是横向一体化战略所面临的风险之一，如"大企业病"、并购中存在的文化不融合现象等。

2）纵向一体化

纵向一体化战略是在同一个行业内扩大企业的经营范围的战略。其内容包括把企业的业务范围向供给资源方向扩大或向最终产品的直接使用者方向扩大。企业经营的纵向一体化可能是完全的，也可能是局部的，主要视企业的能力和需要而定。

（1）后向一体化。企业产品在市场上拥有明显的优势，可以继续扩大生产，打开销售通道，但是由于协作供应企业的材料供应跟不上或成本过高，会影响企业的进一步发展。在这种情况下，企业可以依靠自己的力量扩大经营规模，由自己来生产材料或配套零部件，也可以向后兼并供应商或与供应商合资兴办企业，组成联合体，统一规划和发展。

无论企业处于价值阶梯的哪一个级别，都是在维护其产品或服务的销路。除此之外，后向一体化有助于保证原材料和零部件的供应。如果企业所需的重要原料出现长期短缺，就必须考虑是否应当进行后向一体化，自行生产这种原料。例如，可口可乐公司在亚洲的分装厂一般是对外采购装瓶所需的碳酸气。但是，由于碳酸气供应商在规模方面通常与可口可乐公司的需要不可同日而语，因此分装单位往往无法确保充足的供应量，于是有些分装厂自然会自行投资生产碳酸气。

目前，许多产业领域都存在这种导致后向一体化的因素。实际上，其主要原因之一就是要确保企业关键原材料的充足供应。企业在考虑后向一体化时，通常要对自行生产与对外采购的成本进行比较。在这一点上，迈克尔·波特（Michael Porter）总是不断地提醒企业，在进行成本比较分析时，一定要把管理一个规模扩大的联合企业的成本与困难等因素也考虑在内。

（2）前向一体化。从物质的移动角度看，前向一体化就是向与后向一体化相反的方向发展。它一般是指生产原材料或半成品的企业，根据市场需要和生产技术可能的条件，充分利用自己在生产原材料、半成品上的优势和潜力，决定由企业自己制造成品或与成品生产企业合并，组建经济联合体，以促进企业的不断成长和发展。

前向一体化的目的在于突破销售或技术"瓶颈"。企业之所以决定进行前向一体化，通常是想借此解决日趋严重的销售或技术方面的问题。由于某些地区的交通设施不够发达，销售成了一个大问题，因此有些生产消费品的企业就建立起广泛的销售网络，向销售领域进行前向一体化。企业控制了销售，就能够更快地对顾客的需求做出反应，提供更好的售后服务，并且获得更多的潜在优势，从而领先于竞争对手。企业还可以在技术方面进行前向一体化。比如，一个零部件生产企业就可以充分利用本企业的零部件向组装领域发展。日本的京瓷公司本来是一家硅酸盐材料生产企业，为其他厂商提供各种电子元件与瓷制零部件。现在，京瓷公司在原有生产范围之外，又生产电话设备与数码相机等电器商品，成为大型电子联合企业。

小思考 4-1

企业纵向一体化的经济利益的经济性如何体现？

分析要点：一体化的经济利益的经济性体现在：联合经营的经济性；内部控制和协调的经济性；信息经济性；节约交易成本的经济性等。

4.1.3　一体化战略的意义

1）经济性意义

一体化战略可以减少市场交易成本。市场交易会产生庞大的讨价还价成本，还有因为商业信用带来的风险成本。一体化战略可以将市场上形成的各种交易成本变为企业内部的管理成本，这样可以大大节约用于交易成本支出的各项费用，从而为企业提高利润空间。因此，从经济理论上来说，精于管理的企业可以通过一体化战略取得直接的经济效益。

思政视角 4-1

"一带一路"倡议助力全球经济一体化

"一带一路"倡议的理论本质是经济一体化。"一带一路"倡议是21世纪以古代丝绸之路为文化纽带，以欧亚地区的基础设施互联互通为重点，并依托中国作为主要推动力的经济一体化工程。"一带一路"倡议是从中国经济转型发展的实际出发，结合区域经济合作的需求，探索与周边国家共同发展的经济一体化倡议。

在2018年8月推进"一带一路"建设工作5周年座谈会上，习近平主席指出，"一带一路"倡议旨在推动政治互信、经济融合、人文互通，其中"经济融合"的本质是经济一体化。"一带一路"倡议作为新时期一个重要的经济一体化倡议，是中国作为世界第二大经济体向世界提供的一个重要公共产品。通过"一带一路"倡议，共建国家可以加强与中国经济的一体化，更好地融入全球贸易和生产网络中。

资料来源　谢来辉."一带一路"的理论本质是经济一体化［J］. 辽宁大学学报（社会科学版），2019（1）：153-155. 节选.

2）战略性意义

在很多情况下，企业实施一体化战略考虑的并非经济性意义，而更多的是站在企业的战略层次上来做出这样的决策。一体化的战略意义在于可以通过市场交易企业内部化来缩短供应链的管理。企业战略管理的作用已经越来越为企业所重视，就竞争激烈的大型企业而言，战略的竞争显得尤为重要。企业与上下游厂商的博弈从来都没有中断过，随着供求双方的力量变化而不断转换着双方的地位。

以制造业为例，上游原材料供应商的市场分布状况、由一个供应商到另一个供应商的转换成本、原材料的资源是否稀缺等问题都会影响制造业厂商与原材料供应商之间实力的消长，而这恰恰是企业成本领先、形成核心竞争力的重要因素。下游的商家对企业的影响则更为重要，不但影响企业产品能否迅速进入市场，而且产品最终消费者的信息反馈需要通过下游商家的传递，而一体化战略可以有效解决这些问题。

4.1.4　一体化战略需要注意的问题

1）不能无休止地扩张

企业总会遇到各种进入一个全新的经营领域的契机，但这种发展战略的风险相当高。

79

确实有些企业成功地沿着阶梯向上攀登，进入了价值更高的经营领域，但也有很多的企业出现了问题，有的甚至一蹶不振。

补充阅读资料 4-1

盲目扩张终致企业身陷危机

2020 年 6 月 22 日，蜜雪冰城官宣门店过万家，成为国内首个茶饮门店数量过万家的品牌。蜜雪冰城是张红超先生于 1997 年在郑州创立的、专为年轻人打造的新潮冰淇淋与茶饮的品牌。2021 年 5 月 14 日，蜜雪冰城接连 3 家门店曝出重大食品安全隐患问题。那么蜜雪冰城陷入食品安全风波的原因究竟是什么呢？

根据公开数据的显示，2013 年至 2015 年 7 月期间，蜜雪冰城每年以门店数量 2 倍、营业额 3 倍的速度增长；2016 年至 2020 年，其门店的数量分别约为 2 500 家、3 500 家、5 000 家、7 500 家、10 000 家。

中国食品产业分析师朱丹蓬认为蜜雪冰城食品安全问题的原因主要是低利润的扩张以及加速开店。一方面，蜜雪冰城产品定价偏低，利润空间被进一步压缩，导致其对员工以及门店的管理有漏洞。另一方面，蜜雪冰城的上市压力较大，加速开店也让门店管理水平参差不齐。蜜雪冰城的 1 万多家门店给其整个供应链体系提出了更高的要求，也带来了更大的挑战。相比来说，直营相对可控，加盟容易导致放羊式管理。

资料来源　梁伟，石丹. 蜜雪冰城陷食安风波，高速扩张惹的祸？[J]. 商学院，2021（6）：25-28. 节选.

2）时刻关注成本问题

企业实行一体化战略往往会带来一些问题：需要较多的资本，企业有时可能不堪重负；使企业经营扩大，增加风险；所需求的庞大的固定资产投资，会降低企业灵活性；完全一体化的企业比局部一体化企业更难采用新技术和新产品。这些问题具体表现在以下几个方面：

（1）较高的全面退出障碍。资产专门化、企业某些部门功能弱化、行业协作等特点增加了企业的退出障碍。

（2）降低了投资和资金使用的灵活性。由于一体化战略要求企业内部有很强的相互依赖性，企业在投资和资金使用方面需要考虑整体的要求。

（3）市场波动或一体化内部波动引起的风险较大。

（4）增加了协调和平衡的难度。

（5）增加了管理的难度和要求。

4.2 多元化战略

4.2.1 实施多元化战略的前提条件

随着中国特色社会主义市场经济体制的逐步健全，我国的企业以突飞猛进的态势迅速发展，一批大型企业脱颖而出。在企业寻求不断扩张的过程中，很多企业选择了多元化战略的经营模式。在 20 世纪 90 年代，我国企业掀起了一股多元化发展的浪潮，经过一段时间的探索后，成功与失败的例子都有，这表明企业多元化经营取得成功需要许多特殊的前提条件，不是所有的企业都可以取得成功。

1）过剩资源的存在

企业多元化经营是指企业在原经营范围以外的领域从事生产经营活动，即企业将从现有的产品和市场中分出资源与精力，投入到企业不太熟悉或毫不熟悉的产品和市场上。既然要从其核心业务或核心产品中抽出资源与精力来实施多元化战略，那么首先企业一定要有过剩资源的存在。过剩资源的存在是企业进行多元化战略的前提条件。过剩资源是指在企业的主营业务、市场占有率及长期战略发展目标不受影响的前提下，企业的内部资源还有剩余。这些过剩的资源可以是资金、设备、厂房等有形的资源，也可以是技术、服务、商标、品牌价值等无形的资源。

企业在不具备过剩资源或过剩资源有限的情况下，不宜贸然采用多元化战略，而应先集中有限资源发挥最大效用，延续以往的经营战略。很多企业之所以最终败在多元化的道路上，就是因为没有考虑企业的过剩资源能否支持多元化战略所需要的巨大投入。

2）产品及所处行业的生命周期

任何一个事物的产生和发展都要遵循一定的生命轨迹，产品和行业的发展也不例外。某一种新产品从投入市场到最后被市场淘汰要经历产品的导入期、成长期、成熟期和衰退期四个过程。产品生命周期是以产品的销量和企业所获得的利润的变化来衡量的。导入期是指新产品刚投入到市场的时期，这一时期产品没有被消费者熟知，成本较大，市场还没有打开，所以需要进行大量的宣传、广告活动。进入成长期时，产品逐渐为消费者所认可和欢迎，需求扩大，产品的销量迅速增长。当产品的销量增长达到最高点时，产品就开始进入成熟期，这段时期产品的收入和利润都达到最高峰，销量增长开始减缓，竞争激烈。当产品到达衰退期时，企业的盈利和销量都迅速减少，产品即将退出市场。

当产品进入到成熟期和衰退期时，产品的销量增长开始减缓，盈利能力逐渐减弱，为了保持企业的整体盈利水平和发展前景，企业可以选择进入市场需求潜力巨大的产品市场，进行多元化经营。同样，当企业所处的行业属于夕阳行业，增长缓慢、前景黯淡时，企业也可以考虑分散经营、规避风险，采用多元化发展战略。

3）企业生产高风险的单一产品

有些企业专门生产单一产品，而且产品本身具有很高的风险性，那么企业的经营成功与否就取决于市场对该产品的需求状况。当需求量大幅度减少或市场不接纳该产品时，企业就会变得无路可走、无章可循。即使企业采取大规模的降价措施来拉动产品的需求量，也会因为利润损失而大伤元气。若是消费者不接受这种产品而导致需求量减少，那么即使降价也无济于事。所以，生产高风险、单一产品的企业，其经营风险很高。很多高新技术生产企业，由于前期发展阶段资金和技术不足，只好先开发单一产品，从而面临着很大的压力。在这种情况下，解决问题的最好方法就是采用多元化经营战略分散风险，以求"东方不亮西方亮"的效果。

4）需求波动性极大的市场

随着经济的不断发展，某些市场呈现需求越来越多元化的特点，产品生命周期越来越短，更新换代速度不断加快，产品淘汰率不断增加，市场需求的不确定性不断加强。在这种情况下，企业如果只生产和销售单一产品，其经营风险是不言而喻的。为有效地分散经营风险，就要开发新的产品，实现多元化经营。即使是原来从事多元化经营的企业集团，在原有的产品市场需求存在较大不确定性的情况下，为了分散风险也会积极地开发新的经营领域。

4.2.2 多元化战略选择

1）正相关多元化

企业的正相关多元化战略是指企业围绕其核心竞争力和主营业务所建立起来的一系列相关的其他业务。这些不同的业务之间存在同方向的发展势态。正相关多元化在企业的发展过程中采用比较广泛，主要包括同心多元化和水平多元化。

（1）同心多元化。

同心多元化战略又称基于核心能力的多元化发展战略。顾名思义，它是指企业的所有多元化领域都是建立在企业的核心能力之上的，以其核心能力为圆心向外辐射发展。核心能力是指使企业长期或持续拥有某种竞争优势的能力。核心能力是保持主营业务竞争优势的主要因素。稳定而具有竞争优势的主营业务，是企业生存的基础和利润的主要源泉。企业应该通过保持和扩大企业自己所熟悉与擅长的主营业务，尽力扩展市场占有率以求经济效益最大化，把增强企业的核心能力作为第一目标，并视为企业的生命，在此基础上兼顾多元化。

（2）水平多元化。

水平多元化战略主要是指从事与主导产业或者企业的核心竞争力相关或相似的业务的生产与经营。采用水平多元化的优势是可以利用主营业务的优势和影响辐射到相近的新业务。

2）负相关多元化

负相关多元化战略也称互补多元化发展战略，是指企业所涉足的新的产业与原产业市场波动周期能够互补，产业的性质及收益率呈负相关，以求在规避风险方面更具优势，获得成功的把握更大。这种负相关多元化的战略主要基于风险投资理论。依据风险投资理论，只要企业投资的各个项目不完全正相关，通过多元化经营，企业经营总利润是这些投资收益的加权平均数，而风险则可以部分抵消，因此企业可以通过多元化经营来降低市场风险。

3）不相关多元化

不相关多元化战略主要是指企业的各种业务及产品之间完全没有任何关联，资源无法共享或互补。不相关多元化战略不利于发挥核心资源的辐射和整合优势，但在有些情况下可以帮助分散企业的经营和投资风险。在多元化战略引入我国的初期，很多企业盲目地投资于一些新兴的、热销的但不擅长或毫不了解的项目或行业，导致多数项目投入不足或缺乏经营资金而不能正常运转，再加上在技术、人才、经营、管理方面并不具备成功经营所必需的力量，使新项目长时间不能形成市场优势，不能进入良性循环并产生收益，这又加重了企业财务负担，使企业陷入"多元化陷阱"不能自拔。

小思考 4-2

为什么大多数企业倾向于采用发展战略？

分析要点：一家企业为什么决定寻求发展战略？一个重要的原因是最高层经理或最高领导班子所持有的价值观。许多高层经理将发展等同于他们个人的有效性和事业的成功。也就是说，他们所管企业的发展就足以证明他们作为经理的有效性和功绩。此外，在股份有限公司中许多高层领导通常都拥有作为其一部分报酬的股权。如果企业的发展能带来企业股价的升高，他们则从自己的资本增值中直接受益。

4.2.3 多元化战略的评价

在通用电气公司多元化神话的激励下，大家普遍认为多元化战略能够有效规避企业经营风险、扩大企业规模，从而使企业获得丰厚的利润回报。然而，在经历一系列多元化经营惨败的沉痛教训之后，企业家们普遍抛弃了多元化战略是企业发展的制胜法宝的想法，开始认真地、理性地思考：同样是多元化发展战略，为什么会有成功和失败两种截然不同的结果呢？

1）多元化战略的优势

（1）有效地规避企业经营风险。

随着改革开放的深化，我国产生了一批规模巨大、实力雄厚的大企业集团，而随着世界经济一体化的快速发展，众多跨国企业甚至500强公司开始进入中国市场，可以说，我国企业面临的压力和风险是空前的。一方面，本国企业的竞争空前加剧；另一方面，外国"巨鳄"又对我们的市场虎视眈眈。如果企业处于某一特定行业，尤其是生产单一产品时，面临的风险就更加巨大。当产品的生命周期处于成熟期或衰退期时，企业就应该马上调整其产业结构和产品结构，积极开拓新的市场。

（2）产生协同效应。

多元化战略可以把技术上相同或相似的产业联合起来，一方面能够形成规模经济，另一方面能够多方面增加收益。原材料、设备方面的联合还有助于企业增强在采购时的谈判力，从而能够有效降低外部交易成本和采购成本。

（3）充分利用资源、挖掘企业潜力。

规模、资金、诱导市场的实力等属于企业的硬资源；企业形象、信誉、管理组织水平等是企业的软资源。资源丰富的企业必然有着强大的实力。这些内在因素是企业实施多元化经营战略的基础，而多元化经营战略的实施又可以充分地利用企业的资源，最大限度地挖掘企业的潜力。

目前，我国资产重组、企业兼并浪潮方兴未艾，企业之间的横向联系日益加强，在这种态势下，多元化经营战略已成了许多企业在市场竞争中的必然战略选择。

（4）有利于结构调整。

企业为了适应市场需求的变化，必须不断调整内部资源配置，强化自身的市场适应能力和应变能力。这种调整属于企业内部资源优化配置，因此必然服从于经济效益最大化和社会效益最佳化的目标。多元化经营的格局给调整工作带来了更多的选择。

2）多元化战略的弊端

（1）不利于形成核心竞争力。

采用多元化发展战略的企业会拥有多种主营业务，横跨众多行业，这势必会分散企业的各种资源，不利于资源共享。而企业的资源总是相对有限的，如果企业的战线拉得过长，涉及的产业过多，那么在进行资源配置的时候，总会造成某些产业的相对投入不足。同时，多元化经营很难形成特色经营。当今的社会正处于一个强调个性化发展的时期，没有特色的产品就很难打动消费者的心。全球500强企业前10家中，大多都是特色鲜明的专业化生产企业。所以，这些企业成功经营的经验，十分值得我们借鉴。

（2）加大了管理难度。

随着企业多元化战略的推进，企业生产的产品种类势必随之增长，这就会大大提高管理的难度。首先，不同的产品依赖不同的技术支持。企业不仅要掌握不同的技术，还要时刻关注不同技术的更新换代及发展问题，这样就需要既懂得专业又懂得管理的高级技术管理人员，而不管是多元化所需要的技术问题，还是人力资源问题，都是我们的现代企业极其缺乏的一部分。其次，不同的产品将面临不同的市场，而市场之间的差异性优势普遍存在，所以又会加大市场管理的难度。最后，多元化经营往往意味着生产规模扩大、经营地域分散、管理层次与结构都会大规模增加，那么企业原有的组织结构和管理模式都会面临着很大的发展与改革，这又是企业不得不面对的一个管理难题。

补充阅读资料4-2

受挫"多元化"

许多从改革开放的大潮中成长起来的民营企业，在历经几十年的高速发展之后，似乎一下子就面临生死存亡的拐点，其中有不少走向了沉沦。探其原因，会发现这些企业中有很多不约而同地深陷"多元化发展"泥潭。

多元化业态势必对企业的资金能力、资源的整合能力、专业化的支撑能力，以及对企业的市场风险的管控能力等有着非常高的要求，而中国第一代企业大多在这些方面有着先天性缺陷。到这时，有些民营企业的底蕴和能力越来越无法适应市场竞争要求，直至危机四伏，最终以资金链断裂而收场。

以富贵鸟为例，曾经的一代鞋王和"国民皮鞋"已经成为过去。2019年8月20日，搜狐网转载了一篇题为《又一老牌巨头破产退市，"富贵鸟"无法飞起来了》的文章，道出其中原委："如果说'鞋王'达芙妮和百丽陨落，是战略没有跟上，被时代所抛弃，那么富贵鸟之死，是自己'作死'！这个作死的路子，就是所谓的多元化。"

资料来源　关键. 多元化困局的启示［J］. 企业管理，2020（10）：52-55. 节选.

4.3　并购战略

当企业需要发展多元化或一体化战略，或者开拓新市场或新业务时，合并与收购是一种较普遍的战略选择。

4.3.1 战略控制的过程

合并是指两家公司在相对平等的基础上将相互的业务进行整合，通常其拥有的资源和实力合在一起能够比独立发展产生更强的竞争优势。企业之间通过合并，同时有偿转移所有权和经营权，实现资产、资源和要素等合并的产权交易形式，共同组成一个具有独立法人地位、统一经营的新企业。

收购是指一家企业购买另一家企业的部分或全部股权，将被收购企业的业务纳入其战略投资组合，从而达到更加有效地利用其核心竞争力的目的。通过收购，被收购方出让产权和放弃法人资格，资产、资源和经营活动等都归属于收购企业，并以收购企业的名义开展经营活动。收购包括横向收购、纵向收购、善意收购、恶意收购等。

尽管合并和收购这两种战略举措在所有权的处理方式、合并后企业的名称与地位等方面存在显著差异，但实质上都是通过资源和要素等的有效利用与整合，提升企业的竞争力，所以把合并和收购统称并购战略。

思政视角 4-2

投资并购助力国企新一轮改革

随着《中共中央、国务院关于深化国有企业改革的指导意见》《关于国有控股混合所有制企业开展员工持股试点的意见》等文件的相继发布，国企改革"1+n"顶层设计体系由此完成。2020年是国有企业改革3年行动启动之年，而上市公司成为国有企业并购重组的主要载体，2020年以来A股市场国有企业并购重组持续活跃。截至2021年3月1日，A股市场共发生913起国有上市公司参与的并购重组事件，其中，237起涉及央企国资控股企业，382起涉及省属国资控股企业，280起涉及地方国资控股企业，14起涉及其他国有企业。

一直以来，国有企业担负着引领社会主义市场经济发展的时代任务，坚持道路自信、理论自信、制度自信、文化自信，坚持成果导向、目标导向，依据新时代的新战略、新要求、新任务，深化体制机制创新，承担起新时代赋予的新使命，不断做强、做优、做大，建设世界一流国企，在实现共同富裕、实现中华民族伟大复兴的道路上发挥着重要作用。

资料来源 [1]黄珊. 国企改革背景下的国有企业投资并购分析[J]. 中国集体经济，2020（9）：85. 节选. [2]黄泰岩. 把握新时代国企改革方向[J]. 企业管理，2021（12）：19-22. 节选.

4.3.2 并购战略的类型

（1）横向并购。它是指处于相同行业，采用相近工艺、设备和资源，生产相同或相近产品的竞争性企业之间的并购。如2015年携程并购去哪儿网，2021年伊利并购澳优乳业等都属于横向并购。这种并购通过共享企业资源和集中资本实现规模经济，能够迅速扩大生产规模和市场份额，提升企业的整体竞争优势。

（2）纵向并购。它是指企业并购其某一种或多种产品和服务的供应商或分销商及其配送渠道等的行为。纵向并购一般发生在生产和经营过程紧密衔接，在供应链和价值链上实现资源、产品或工艺互补的企业之间。如食品加工企业收购面粉生产企业、食品销售企业等。这种并购有利于实现范围经济，降低交易成本，缩短生产周期，有助于企业开发新产品、新技术，但可能带来管理成本的上升。

（3）混合并购。它是指处于不同行业、不同市场，而且资源、产品和工艺没有相关性或相关性不大的企业之间的并购。如有的房地产集团并购餐饮、旅游等行业中的企业，这种并购是为了研发新产品，发展多元化战略，或开辟新的市场领域，从而扩大目标市场和产品市场，降低经营风险，提高盈利能力。

4.3.3　并购战略的优势

（1）获得更大的市场份额。通过并购同行业企业或价值链上的相关企业，能够减少竞争对手数量，扩大销售渠道和经营市场，增强企业的竞争能力和讨价还价能力，从而获得更大的市场份额。

（2）降低新领域的进入壁垒和避让生产经营风险。当企业试图研发新产品、开拓新市场、开创新行业时，往往会遇到资金、技术、研发人员、顾客、政策和竞争对手等的阻碍，形成进入壁垒，而且因为需要达到一定的生产规模，所以会导致生产过剩，引起其他企业的强烈抵制，破坏整个行业的盈利能力。通过并购能有效跨越这些壁垒，从资源配置、快速获得新技术等方面降低进入成本和风险，保持行业稳定。

（3）降低经营成本和时间成本。企业扩大市场或进入新行业，必须在人、财、物、信息、管理等方面投入大量资源，从而使成本剧增。并购战略能使企业发挥自身的核心优势，大大降低生产成本、研发成本、经营成本和管理成本。同时，在机遇稍纵即逝的市场经济时代，企业间的竞争就是速度的竞争，进入新市场和新领域的机遇与时间往往决定一家企业的成败，谁进入得早谁就可能在原材料、销售渠道、顾客和企业声誉等方面获得先发优势和领先地位，而并购则可以使企业在短时间内改变市场地位。

（4）实现规模经济和范围经济。并购能有效降低交易成本和管理费用，提升企业原有设备、资源、资金、人员和技术的利用率与生产效率，降低原材料的价格，整合原企业的营销渠道，节约营销费用，使得各类资源得到合理配置，进行生产协同和经营协同，扩大需求市场和生产规模，实现规模经济和范围经济。

4.3.4　并购战略的风险

并不是所有的并购都能取得预期的效益，并购战略还存在一定的风险，主要表现在以下几个方面：

（1）经营管理风险。有些企业并购后，无法实现资源的合理配置以及生产要素、生产过程的协调互补，也可能不熟悉新行业，缺乏管理新产品和新市场的经验与能力。同时，机构、人员的增加提升了管理成本，这样使得企业分散了投资方向和高层的精力，不但不能实现规模经济，规避发展多元化的风险，还可能丧失原有的优势领域和市场。

（2）财务风险。缺乏计划性和合理评估的盲目并购，会导致企业对并购后的收益过于乐观，过高估计收益，忽略了带来的投资风险。企业并购的资金一般数额巨大，使得实施并购的企业需要发挥财务杠杆作用，通过负债投入资金，而且如果被并购企业本身就负有一定的债务，这样企业无疑会背负巨大的债务压力。所以，实施并购战略需要在投资收益大于付出的财务成本时才能实行。

（3）并购成本过高。出于被并购企业管理层和股东的要求，收购的价格常常高于正常市场价格，一般来说，会比收购前价格高30%～50%。同时，收购目标企业的价格可能在并购过程中被竞争所抬高，导致企业收购尤其是收购上市公司的代价巨大。

（4）文化整合困难。企业文化整合是成功并购的关键。企业并购后，不同企业间不但面临着管理政策体制的转变、领导层的更换、资源的重新配置、生产过程的衔接和利益的再分配等问题，更面临着企业文化的整合和重新塑造、企业员工工作模式和心理定式的转换、不同价值观之间的冲突和融合等问题。而且，员工关系的处理、文化的塑造相对于企业的经营管理来说是一件更加困难的工作，需要一个相当长的过程。如果企业在并购中文化整合处理不好，则会带来各方面的矛盾和冲突，甚至直接导致并购的失败。

（5）对象选择和评估失误。合理选择并购对象是并购成功的前提，所以必须准确对并购企业进行评估，包括生产经营领域、财务、企业文化等，还要考虑其董事会和员工可能带来的阻力。信息不对称带来的对目标公司生产、经营和财务状况等方面了解得不充分，会导致评估依据不准确，不但未必能达到预期的目标，反而可能使并购企业背上沉重的负担。

需要指出的是，企业必须根据外在的市场环境和行业背景，准确分析自身的资源和能力，从而科学合理地制定并购决策。并购本来可以帮助企业实现多元化发展，但过度多元化使得管理者更多地依赖财务控制而不是战略调控来评价各业务部门的绩效，会引起各部门经理以牺牲长期投资为代价来追求短期利益；同时过度多元化使公司倾向于用收购行动代替自我创新。另外，经理如果过于关注并购，则会忽视对公司取得长期竞争优势相关环节的关注，从而不能客观地评价并购所取得的成果。

4.3.5　选择并购战略应考虑的因素

（1）战略是前提。要依据企业战略选择并购目标，寻求并购对象与自身战略的契合点，通过并购增强自身的战略能力，才能真正达到并购的目的。只有在两种情况下实施大型并购才是明智的：一种情况是该并购能巩固公司目前的竞争基础；另一种情况是公司的竞争基础有所改变，该并购能够使公司在行业中处于领先地位或者跟上行业的步伐。

（2）分析是基础。要进行充分的SWOT分析，合理评估自身和目标企业，包括合理评估自身实力和对目标企业进行充分的产业、法律、经营、财务、产品市场、竞争环境、管理能力和企业文化分析，这样才能为并购奠定良好的基础。

（3）整合是关键。并购之后的系统整合是整个并购战略的关键，缺少战略合作基础或评估不合理的并购可能因为成功整合而走上良性发展的道路；反之，有良好的战略合作基础或评估充分的并购可能因为整合不力而导致效果不佳甚至失败。这里讲的整合主要包括战略、业务、制度、组织结构、人事和企业文化整合等。

4.3.6　并购后的整合策略

企业并购的目的是通过对目标企业的营运来谋求企业的发展，实现企业的经营目标，因此通过一系列程序取得了目标企业的控制权，只是完成了并购目标的一半。在收购完成后，必须对目标企业进行整合，使其与企业的整体战略、经营方式协调一致、互相配合，具体包括战略整合、业务整合、制度整合、组织人事整合和企业文化整合等。

（1）战略整合。如果被并购企业的战略不能与收购企业的战略互相配合、融合，那么两者之间很难发挥出战略的协同效应。只有在并购后对目标企业的战略进行整合，使其符合整个企业的发展战略，这样才能使收购方与目标企业相互配合，使目标企业发挥出比以前更大的效应，促进整个企业的发展。因此，在并购以后，必须制定整个企业的战略，规划目标企业在整个战略实现过程中的地位与作用，然后对目标企业的战略进行调整，使整个企业中的各个业务单位之间形成一个相互关联、互相配合的战略体系。

（2）业务整合。在对目标企业进行战略整合的基础上继续对其业务进行整合，根据其在整个体系中的作用及其与其他部分的关系，重新设置其经营业务，将一些与本业务单位战略不符的业务剥离给其他业务单位或者合并，将整个企业其他业务单位中的某些与本业务单位战略相符的业务规划到本业务单位之中，通过整个运作体系的分工配合以提高协作能力，发挥规模效应和协作优势。相应地，对其资产也应该重新进行配置，以适应业务整合后生产经营的需要。

（3）制度整合。管理制度对企业的经营与发展有着重要的影响，因此并购后必须重视对目标企业的制度进行整合。如果目标企业原有的管理制度良好，收购方则不必加以修改，可以直接利用目标企业原有的管理制度，甚至可以将目标企业的管理制度引进到收购方中，对收购方的制度进行改进。假如目标企业的管理制度与收购方的要求不相符，则收购方可以将自身的一些优良制度引进到目标企业之中，例如存货控制、生产过程控制、销售分析等。通过这种制度输出，能对目标企业原有资源进行整合，使其发挥出更好的效益。尤其是收购后买方拟将目标企业纳入自己的整体，为了沟通和整体性管理的需要，买方应该逐步将规划与控制制度纳入到目标企业中。

在新制度的引入和推行过程中，常常会遇到很多方面的问题，例如，引入的新制度与目标企业某些相关的制度不配套，甚至互相冲突，影响新制度发挥作用。在很多情况下，引入新制度还会受到目标企业管理者的抵制，他们通常会认为买方企业的管理者并不了解目标企业的实际情况，而是在盲目改变目标企业的管理制度。因此，在对目标企业引入新制度时，必须详细调查目标企业的实际情况，对各种影响因素进行细致分析之后，再制订出周密可行的策略和计划，为制度整合的成功奠定基础。

（4）组织人事整合。在收购后，目标企业的组织和人事应该根据对其战略、业务与制度的重新设置进行整合。根据并购后对目标企业职能的要求，设置相应的部门，安排适当的人员。一般在收购后，目标企业和买方在财务、法律、研发等专业的部门与人员可以合并，从而发挥规模优势，降低这方面的费用，如果并购后，双方的营销网络可以共享，则营销部门和人员也应该相应合并。总之，通过组织人事整合，可以使目标企业高效运作，发挥协同优势，使整个企业的运作系统互相配合，实现资源共享，发挥规模优势，降低成本费用，提高企业的效益。

（5）企业文化整合。企业文化是企业经营中最基本、最核心的部分，企业文化影响企业运作的一切方面，并购后，只有买方与目标企业在文化上达到整合，才意味着双方真正的融合，因此对目标企业文化的整合，对于并购后整个企业能否真正协调运作有关键的影响。在对目标企业的文化整合过程中，应深入分析目标企业文化形成的历史背景，判断其优缺点，分析其与买方文化融合的可能性，在此基础上，吸收双方文化的优点，摒弃其缺点，从而形成一种优秀的、有利于企业战略实现的文化，并在目标企业中推行，使双方实现真正的融合。

4.4 虚拟经营战略

4.4.1 虚拟经营概论

1）虚拟经营的发展演变

市场需求的不同导致企业经营战略有差异。随着需求的变化，在企业经营战略史上先后出现了生产战略、营销战略、虚拟经营战略。虚拟经营战略是传统营销战略在新经济时代下的发展、演变。

（1）生产战略。

随着世界范围内资本主义生产方式的不断确立，近代市场开始孕育、扩张，一些近代企业开始产生。社会生产方式的变化、市场的不断扩张，使市场空间相对于这些数量较少、规模较小的企业来说几乎是无限的。由于生产出来的产品有非常大的市场空间，企业几乎是出于本能自然地、更多地关注其内部的生产状况，企业由此奉行以生产为中心的战略。

奉行生产战略的企业重视产品生产的产量、成本和质量。产品质量的定义在很大程度上是由企业自身定义的，主要是指产品的使用寿命，消费者并没有多少发言权。在奉行生产战略的阶段，企业找到了最匹配的组织结构——金字塔式的阶层组织，这种组织尤其重视分工和专业化，即泰勒提出的"科学管理"。

（2）营销战略。

生产战略不可能解决企业长期的生存威胁。在产品市场日趋饱和、市场上出现更多企业参与竞争、消费者更具选择自由性的买方市场结构下，一种新的经营战略——营销战略诞生了。其实，1929—1933年世界性的经济大危机过后，企业界和学术界经过深刻反思已经探索出了这种全新的经营战略，但直到20世纪50年代后，营销战略才普遍成为企业长期经营的指导战略。

营销战略与生产战略的本质区别在于：生产战略总是以企业生产的成果来推动企业包括销售在内的其他职能活动，而营销战略以消费者需求来牵引企业包括生产在内的其他各项职能活动，两种战略的经营流程在根本上是迥异的。

由于强调创造满足顾客需要的产品，营销战略对产品质量的定义是由消费者主导的（指消费者全方位的满意程度）。产品质量所包含的内容不仅有产品的使用寿命，更为重要的包括产品的功能、样式以及产品满足消费者其他个性需求的程度。诚如著名美国管理学家艾尔弗雷德·D.钱德勒深信不疑的一个基本观点：组织随着战略变。营销战略指引下的金字塔阶层组织出现了一些新气象，如企业突出设置了营销管理部门，其下还单独设置了市场研究部门，不少企业的总裁就出自营销管理部门。

（3）虚拟经营战略。

现代市场正发生着深刻的变化，最突出的表现就是客户更趋向于尝试个性化的新产品，对原有产品或服务的忠诚度和依赖性不断降低。在全球化的竞争环境下、在消费者需求迅速变化的条件下，无论企业多么求大求全，仅仅依靠单个企业自身的资源难以创新性地开发顾客需求，也难以最快的速度满足顾客需求。因此，企业开始改变其经营方式，注重与其产业链上、下游厂商的紧密联合，甚至与顾客、同一产业链上的竞争对手联合，以迅速创新产品，赢得新的顾客。

虚拟经营之所以能够在这个时代普遍出现，信息通信技术也是一个重要的推动因素。不同企业合作、结盟，经营同一条价值链，需要企业彼此之间高度协调与整合，以互联网、局域网为代表的信息通信技术为远距离沟通协调创造了条件，从而为企业在更大范围、更深层次的合作打下了坚实的基础，促进了虚拟经营的出现。

虚拟经营战略是在以往相对静态的市场发展到当今不断动态变化的市场的情况下，企业生存、发展的必然选择。虚拟经营战略既以顾客创新化、个性化需求为导向，又融合了新经济的时代背景，因此它是传统营销战略在当前变幻莫测的市场条件下的演变、发展，是新经济时代条件下的营销战略。

研发活动创造顾客价值，而营销活动沟通顾客价值，研发和营销活动是企业价值链上两个最重要的环节，不少优势企业选择从这两个方面入手，培育、发展核心能力，开展虚拟经营。这样，传统企业进行了深刻的流程重组，以职能管理为中心的金字塔式的阶层组织结构被摒弃，哑铃形价值链组织开始浮出水面。

2）虚拟经营的概念

（1）虚拟经营。

虚拟经营是 1991 年由美国著名学者罗杰·内格尔首先提出来的。所谓虚拟经营，是指企业在组织上突破有形的界限，虽有生产、营销、设计、财务等功能，但企业内部没有完整地执行这些功能的组织，仅保留企业中最关键的功能，如知识、技术等，而将其他的功能虚拟化。

（2）虚拟经营战略。

虚拟经营战略是以顾客需求为导向，舍弃非核心业务领域，专注于企业核心产品、核心业务，以开发、培育使企业可持续发展的核心能力为目标，对企业价值链上的非核心能力环节与优势企业、顾客，甚至竞争对手等采取联营、联盟、外包等合作形式，以开发快速变化的市场机遇的经营战略。

3）虚拟经营的发展前景

虚拟经营作为一种全新的经营理念，从其诞生之日起便显示出强大的生命力。当前，虚拟经营在国内外都已十分普遍，服装业、软件业、计算机制造业、造船业、航空服务业、航空制造业、食品制造业、汽车制造业等都正在运行或尝试这种经营战略。可以预见，未来企业与企业之间合作的范围将会更广、层次将会更深。

4.4.2 虚拟经营的形式

1）业务外包

业务外包是企业按"扬长避短、留强去弱"的原则精简组织结构，仅建立或保留关键的职能机构，集中力量开展属于自身强项的业务，而把非强项业务外包出去，让国内外相对条件好、能力强的专业单位去经营，也就是将那些对应的非关键的职能机构虚拟化，借用外力即社会优质资源来弥补、整合企业资源，"借鸡生蛋、借船出海"，以降低经营成本，增强组织的应变力，争取市场竞争中的最大优势。例如，耐克公司就是最早、最典型的"虚拟生产""没有工厂"的工业企业，它专管产品的设计和营销，充分发挥其知识密集、掌握市场、擅长创新和管理的优势，将产品的生产全部虚拟化，通过定牌生产、委托加工等形式，组织一大批分布在各国各地，人工成本或原材料成本、场地使用成本较低的小企业严格按其计划和要求进行生产。又如可口可乐公司，它把除原液生产以外的大部分灌装生产业务外包给世界各地众多饮料企业，从而最大限度地利用了外部资源，确立了全球头号"饮料王国"的地位。目前全球许多知名企业也把部分零部件制造业务和部分产品装配业务转移给其他企业，既使自身"减了肥"，又使技术开发、产品总体设计方面的专长得到了进一步加强。

2）特许连锁

特许连锁是拥有品牌、技术等优势的企业实行"强项扩散"，在保留自身全部经营业务的同时，与经过严格选择和人员培训的国内外其他企业订立特许经营合同，有偿地授予它们在一定期限、一定范围内和一定条件下使用该企业的品牌或技术开展经营活动的特权，从而使它们在业务上加盟连锁经营，成为该企业"虚拟营销网络"的成员（尽管它们可以继续保持原来的独立企业的地位）。输出品牌或技术的该企业不必投入大量物资，不承担被许可方经营失败的直接损失，既能凭知识产权取得可观的许可使用费收入，又能迅速扩大企业影响，参加连锁经营的单位越多、经营规模越大，企业的市场地位、市场价值就越高。麦当劳、肯德基、沃尔玛、家乐福等公司举世瞩目的发展正是成功地应用这种方式的范例。

3）战略联盟

战略联盟是若干企业（包括不同国家的企业）为实现一定时期内某一共同的战略目标，在平等、相互信任、建立战略伙伴关系的基础上，达成彼此交换关键资源、强项互补、共同开发产品和国内外市场的协议而形成的一个利益共享、风险共担的网络型企业联合体。它比主要靠资本纽带联结起来的企业集团松散、灵活；联盟对其成员并无合作项目以外的统一要求，所有成员始终保持各自的高度独立性；一家企业可同时参加几个联盟，故企业有可能在更大范围内利用、支配外部优质资源；共同目标完成后，联盟可很方便地解散，各企业可为新的目标重组新的联盟。这种在协同组合、协议合作等传统形式基础上发展起来的新形式，已赢得了越来越多企业的青睐。例如海尔集团自 2018 年起陆续与吉利（电池包生产线）、奇瑞（涂装系统）等车企达成合作，并于 2022 年与上汽（智慧物流）签署协议，基于卡奥斯工业互联网平台（COSMOPlat）提供模块化解决方案。该模式通过输出家电制造领域的数字化经验，优化车企特定生产环节的工艺流程，推动汽车产业链局部智能化升级，形成"家电技术跨场景赋能汽车制造"的新型协作范式。

4.4.3　虚拟经营的战略过程

1）虚拟研发战略

在现代企业，尤其是全球高科技制造企业中，管理者越来越重视产品的研发战略。产品的研发甚至可以说是高科技产品的"命脉"，但是产品研发所历经的漫长时间、所耗费的巨大成本以及企业所要承受的潜在风险是企业必须面对的难题。针对这种状况，很多企业开始大胆尝试、勇于探索，实行了虚拟研发战略。

虚拟研发战略是指若干掌握不同核心技术的独立企业通过网络联合开发高科技产品，

共同承担风险、分享成果。这样一方面可以有效地进行优势互补、形成强强联合、节约成本、分散风险，另一方面能够对市场的需求做出快速反应，从而实现共存共荣。国内知名的 IT 企业清华同方和方正集团，其成功是与具有清华大学和北京大学这样的研发环境优势分不开的。

2）虚拟生产战略

虚拟生产是指企业将其产品的直接生产功能弱化，把生产功能用外包的方法转移给其他擅长加工的企业去完成，而自己只留下最具优势的、最能创造高附加值的开发和销售功能，从而节省投资、降低成本及充分发挥自身资源的优势。目前，很多企业都开始采用这种虚拟生产战略。例如，耐克公司只生产最关键的产品部分——耐克鞋的气垫，其余部分全部由外部的供应商提供。公司把主要力量集中在科研开发和营销上，专心从事运动鞋的设计、更新及全球市场的行情调研，并及时制定正确的销售策略。

企业通过协议、委托、租赁等方式将生产车间外包，不仅减少了大量的制造费用和资金占用，还能充分利用他人的要素投入，降低自身风险。当初 TCL 公司准备进入彩电生产领域时，在规模与实力方面都只能算是一个正在成长的中小企业，但它瞅准了大屏幕彩电这一切入点，并相信自己专业、灵活的管理技巧及广泛的市场网络能够创建 TCL 强大的品牌知名度和市场占有率。没有资金购买厂房、生产线，其果断地将产品委托长城电子公司生产。TCL 在产品设计中灵活运用价值工程原理，大胆舍弃了国际线路设计和一些不必要的功能，大幅度降低了成本，将国内实用性强的线路设计、造型款式、全功能遥控等技术作为主攻方向，同时精耕细作销售网络和品牌经营。根据国际权威监测机构 Omdia 的数据，2023 年全球电视销量排名中，TCL 电视以约 2 526 万台的销量蝉联全球第二，在中国位居第一。

3）虚拟销售战略

虚拟销售是指利用不同企业现有的销售网点及配套设施联合销售本企业的产品。这样，公司不但可以节省一大笔管理成本和市场开拓费用，而且使本公司能专心致力于新产品开发和技术革新，从而保持公司的核心竞争优势。比如，青岛啤酒公司在美国的销售就完全借助一家美国本土的知名经销商，利用对方的销售网络提升了企业及品牌的知名度。又如，美国的微波通信公司、数字设备公司和微软公司结成销售联盟，其在各自的销售点内联合销售三家公司的产品。当然，善于虚拟经营的企业往往能够综合运用虚拟研发、虚拟生产和虚拟销售这三大战略，这样可以最大限度地发挥临时性网络合作组织的优势。DELL 公司就同时运用虚拟生产和虚拟销售两种方式，经过几十年的发展，已经发展成为世界 500 强企业。

4）虚拟服务战略

随着经济的发展，人们对服务产品的需求在逐步扩大，如何满足消费者对服务产品的需求就成了服务产品供应商最重要的任务。在服务产业中，企业也可以通过动态联合而形成虚拟经营，如联合订票系统、联合导游系统、网络就诊系统。这些服务性组织通过网络化组合，发挥远程通信设施的功能，为社会提供各种信息产品或虚拟信息服务产品。这种虚拟服务战略可以大大提高社会整体服务功能，降低服务成本和社会服务的机会成本。

● **本章小结**

★ 介绍了一体化战略的概念、分类及战略意义以及使用此战略的注意事项，具体介绍了横向一体化、纵向一体化、前向一体化和后向一体化的概念和特点。

★ 介绍了多元化战略的前提条件、战略选择及战略思考。具体介绍了正相关多元化、水平多元化、同心多元化、负相关多元化及不相关多元化的概念及特点。

★ 介绍了虚拟经营战略的发展演变、概念、前景以及虚拟经营的战略过程。

● **知识掌握**

1）单项选择题

（1）纺织印染厂原来只是将坯布印染成各种颜色的花布供应厂，而现在与服装加工厂联合，这属于（   ）。

A.前向一体化　　　　B.后向一体化　　　　C.横向一体化　　　　D.混合一体化

（2）企业竞争优势的根基是（   ）。

A.核心能力　　　　B.财务能力　　　　C.营销能力　　　　D.科技能力

（3）如果一个产业的进入壁垒比较高，对产业内现有企业的威胁就（   ）。

A.越大　　　　B.越小　　　　C.不变　　　　D.不确定

（4）柳州某牙膏厂原来只生产药物牙膏，现在增加牙刷的生产，这属于（   ）。

A.同心多元化　　　　B.水平多元化　　　　C.集团多元化　　　　D.一体化

（5）一家服装生产企业兼并或收购另一家服装生产企业的战略，称为（   ）。

A.横向一体化　　　　B.纵向一体化　　　　C.混合一体化　　　　D.前向一体化

（6）虚拟经营是（   ）首先提出来的。

A.内格尔　　　　B.安索夫　　　　C.安德鲁斯　　　　D.波特

（7）海尔集团以前的主营业务是生产冰箱，后来随着企业的发展壮大，逐步向彩电、洗衣机、空调等相关的电器产业发展，这是采用了（   ）的战略。

A.同心多元化　　　　B.水平多元化　　　　C.负相关多元化　　　　D.不相关多元化

（8）"东方不亮西方亮"用来比喻（   ）。

A.一体化战略　　　　B.战略联盟战略　　　　C.多元化战略　　　　D.全方位创新战略

（9）电视机制造企业兼并显像管制造企业，这种一体化类型属于（   ）。

A.前向一体化　　　　B.后向一体化　　　　C.横向一体化　　　　D.混合一体化

2）多项选择题

（1）一体化战略的类型主要有（   ）。

A.横向一体化　　　　B.纵向一体化　　　　C.前向一体化

D.后向一体化　　　　E.混合一体化

（2）一体化战略会带来的问题是（   ）。

A.较高的全面退出障碍

B.降低了投资和资金使用的灵活性

C.市场波动或一体化内部波动引起的风险较大

D.增加了协调和平衡的难度

E.增加了管理的难度和要求

（3）实施多元化战略的前提条件包括（　　　）。

A.过剩资源的存在　　　　　　　　　B.产品及所处行业的生命周期

C.企业生产高风险的单一产品　　　　D.需求波动性极大的市场

E.企业自身发展

（4）多元化战略可采取（　　　）。

A.正相关多元化　　　B.同心多元化　　　C.水平多元化

D.负相关多元化　　　E.不相关多元化

（5）虚拟经营的战略包括（　　　）。

A.虚拟研发战略　　　B.虚拟生产战略　　　C.虚拟销售战略

D.虚拟服务战略　　　E.虚拟领导战略

3）简答题

（1）一体化战略的意义有哪些？

（2）多元化战略的优势和弊端有哪些？

（3）简述虚拟经营的战略过程。

● 知识应用

□ 案例分析

波司登"变潮"

波司登（3998.HK）的2019年，颇为不平静。

硬币的一面，是品牌变得更新潮了，价格更贵了，业绩数据和知名度随之上升了；硬币的另一面，是由此吸引了更多消费者和资本市场的好奇与关注，其中不乏质疑的声音。

波司登几位高层在与《21世纪商业评论》记者交流时，都描述了两个形象：一个是年轻时的高德康，骑着自行车，驮着几百斤服装材料，从常熟白茆镇出发，一直骑到上海的身影；另一个是现在67岁的高德康，戴着头盔飙摩托车的场景，老而弥坚。波司登43年来的发展与复兴，正与创始人高德康的气质吻合，既艰苦孤独又意气风发。

2008年，波司登实施"四季化"战略后，将产品的品类从羽绒服拓展至男装、女装、童装和家居。跑马圈地的后果是，2015年公司营收下降23.6%，投资回报率（ROE）仅为1.8%，为上市以来最低。转型势在必行。

从多元化到回归老本行的自救之路，始于2017年。当时，君智咨询公司的团队经调研后发现，波司登面临三大难题：品牌老化，脱离主流人群；很多国内的服装品牌开始蚕食羽绒服市场，大量海外羽绒服奢侈品牌抢占高端市场，波司登腹背受敌；品牌信息如何成功传递给顾客，也是一个巨大的挑战。

因此，回归羽绒服主线，被波司登视为"二次创业"。在2019年的"双11"，波司登全渠道零售额约为10亿元，同比增长38%。其中，天猫旗舰店零售额约为6.5亿元，同比增长58%。集团品牌羽绒服（包括波司登、雪中飞及冰洁）业务的全渠道销售额同比增长49%。数据也显示，波司登的客户群在向年轻化和一二线城市倾斜，其中18~34岁群体的购买人数同比增长51%，一二线城市的购买人数同比增长54%。

资料来源　谭璐. 波司登"变潮"[J]. 21世纪商业评论，2020（Z1）：76-77. 节选.

问题：试分析波司登多元化失败给我们的启示。

□ 实践训练

实训项目：企业发展战略制定。

实训目的：培养能够理论联系实际为企业制定发展战略的能力。

实训步骤：调查某一企业，搜集该企业相关资料，根据企业的核心竞争力、市场的需求变化以及竞争对手的情况为企业制定发展战略。

□ 德育训练

以创新驱动新质生产力

党的二十大明确了以中国式现代化全面推进强国建设、民族复兴伟业的中心任务。中国式现代化要靠科技现代化支撑，实现高质量发展要靠科技创新培育新动能。在新一轮科技革命和产业变革浪潮中，创新与变革作为关键词，驱动着中国联通在企业战略、主营业务、数字服务等方面实现全面升级。

据了解，中国联通服务国家战略布局能力基本形成，大力建设下一代互联网和大数据原创技术策源地，承担多项人工智能产业链链主任务，35项任务均完成阶段性目标。其中，在下一代互联网领域，完成全球首例超3 000千米广域无损传输验证，牵头筹建下一代互联网创新联合体，成功加入云计算、算力网络创新联合体；在人工智能领域，景大模型已形成37个行业大模型和100多个标杆应用，服务政务、金融、制造等领域数字化转型；在网络安全领域，作为现代产业链链长，设立网络安全产业基金，在国资委链长履职评价中取得满分的优异成绩。

"面对技术一日千里、市场瞬息万变的形势，科技创新对于中国联通，是发展之源，更是生存之本。"中国联通董事长表示，唯有把科技创新作为"头号工程"，把科技强企作为"战略支点"，才能在数字技术融合创新中加快发展新质生产力，打造新业态、新模式，塑造新动能、新优势。

资料来源　梅雅鑫. 以创新驱动新质生产力　中国联通勇当数字中国建设主力军［J］. 通信世界，2025（4）：14-15.

讨论：结合中国联通创新发展案例，分析我国企业应如何面对党的二十届三中全会提出的强化企业科技创新主体地位，建立培育壮大科技领军企业机制。

● 网上资源

http：//www.ce.cn

http：//www.companycn.com

https：//www.ec.com.cn

企业营销战略

知识目标：

1.了解企业目标市场的选择过程，理解企业产品定位的基本技巧和价格调整的基本技巧。

2.理解企业市场、定价、产品、促销和营销组合战略的基本内容与战略方法。

3.掌握企业定价的方法、价格调整的方法、企业促销组合策略、企业产品定位等方面的基本理论知识。

能力目标：

1.能够制定可行的营销组合战略，提升撰写企业营销组合战略的能力。

2.能够将理论与实际相结合，在市场中处理实际发生的各种营销问题。

素养目标：

1.树立诚信营销意识，积极主动践行社会主义核心价值观。

2.培养可持续发展理念，在营销活动中兼顾经济效益与社会责任。

5.1 企业市场战略

市场战略集中讨论一个市场中的某些商业目的以及达到这些目的所运用的方法和时间安排。在企业的经营管理过程中，市场战略在任何战略计划中都极其重要，市场战略也是形成企业战略计划的基本条件。

5.1.1 市场战略的概念

企业的所有商业战略的起点都是顾客的需求，而顾客的需求就是指未满足的"市场"。所以说，所有战略必须经过市场的验证才能知道是否正确。如果在市场上是不可行的，那么再好的战略也将是无效的。

市场战略是指企业有效地区别于竞争对手，利用其经营特色为消费者提供更高价值的产品的方法。市场战略的本质是处理消费者、竞争者和企业三者之间的相互关系。

成功的市场战略具有以下特点：

（1）具有明确的市场定位。企业将提供什么样的产品？产品如何定位？什么样的消费者会买？

（2）发挥企业的资源优势。单个企业的资源是有限的，无法满足所有消费者的需求，这就要求企业利用自身的资源优势，突出自身的鲜明特点来满足目标消费者的需求。

（3）有利于企业在竞争中脱颖而出。企业的竞争其实是受控于消费者行为的，而且市场竞争十分残酷，所以企业要通过市场定位找出主要的竞争者，针对竞争者的策略随时调整自身的策略。

思政视角 5-1
──────────────────────────────

社会主义核心价值观与企业社会责任

社会主义核心价值观囊括了国家、社会、公民三个层面，是新时代价值体系的高度凝练。用社会主义核心价值观引领企业文化，能够帮助企业树立正确的发展理念，积极承担社会责任，树立正确的企业道德观，推进持续健康发展。

市场营销作为管理过程是一个计划与实施的过程，具体包括产品和服务的设计、定价、促销、分销与交换等，以达到个人和组织的目标。因此，在市场营销的各个环节中，企业要主动承担社会责任，践行社会主义核心价值观，才能被市场和广大消费者接受与认同，这是企业实现可持续发展的前提。

企业社会责任感的培养要将社会责任真正融入企业生产、经营和日常管理的全过程中，全员、全过程贯穿社会责任意识，特别是在企业的文化建设发展中，企业中长期发展战略制定时，应当主动将承担社会责任纳入其中，让承担社会责任相关内容成为企业的基本道德规范和行为准则。

资料来源 叶晴. 电子商务环境下营销行为的企业社会责任构建分析 [J]. 广西质量监督导报，2020（2）：30-31. 节选.

5.1.2 市场战略的内容

1）目标市场战略

所谓目标市场战略，是指在市场细分基础上所确定的最佳细分市场，即企业所确定的以相应的产品满足其需求、为其服务的那个消费者群。它是企业所确定的营销服务对象。目标市场战略主要包括以下几个方面：

（1）无差异市场营销战略。

无差异市场营销战略是指企业在市场细分之后，不考虑各子市场的特性，而只注重子市场的共性，决定只推出单一产品，运用单一的市场营销组合，力求在一定程度上满足尽可能多的消费者的需求。

这种战略的优点是产品的品牌、规格、款式简单，有利于标准化与大规模生产，有利于降低生产、存货、运输、研究、促销等成本费用。其主要缺点是具有较大的风险性。单一产品要以同样的方式广泛销售并受到所有消费者的欢迎，这几乎是不可能的。无差异市场营销战略主要适用于选择性不强、差异性不大、供不应求的商品或者具有专利保护的商品等。

随着消费者需求的多样化和个性化需求增加，无差异市场营销战略的适用范围在逐步缩小。一家公司在刚刚建立时，也许只有一种产品，随着市场的成长和不同市场领域的出现，企业会试图参与其他市场领域的竞争。

观念应用5-1

通用汽车公司市场战略

通用汽车公司一方面按照传统的方式把主要精力集中到所有的市场中获得安全销量，即"一款适合所有人的价位和品位的汽车"；另一方面依靠雪佛兰、奥斯莫比、别克和凯迪拉克等产品线以及品种繁多的小型卡车，参与其他领域的竞争。

分析：通用汽车公司主要采用的是无差异市场营销战略。

（2）差异市场营销战略。

差异市场营销战略是指企业决定同时为几个子市场服务，设计不同的产品，并在分销、促销和定价方面进行不同的组合，以适应各个子市场的需要。有些企业曾实行了"超细分战略"，即许多市场被过分地细化，导致产品价格不断上涨，影响产销数量和利润。于是，一种"反市场细分"的战略应运而生。反市场细分战略并不反对市场细分，而是将许多过于狭小的子市场组合起来，以便能以较低的价格去满足这一市场的需求。

差异市场营销战略最大的优点在于：全面满足消费者的不同需求；在激烈的市场竞争中，由于营销组合手段的多样化，有利于保持市场占有率。其缺点在于：企业的成本较高，而且受到企业资源和经济实力的限制。它主要适用于选择性强、需求弹性大、规格多样的产品，如服装、食品等。

（3）集中市场营销战略。

集中市场营销战略是指企业集中所有力量，以一个或少数几个性质相似的子市场作为目标市场，试图在较少的子市场上获得较大的市场占有率。

集中市场营销战略的主要优点在于：可准确地了解消费者的需求，有针对性地开展营销工作；营销的各项成本较低。其缺点在于：风险性较大，易受竞争的冲击。

上述三种目标市场战略各有利弊，企业在选择时需要考虑五方面的主要因素，即企业资源、产品同质性、市场同质性、产品所处的生命周期阶段、竞争对手的目标市场涵盖战略等。

2）市场地域战略

地理位置长期以来都是企业进行市场细分的主要变量，是影响企业进行各项营销活动及营销成本的关键。

（1）本地市场战略。

由于不同地域的消费者具有不同的需求和偏好，或者受到零售商和服务机构的限制（如商业银行、医疗等），企业只能在当地运作。

对于零售业而言，企业在资金不足的情况下，只能在当地运作。大型的制造业者在最初的时候也可能把新产品的分布范围限定在当地市场。随着企业自身的不断强大和产品的不断完善，再将产品推向区域市场、全国市场，甚至是国际市场。

本地市场战略的优点在于：企业熟悉本地顾客的需求和偏好，更好地满足顾客的需求；企业的资源比较集中，能够为顾客提供更好的服务。其缺点在于：风险性较大，易受到外来竞争者的冲击。该战略适用于强调针对个体服务的企业。

（2）区域市场战略。

区域市场战略是把国家划分为明确的地理区域，从中选择一个或者多个区域作为企业的目标市场，并且针对每个区域的差别化，明确每个区域的营销组合。区域市场战略是介于本地市场战略和全国市场战略之间的一种市场战略。它一般是在经济区域的基础上形成的，是进军全国市场战略的一个缓冲过程。

区域市场战略的优点在于：帮助企业在一定的地域空间内发展，提高企业的市场占有率，使企业竞争的实力逐步增强。开发区域市场，还要注意与当地企业之间的合作，尤其是与当地中间商的合作。

（3）全国市场战略。

全国市场战略是在主权国家的范围内建立起来的市场。全国市场战略对企业提出了更高的要求：首先需要大量的初始化投入来完成市场的开拓和发展；其次需要更充足的资源和抵御风险的能力。

全国市场战略的优点在于：为企业发展提供更多的机会；实现规模经济效应；提高企业的市场占有率。其缺点在于：企业面临的风险性较大。

（4）国际市场战略。

国际市场战略是在国际分工的基础之上，使商品在世界范围内流通。由于消费者的生活方式、语言、宗教信仰、民族等的不同，国际市场战略比全国市场战略面临更大的风险和不确定性。

随着科技的发展、生产规模的扩大，以及国内市场需求的饱和，进军国际市场是企业发展的必然趋势。现在许多企业已经采用了国际市场战略。

国际市场战略与全国市场战略相比具有如下优点：企业具有更多额外的市场机会；企业在国际市场的大环境中不断发展壮大；更好地战胜竞争对手。

观念应用 5-2

从常州到"长轴"：国际化智造名城呼之欲出

常州市武进国家高新区理想汽车常州基地，是一个高度智能化、现代化的新能源汽车生产基地，涵盖冲压、焊压、焊装、涂装、总装、检测线、物流等完整的整车生产工艺，设计年产能10万辆。理想汽车的首款产品"理想ONE"于2018年10月发布，是一款智能电动中大型SUV，搭载了领先的增程电动技术与智能科技。2021年1—8月，"理想ONE"蝉联新势力品牌销量前三，成为售价30万元以上、单一车型月销量过万辆的新能源车"爆款"。

常州深入实施"三位一体"工业转型升级战略，产业结构加速调整，产业特色优势不断凸显。"十三五"末，三次产业结构优化为2.1∶46.3∶51.6，战略性新兴产业在十大产业链中的占比达45.5%。

常州正以智能制造为主攻方向，深入推进产业基础高级化和产业链现代化，加快推动先进制造业和现代服务业深度融合发展，高标准建设长三角产业中轴。预计到2025年，工业规模总量将超2万亿元。

资料来源 朱国圣，程子龙. 从常州到"长轴"：国际化智造名城呼之欲出 [N]. 经济参考报，2021-10-28（8）. 节选.

分析：常州追求智能制造，使产品面向高端市场进军国际市场，高端装备、新材料、新能源已成为常州鲜明的产业名片，太阳能光伏产业在全国乃至全球具有重要的地位，并在海外市场占据一席之地。

3）市场竞争战略

每个企业都要依据自己的目标、资源和环境，以及在目标市场上的地位，来制定竞争战略。即使在同一企业中，不同的业务、不同的产品也有不同要求。因此，企业应当先确定自己在目标市场上的竞争地位，然后根据自己的市场定位选择适当的营销战略和策略。根据企业在目标市场上所起的作用，可以将企业分为以下四种类型：市场领导者、市场挑战者、市场跟随者和市场利基者。

（1）市场领导者战略。

所谓市场领导者，是指在相关产品的市场上占有率最高（一般在 20% 以上）的企业。一般来说，大多数行业都有一家企业被公认为市场领导者，它在企业营销组合的各个方面处于主导地位。它是市场竞争的领导者，也是竞争者挑战、效仿或回避的对象。例如，美国汽车行业的通用汽车公司、电脑行业的 IBM 公司、软饮料行业的可口可乐公司以及快餐业中的麦当劳公司等，都曾是或是所在行业的市场领导者。

这些市场领导者的地位是在竞争中自然形成的，但不是固定不变的。因此，企业必须随时保持警惕并采取适当的措施。一般来说，市场领导者为了维护自己的优势、保持自己的领导地位，通常采取三种策略：一是设法扩大整个市场需求；二是采取有效的防守措施和攻击战术，保护现有的市场占有率；三是在市场规模保持不变的情况下，进一步扩大市场占有率。

补充阅读资料 5-1

市场占有率

企业不能认为在任何情况下市场占有率的提高都意味着收益率的增长，这还要取决于为提高市场占有率所采取的营销策略是什么。有时为提高市场占有率所付出的代价会高于它所获得的收益，因此企业在提高市场占有率时应考虑以下三个因素：

第一，引起反垄断诉讼的可能性。许多国家为维护市场竞争，制定了反垄断法，当企业的市场占有率超过一定限度时，就有可能受到反垄断诉讼和制裁。

第二，经济成本。当市场份额已达到一定水平时，再提高一步的边际成本非常大，甚至得不偿失。

第三，企业在争夺市场占有率时所采用的营销组合策略。有些营销手段对提高市场占有率很有效，但未必能提高利润。

企业在提高市场占有率的同时必须考虑法律、成本和营销策略的综合作用。

（2）市场挑战者战略。

在行业中名列第二名、第三名等次要地位的企业称为亚军企业或者追赶企业。例如，软饮料行业中的百事可乐公司等。这些亚军企业对待当前的竞争情势有两种态度：一种是向市场领导者和其他竞争者发起进攻，以夺取更大的市场占有率，这时其可称为市场挑战者；另一种是维持现状，避免与市场领导者和其他竞争者引起争端，这时其是市场追随者。

市场挑战者为了战胜市场领导者一般采用以下战略：

第一，攻击市场领导者。这一战略风险很大，但是潜在的收益可能很高。为取得进攻的成功，挑战者要认真调查研究顾客的需求及不满之处，这些就是市场领导者的弱点和失误。

第二，攻击与己规模相当者。挑战者对一些与自己势均力敌的企业，可选择其中经营不善而发生危机者作为攻击对象，以夺取其市场。

第三，攻击区域性小型企业。对于一些地方性小企业中因经营不善而发生财务困难者，可作为挑战的攻击对象。

小 思 考 5-1 ————

怎样理解市场战略与战略管理的关系？

分析要点：一个经营单位或企业选择什么样的市场战略，取决于企业是打算开辟新的目标市场还是依赖现有市场，是开发新产品还是维持现有产品品种。市场细分化的目的是便于企业选择适合自己条件的目标市场，制定出有效的市场战略。企业可以根据顾客（市场）类型和产品或服务类型来划分市场战略。但是，这些市场战略的制定和战略选择必须与企业战略管理的整体决策、战略使命和目标相一致，能够保障和支持整个企业战略管理方向与使命及长短期目标的实现。市场战略与战略管理的关系是一致的、相互关联的和包容的。市场战略的实施应符合企业的战略管理；战略管理应对市场战略的实施具有指导作用。

（3）市场跟随者战略。

美国市场营销学学者李维特教授认为，有时产品模仿（product imitation）像产品创新（product innovation）一样有利。这是因为一种新产品的开发和商品化要投入大量资金，也就是说，市场领导者地位的获得是有代价的。而其他厂商仿造或改良这种产品，虽然不能取代市场领导者，但因不必承担新产品创新费用，也可获得很高的利润。

并非所有在行业中处于第二位的公司都会向市场领导者挑战，因为这种挑战会遭到领导者的激烈报复，最后可能无功而返，甚至一败涂地。因此，除非挑战者能够在某些方面赢得优势，如实现产品重大革新或是分销有重大突破，否则，它们往往宁愿追随领导者，也不愿对领导者贸然发动攻击。这种"自觉并存"（conscious parallelism）状态在资本密集且产品同质性高的行业如钢铁、化工等行业中是很普遍的现象。

市场跟随者的主要策略是：更好地维持现有顾客，并争取一定数量的新顾客；设法建立自身的独特优势，不能单纯模仿领导者；尽力降低成本。

（4）市场利基者战略。

几乎每个行业都有些小企业，它们专心致力于市场中被大企业忽略的某些细分市场，在这些小市场上通过专业化经营来获取最大限度的收益。这种有利的市场位置就称为"利基"（niche），而所谓市场利基者，就是指占据这种位置的企业。

市场利基者的主要策略是专业化，企业必须在营销组合方面实行专业化。在选择市场利基时，营销者通常选择两个或两个以上的利基，以确保企业的生存和发展。

5.2　企业产品战略

产品战略是指企业通过提供不同产品来满足不同市场需求的战略。产品战略和市场战略是相互配合的，最终支配企业的总体战略计划。本节将从以下几个方面对产品战略进行介绍。

5.2.1　产品定位战略

产品定位是指将一种品牌的产品投入比其他竞争者产品更受欢迎的细分市场。产品应该和市场相互配合，通过产品定位与竞争品牌区别开来。产品定位表示产品代表什么、是什么以及消费者将如何评价它。

完成产品定位需要进行设计和沟通，因为产品的定位主要是定位于消费者的心理。这就需要不断了解消费者的需求，同时与竞争者进行区别。

产品定位的步骤主要包括：

①分析消费者的不同需求；

②考察不同的细分市场的需求分布情况；

③根据产品的属性和企业现有品牌的定位决定产品的最佳定位；

④为该产品的定位进行全面营销组合。

下面主要讨论企业品牌定位的两种定位策略。

1）单一品牌定位

单一品牌定位是指企业的各种产品使用相同的品牌推向市场的定位策略。例如海尔，其冰箱、彩电、电脑等都是用同一个品牌。采用单一品牌可以降低成本，实现效益最大化。

企业采用单一品牌，各个产品之间的属性和质量的差别要比较小，而且企业必须在起主导作用的市场里确定一个核心的细分市场，通过这个核心的细分市场吸引消费者。

企业采用单一品牌必须能够承受来自竞争者的强大冲击，而且要建立企业在消费者心目中的独特地位，通过企业的营销等各方面的行为，持续不断地保持这种竞争的优势，这是企业成功进行单一品牌定位的关键。

2）多品牌定位

多品牌定位是指同一企业生产的产品分别使用不同的品牌的定位策略。采用多品牌策略可以通过向不同的细分市场提供不同的产品，实现企业效益的最大化，还可以有效地避免竞争者对单一品牌的强烈冲击。例如，宝洁公司为消费者不同的洗发需要提供不同品牌的洗发水。苹果公司构建了 iPhone（智能手机）、iPad（平板电脑）、Mac（个人电脑）、Apple Watch（可穿戴设备）等高端电子设备品牌群。

多品牌定位的管理应该注意：对于每个品牌都明确主要的细分市场，避免自有品牌之间的相互"残杀"，降低企业的收益；推出新品牌的时候，各种品牌相互竞争的程度是企业能够接受的；考虑竞争者可能带来的冲击程度；需要企业强大的资源和财务实力的支持。

企业产品的定位不是一成不变的，是一个持续改变的过程。企业必须根据市场环境的变化，不断调整企业的产品定位，以便在激烈的竞争中保持竞争优势。

5.2.2 产品组合战略

产品组合战略是指一家企业生产或经营的全部产品线和产品项目的结构，即产品花色和品种的配合战略，是对企业业务单位的任务指示。决定企业生产的类型，有助于选择组成产品组合的产品和服务。产品组合战略是涉及企业发展规划的长期计划安排，必须经过周密的制定，并随时根据情况的变化调整企业的产品组合。

产品组合战略主要包括以下几个方面：

1）单一产品战略

企业只生产一种产品，而且必须依靠这种产品才能取得成功。如格兰仕曾坚持生产微波炉，运用市场渗透战略，在国内市场占据了最大的市场份额。单一产品战略具有以下优势：企业生产的产品专业性较强，有助于达到规模经济效益；企业生产管理更有效率；企业专注于小范围的产品，发展更为专业，能够承受竞争的冲击。

单一产品战略的缺点在于：如果环境发生变化，企业可能面临灭顶之灾；企业的销售额和市场份额不会迅速增加，对于希望增加销售额和市场份额的企业来说，这不是合适的战略。

2）多产品战略

多产品战略是指企业面对市场提供两种以上产品的战略。提供多种产品，可以使企业增强应对环境变化的能力，而且企业各个不同产品之间是相互补充的，可以实现规模增长。

企业的多产品线可以是相关的，也可以是不相关的。相关产品由不同的产品线和产品组成。以海尔为例，它在家用电器领域不断渗透，通过良好的服务和高质量的电冰箱、洗衣机等来取得更多收入。海尔在创造新的特色、保持品牌的新鲜感方面也做得很好，引起了消费者的注意。海尔品牌已经成功进入了美国市场，海尔冰箱和空调等在美国有较好的口碑，而且进入了保险、自动化机械和其他一些领域。

观念应用 5-3

食品公司的生产线

一家食品公司可能有一条冷藏蔬菜线、一条酸奶线、一条奶酪线和一条比萨饼线。请问这些产品是相关的还是不相关的？为什么？

分析：上述产品线的一致性在于：（1）都通过杂货店销售；（2）都需要冷藏；（3）都推向同一目标市场。这些一致性使它们成为相关的产品。

不相关的产品也称多样化的产品，是指企业以增加销售额为目标，开发完全不同的产品和市场。多样化要求企业具有不同的专业知识、思路、技能和工艺等，因此多样化的风险性较大。

观念应用 5-4

多样化策略

导致公司实行多样化策略的原因主要包括：

（1）公司目标无法从原有的市场获得满足的时候需要进行多样化。

（2）公司的资金产生大量的剩余，需要进行多样化。

（3）多样化能够为公司带来更多的利润，可能实行多样化。

（4）外界环境的变化对公司发展提出新的挑战时，可能实行多样化。

分析：在产品组合战略中，企业的产品不是能够很快调整的，但是产品的选择相互补充，是有助于实现企业利润最大化的。

5.2.3　新产品开发战略

新产品开发是企业发展的生命线，是企业持续不断地保持竞争优势、实现利润最大化的关键。通过新产品战略，企业能够更好地维持其优势。

新产品开发战略有三个选择：

1）产品改进和调整战略

该战略是指在原有产品的基础上，采用新技术、新材料、新结构显著改善其性能。原有产品可能由于环境的变化而进入产品生命周期的成熟期，使企业的利润降低，或者由于竞争者的跟进，使产品的竞争优势降低，从而需要改进和调整。

该战略可以使产品获得重生，并与竞争产品有效地区别开来。企业可以通过新的产品定位，迎合不同消费者的需求，与竞争产品进行仔细对比分析，发现企业产品的独特竞争优势和竞争潜力。

2）模仿战略

企业推出一种市场上已经存在的新产品时，采取的就是产品模仿战略。企业通过这种战略，可以减少产品研发的费用，使企业更具价格优势，进行追随性竞争，以此分享收益。

在没有专利保护的情况下，企业可以设计和生产与发明者的产品差别不大的产品，与发明者进行有力的竞争。模仿的确可以有效地避免创新过程中的风险，但并不是对所有成功产品的仿制都是成功的。企业可以模仿新产品，但是营销计划应该创新，这样才能有效地增加市场份额和销售量。

3）产品创新战略

该战略是指企业运用新技术、新工艺、新材料生产、制造全新的产品。企业可以通过产品的创新提高市场占有率，获得巨大的收益。产品创新需要企业投入大量精力和财力进行跨组织管理，所以一般创新都是由大企业完成的。

新产品的开发不仅要考虑企业的开发能力，还要考虑开发出产品以后的生产能力，以及产品推向市场的营销方案的制订等一系列的工作。

5.2.4 产品生命周期战略

产品生命周期是指产品从投入市场开始到退出市场为止所经历的全部时间。产品的生命周期也像人的生命一样，要经过一个诞生、成长、成熟，并最终衰退的过程，即分为投入期、成长期、成熟期和衰退期。不同的时期企业的销售额、利润、竞争等会不断发生变化，企业需要采用不同的市场营销、财务、生产等战略。

1）投入期战略

企业产品刚投入市场时，购买者较少，企业的销售增长缓慢。企业的主要目标在于扩大产品的知名度，这相应地会加大广告宣传的费用。

企业可以采用以下几种策略：

（1）利用企业现有的品牌带动新产品的销售。例如捆绑销售、采用同一品牌等。

（2）从中间商处打开缺口。中间商最关心的是差价和风险，企业可以采用寄售或广告补贴等方式提高中间商的积极性。

（3）采用优质优价策略，即通过高价格来树立产品高质量的市场形象和威望。

（4）大规模促销，刺激消费者购买。

2）成长期战略

在成长期购买者逐步接受该产品，企业也实现批量生产，产品的质量不断稳定，竞争者开始进入。企业可以采用的营销策略包括：

（1）建立企业竞争优势。不断提高产品的质量，增加产品的特色。

（2）开发新市场。一方面增加现有消费者的需求量，另一方面不断开发新的消费群体。

（3）降低价格，吸引对价格敏感的消费者。

3）成熟期战略

企业的销售额和利润在成熟期达到最大并有下降的趋势，竞争处于白热化。企业可以采用的营销策略包括：

（1）对产品进行重新定位，增加产品的功能和用途，增加产品的销售量。

（2）开发新产品，为现有产品退出市场做准备。

（3）扩大产品的销售渠道，不断满足不同消费阶层的需求。

4）衰退期战略

在衰退期产品已经不适应市场的需求，产品的销售量和利润迅速减少，很多企业相继退出市场。企业可以采用的营销策略包括：

（1）维持现有的市场份额。

（2）抢占竞争者的市场。

（3）逐步退出市场。

补充阅读资料 5-2

> 如何判断产品所处生命周期的阶段
>
> 能否准确判断产品处在生命周期的哪个阶段，对企业制定相应的营销策略非常重要。企业最常用的判断产品生命周期阶段的方法有以下两种：

1. 类比法

该方法是根据以往市场类似产品生命周期变化的资料来判断企业产品所处市场生命周期哪个阶段。如要对彩电市场进行判断，可以借助类似产品如黑白电视机的资料进行对比分析、判别。

2. 销售增长率法

该方法就是以某一时期的销售增长率与时间的增长率的比值来判断产品所处市场生命周期阶段。

5.3　企业定价战略

在营销组合中，价格是灵活性最强的一个因素。产品、分销和促销都需要长时间的准备与投入，而价格则可以说变就变。正因为价格的这种"短、平、快"的特性，许多企业会过分依靠价格战，放弃企业营销策略的丰富性。摆正价格策略的位置，灵活运用各种价格策略，能产生意想不到的效果。

5.3.1　定价目标

定价目标是指企业通过控制价格来达成企业经营的目标，是企业定价战略的前提和基础。企业所有定价目标的最终目的都是实现利润最大化。

企业的定价目标主要有以下几种：

1）以获取利润为目标

利润是企业生产和发展的必要条件，也是考核和分析营销工作好坏的一项综合性指标。

最高的价格往往不能实现利润的最大化，甚至会由于竞争而失去市场。利润最大化应以长期的总利润为目标，在个别的时期，甚至允许以低于成本的价格出售产品，以便招徕顾客。该目标适用于具有一定优势、市场供不应求或生命周期较短的产品。

2）以扩大市场份额为目标

市场占有率不仅代表企业在同行业中的地位，还代表企业的竞争实力。市场占有率是指企业某产品的销售量与业界同类产品的销售量的比率。

市场占有率与利润的关系密切。从短期来看，企业不断扩大市场占有率需要采用低价格策略，是以牺牲利润为代价的；但从长期来看，市场占有率的扩大会逐步提高企业的利润。

以市场占有率为企业定价目标，企业必须做到以下几点：通过规模经济不断击败小的竞争者；企业产品的价格一定要比其他企业低；价格虽然低，但是企业的产品技术和品质是最好的；必须长时间坚持。只有这样企业才会赢得最终的胜利。

3）以应对和防止竞争为目标

这是指企业为了更有效竞争或者满足竞争的需要而制定的定价目标。企业要注意搜集同类产品的价格和质量信息，与自己的产品进行比较分析，选择适应竞争的价格。

在竞争能力较弱的时候，企业应与竞争者的价格保持一致，避免与竞争者产生正面冲

107

突；在竞争力较强的时候，企业应以低于竞争者的价格迅速抢占市场。

企业的定价目标是企业实践活动的总结，企业可以采用其中的一种，也可以采用其他的目标。不同的行业有不同的目标，即使定价目标相同的企业，其价格策略和定价的方法也不同。企业应根据自身的特点和性质来选择定价方法。

5.3.2 定价方法

定价方法是企业在特定的定价目标指导下，依据对成本、需求及竞争等状况的研究，运用价格决策理论对产品价格进行计算的具体方法。定价方法主要包括成本导向、竞争导向和需求导向三种类型。

1）成本导向定价法

成本导向定价法是企业定价首先需要考虑的方法。成本是企业生产经营过程中所发生的实际耗费，客观上要求通过商品的销售得到补偿，并且要获得大于其支出的收入，超出的部分表现为企业利润。以产品单位成本为基本依据，再加上预期利润来确定价格的成本导向定价法，是企业最常用、最基本的定价方法。

从本质上说，成本导向定价法是一种卖方导向的定价方法。它忽视了市场需求、竞争和价格水平的变化，在有些时候与定价目标相脱节。此外，运用这一方法制定的价格均是建立在对销量主观预测的基础上，从而降低了价格制定的科学性。因此，在采用成本导向定价法时，还需要充分考虑需求和竞争状况来确定最终的市场价格水平。

2）竞争导向定价法

这种方法是指在竞争十分激烈的市场上，企业通过研究竞争对手的生产条件、服务状况、价格水平等因素，依据自身的竞争实力，参考成本和供求状况来确定商品价格。

在只有一家企业的行业中，不存在竞争活动，该企业可以根据法律规定随意地制定价格。在竞争异常激烈的市场中，竞争限制了企业定价的决定权。在少数几个生产无差别产品的行业（如钢铁行业）中，只有行业领导者有改变价格的决定权，其他行业成员则倾向于跟随领导者的价格。

3）需求导向定价法

现代市场营销观念要求企业的一切生产经营活动必须以消费者需求为中心，并在产品、价格、分销和促销等方面予以充分体现，只考虑产品成本而不考虑竞争状况及消费者需求的定价，不符合现代营销观念。根据市场需求状况和消费者对产品的感觉差异来确定价格的方法叫作需求导向定价法。

在需求富有弹性的市场，企业可以通过降低价格来增加企业的销售额，获得利润的最大化；相反，对于缺乏弹性的市场（如食盐市场），企业一般只能通过提高产品的价格来增加企业的销售额，获得最大化的利润。

补充阅读资料 5-3

价格需求弹性系数

所谓价格需求弹性系数，是指由于价格的相对变动而引起的需求量相对变动的程度。它通常可用下式表示：

价格需求弹性系数（E）＝需求量变动百分比÷价格变动百分比

E＝1表示需求量和价格的变动率相等，称为单一弹性。这类产品的价格在企业的营销定价策略中居于次要的位置，可以充分利用其他的营销策略。E＞1表示富有弹性。对于这类产品，应通过降低价格水平、薄利多销达到增加盈利的目标。E＜1表示缺乏弹性。对这类产品可以制定较高的价格水平以增加盈利，低价对于需求量的刺激效果并不强，反而会降低企业的收入水平。

5.3.3　价格调整策略

企业产品价格不是一成不变的，会随着外界环境和企业自身内部环境的变化，不断地进行调整。它主要包括提价和降价。

1）提价的技巧

（1）公开真实成本。

企业通过公关、广告等宣传方式，在消费者认知的范围内，把产品的各项成本上涨情况真实地告诉消费者，以获得消费者的理解，使涨价在没有或较少抵触的情况下进行。

（2）开发新产品，提升价格。

为了减少顾客因涨价感受到的压力，企业应在产品方面多下功夫，如改进原产品、设计同类新产品，在产品性能、规格、式样等方面给顾客更多的选择机会，使消费者认识到，企业在提供更好的产品，索取高价是应该的。

（3）调整产品规格。

这种做法是在涨价时增加产品供应量，使顾客感到产品的量增加了，价格上涨是自然的；或者可以减少产品的量，用价格的小幅度调整来掩盖产品规格的大幅度调整，从而提升单位规格产品的价格。

（4）在涨价的同时进行促销，淡化涨价影响。

消费者和经销商当然不愿意接受产品涨价，但如果厂家同时进行促销，使消费者和经销商感觉到价格其实没有上涨，抵触情绪可能就不那么强烈。例如，企业可以随产品赠送一些小礼物，提供某些特殊优惠等。当价格上涨一段时间后，厂家可以调整促销的力度，使价格在不知不觉中上涨。

2）降价的技巧

（1）提供更多的服务。

在价格不变的情况下，企业提供免费送货上门或免费安装、调试、维修以及为顾客投保等服务，这些费用本应该从价格中扣除，因而实际上降低了产品价格。

（2）改进产品的性能，提高产品的质量。

改进产品性能、提高产品质量，在价格不变的情况下，实际上降低了产品的价格。

（3）进行强有力的促销。

增加折扣或者在原有基础上扩大各种折扣的比例或者给购买商品的消费者馈赠某种礼品，如玩具、工艺品等，在其他条件不变的情况下，实际上降低了产品的价格。

（4）进行有效的沟通。

消费者在一定程度上会认为降价必然降质，所以企业在降价的同时，要注意和消费者的沟通。企业可以通过一些公关活动来说服消费者，如刊登广告阐明事实真相等。

5.4 企业促销战略

促销战略即促进销售的战略，是指企业向目标顾客传递产品信息，促使目标顾客进行购买行为的一系列说服性沟通活动。促销是市场营销组合的四个构成要素之一。促销实质上是一种沟通活动。

5.4.1 广告策略

广告是广告主通过付费的形式，运用大众传播媒介将商品和劳务信息传递给消费者和用户，以促进商品销售、树立企业形象的一种方式。制定广告策略应考虑的方面主要包括：

1）广告媒体的选择和使用

每一种广告媒体的使用，都要考虑其正反两方面的效果，要针对以下几个条件来权衡、比较，特别要从广告媒体的覆盖面、接触频率和作用强度来保证广告的促销效果。

（1）消费者的接受程度。

广告媒体的选择应迎合目标市场消费者的需要和喜好，应考虑各层次消费者对媒体的接受程度。

（2）产品的特点。

服装、食品、儿童用品等日用消费品，用色彩鲜艳、形象逼真的彩印画片和电视广告等易引起目标消费者的兴趣，可考虑用覆盖面广的大众传媒。新产品和高科技产品可用附有详细说明的邮寄广告和宣传手册等，有针对性地传递给目标消费者。

（3）广告媒体的传播范围。

广告媒体的传播范围应当与目标市场范围相一致，要考虑到广告媒体的特点。

（4）广告成本。

企业应根据自己的经济实力进行广告预算，在分析广告媒体特点的基础上选择使用或综合使用，使之发挥最大的效力。

2）广告的目标

要制作优秀的广告，必须首先明确广告运作的主要目标是什么。广告的主要目标包括：

（1）激发消费者的购买欲望。

企业可以有效地传递商品与服务，在适当的时机和地点刺激消费者的购买欲望，使消费者的购买目标明确化。这种刺激是一个循序渐进的过程。首先，应引起消费者的关注和兴趣；其次，要影响消费者的理解、记忆、认知等。

（2）改变消费者的态度。

广告有助于改变消费者对本企业产品的态度。广告要完成以下目标：向领导型消费者施加压力，从而影响其评价产品等级的标准；针对企业被消费者认可的产品等级附加一些竞争对手没有的、额外的特点；借助产品显著的特点，改变消费者对产品品牌的认知。

改变消费者的态度是把产品与企业的目标市场和产品定位联系起来。该方法不仅显示了广告的作用，还能使广告的效果达到最大化。

3）广告设计策略

（1）市场调研。

市场调研的主体主要是产品、消费者和竞争者。产品是广告的导向，应明确企业的广告是为产品服务的，而不应把广告放在核心的位置。消费者的需求是企业进行广告创意和选择广告媒体等方面的基础。竞争者是用来比较企业之间的差别的。

（2）设计定位。

企业要解决"我是谁""我是什么""我面向谁"的问题，为企业的后续广告工作提供依据。

（3）广告诉求。

在广告中，企业要明确向消费者说些什么及怎么说的问题。

（4）构思。

广告的构思应新颖独特。首先，要能够吸引消费者的注意力；其次，要能使消费者产生共鸣和信任；最后，要符合企业产品的销售政策。

5.4.2　人员推销策略

人员推销是企业或其他集团派出销售人员直接与顾客接触，向其宣传介绍产品和劳务，并提供售后服务，以达到销售目的的活动。

1）销售激励策略

（1）物质奖励。

纯薪金制，即每月给予推销人员固定的薪金，其他业务开支由企业支付。这种方法使推销工作有比较高的安全感，但难以激发推销人员的积极开拓精神。

纯佣金制，即推销人员的报酬完全与他的推销业绩相联系，按销售额或利润额的一定比例提取报酬，各项业务开支由推销人员自己解决。这种方法能有效地鼓励推销人员积极工作，开辟新市场。

混合制，即把推销人员的收入分成薪金和佣金两部分，一部分是相对固定的，包括基本工资、福利补贴；另一部分是与推销人员的工作效果联系起来上下浮动的佣金。这种方式吸取了纯薪金制和纯佣金制的优点，又避免了各自的缺点，但决策人员应掌握好薪金和佣金的比例，做到既使推销人员具有职业安全感，又充分调动他们的积极性和创造性。

（2）精神奖励。

精神奖励是指企业领导对推销人员的工作给予关心和支持，对其经常进行沟通、鞭策和鼓励，形成有利于推销工作的良好气氛。

制定合理的销售定额对推销人员的工作也是一种激励。适度的销售定额既有利于推销人员进行高效率的工作，使他们能通过努力获得成就感，得到物质和精神的满足，又能避免定额目标缺乏刺激感，失去积极性。

此外，可采取其他精神鼓励措施，如定期开会评选最佳推销人员，给予奖励；开展销售竞赛，给予推销人员更多的晋升机会等。

2）销售策略

（1）客户的开发。

该策略主要是强调应保持现有的客户还是不断开发新的客户。对于维持现有客户和开发新的客户，企业的成本和销售人员的时间计划会有很大的不同。依据经验值，开发一个新的客户的成本相当于维持六个老客户的成本。

（2）保证企业的销售力量得到充分利用。

例如，企业是采用推销人员直接上门推销（成本较高）的方式，还是通过先进的技术（如电话营销、远程电信会议和网络销售）和销售技巧的创新（如录像展示）等来拜访客户。

（3）接触客户组织中的相关人员。

客户购买的过程分为考虑、接受、选择和评价等过程，客户组织的不同人员对各个阶段的影响不同，企业的销售人员可以逐步拜访或者几个人同时拜访。因此，有的销售政策要求企业的销售人员仔细分析客户组织中与业务相关的所有人员，以及需要接触的客户组织中的关键人物。

思政视角 5-2

立木为信与诚信营销

商鞅立木为信发生在战国时期的秦国。当时商鞅变法推出新法令，怕民众不信任，放了一根木头在城墙南门，贴出告示悬赏，如有人将这根木头搬到北门就赏十金。所有民众都不信。直到将赏金提升至五十金时，才有一壮士将木头搬到了北门。商鞅如约赏给了他五十金。此举取得了民众对商鞅的信任，民众也愿意接受随后商鞅变法的法令。这个故事也称商鞅立信。立木为信成为商鞅变法的突破点，通过商鞅这一举动，使政府在百姓心中树立起了威信，确保了新法的顺利实施，使秦国渐渐强盛。

立木为信折射营销的诚信价值。诚信是企业营销的立身之本。诚信塑造了企业的形象，使企业赢得信誉，赢得长久不衰的市场认同感，从而提升企业竞争力。因此，诚信是企业的竞争力，无论对经销商、供应商，对银行、税务部门，还是对企业员工等，都必须讲诚信；企业中的领导与普通员工间、上级与下级间、员工与员工间也都必须讲诚信，这样才能为企业的营销树立形象。

资料来源　韩丽娜. 从古代卫鞅"立木为信"窥见中国营销之"诚信"［J］. 兰台世界，2014（5）：51-53. 节选.

5.4.3　促销组合战略

促销组合战略包括人员推销、广告、营业推广、公共关系四种策略，它们之间相互制约、相互促进、相互替代。企业应根据这四种策略的特点，综合选择、组合和运用。

1）四种策略的特点

广告的特点是可以运用各种传播媒介，深入大众，影响面广，其色彩艳丽、生动形象的画面和造型等易引起广泛的注意，加深大众印象，但广告的作用不易测定，说服力较小，不易使人们做出立刻购买的决定。

人员推销的特点是利用人与人的正面接触营造融洽的气氛，激发购物兴趣，及时成交，并且推销方式灵活，服务周到，但人员推销的费用较大，且不易招聘到优秀人才。

营业推广的特点是在短期内造成极强的促销氛围，吸引个人消费者和集团购买者采取购买行动与重复购买，但营业推广的短期行为可能会引起顾客的疑虑。

公共关系的特点是利用人际关系和宣传媒介进行信息的双向交流，达到内求团结、外求发展的目的，影响面比较广，作用持久，但其促销效果不如其他形式来得快而直接。

2）影响促销组合战略的因素

（1）产品的特性。

运用广告和营业推广策略，比较符合消费者选择性强、购买频率高、需求广泛的要求；工业品的技术和质量要求高、计划性强、讲究服务，采用人员推销、公关策略比较容易达到理想效果。

（2）产品所处的市场生命周期阶段。

针对产品在不同的市场生命周期阶段，企业采用的策略组合应有所侧重。例如，在产品引入期着重使用广告和人员推销策略，或用营业推广和公关策略，建立产品的形象，使产品为更多的人所知晓。

（3）消费者的特点。

当目标市场中顾客面窄、技术专业性强时，宜采用人员推销和公关策略。当目标市场中潜在顾客比较多且分散，消费层次复杂时，用广告和营业推广策略效果会更明显一些，能较快提高销售量。

3）促销组合的策略

（1）"推"促销方式。

企业把产品信息"推"向批发商和其他中间商，由中间商再推荐给消费者的促销策略称为"推"的策略。这时企业采用人员推销、公关等策略，为中间商做好促销工作，借助其力量吸引消费者。

（2）"拉"促销方式。

企业首先在传播媒介上宣传产品，引发消费者的购买欲望，零售商为满足消费者的要求向批发商订购产品，批发商再向生产商订购产品，这种策略称为"拉"的策略。

企业对于拥有众多消费者的产品适用"拉"的策略，工业品则用"推"的策略，也可以合并采用"推"和"拉"的策略。

5.5　企业营销组合战略

市场营销组合战略是指企业将产品、价格、分销和促销策略在目标市场上进行最佳组合，使它们之间相互协调，综合发挥作用，以实现企业的市场营销目标。

5.5.1　营销组合的特点

1）可控性

营销组合的各因素对企业来说都是企业"可以控制的因素"。企业可以根据市场的需求，选择自身的产品结构，制定产品的价格，选择分销渠道和促销方式等，对企业的这些营销手段进行自主运用和搭配。但是，企业的自主性是有限的，要受到企业本身资源和目标的制约，还要受到各种外部环境的影响和制约，而这些是企业的"不可控因素"。营销管理者的任务就是在综合运用营销策略的时候，既能够有效地利用各种可控因素，又要善于灵活地适应外部环境的变化，这样才能在市场竞争中取得胜利。

2）动态性

市场营销组合中的各个因素不是一成不变的，而是不断变化的。各个因素之间是相互影响和制约的，每个因素中又包含若干个小的因素，每一个因素的变动都会引起营销组合的变化，形成一个新的组合。

营销组合的可变因素如图5-1所示。

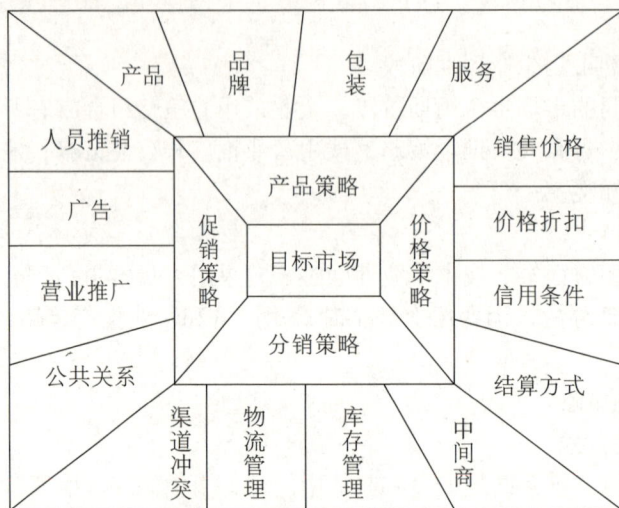

图5-1　营销组合的可变因素

3）复合性

营销组合是一个复合性系统，至少包括两个层次。

4）整体性

营销组合是企业根据整体营销目标制定的营销策略，要求各个因素之间相互配合，产生协同效应。在各个因素独立发挥作用的时候，有的营销效果可能相互抵消导致效果不明显；在组合的条件下，各个因素之间相互补充、协调配合、目标统一，其整体功能大于局部功能。

5.5.2　营销组合的基本策略

1）产品（product）策略

产品是为目标市场而开发的，用于满足目标市场特定消费者的需求，包括产品类别、质量、设计、性能、款式、规格、材料、品牌、包装、服务、保证等。

产品是营销组合的核心因素，企业的其他各项营销策略都是以产品为基础制定和执行的。企业应根据需求的特点和竞争对手的实际情况，确定自己的产品结构和产品的升级换代。

2）价格（price）策略

价格策略是企业根据产品在目标市场中的定位，为企业的产品确定一个既能被目标消费者接受，又能为企业带来利润的价格，主要包括折扣、折让、付款期限、信用条件等。

价格是营销组合中最灵活的一个因素，企业可以根据竞争的需要及时调整价格。因此，企业制定的价格一般都是具有竞争性的。在价格的制定过程中，不仅要考虑企业的成本，还要考虑消费者的接受能力和竞争对手的价格情况。

3）分销（place）策略

分销策略的目的是保证企业的产品能够及时、准确地到达消费者手中，是联系企业和市场的纽带。分销策略主要包括中间商、渠道、地点、市场覆盖面、仓储、运输等。

分销策略是企业营销策略中的难点，因为分销策略包含了许多企业无法控制的因素，还有在历史的发展中形成的大量人际关系，以及渠道本身与企业内其他职能部门的密切联系等。企业应该时刻注意市场的变化与自身资源的关系，及时调整和监督分销策略，保证企业分销策略的有效执行。

4）促销（promotion）策略

促销策略是企业把产品、价格和企业的营销方面的一些想法与观念传达给消费者的过程，是一种沟通和说服的过程，主要包括广告、人员推销、销售促进、公共宣传、直销等。

促销策略的关键是要抢夺消费者意识，使消费者认识企业产品的价值，而不在于产品的价值是否真实，同时让消费者能够在心目中建立本企业产品与竞争产品的品牌差别的想象，从而产生排他性。

5.5.3 从"4P"到"11P"的转变

1986 年，美国市场营销学家菲利普·科特勒提出了大市场营销观念。大市场营销观念是指，在实行贸易保护的条件下，企业的市场营销战略除了"4P"之外还必须加上"2P"，即"政治力量"和"公共关系"。大市场营销主要用于国际市场，是企业一种超越国界的营销。大市场营销是企业发展的必然趋势。

1986 年 6 月 30 日，菲利普·科特勒在我国对外经济贸易大学演讲时，在"6P"基础上又提出了战略上的"4P"。第一个"P"是调查（probing），即搞清楚市场由哪些人组成，市场需要什么？竞争对手是谁？怎样才能使竞争更有效？这是市场营销人员应采取的第一步。第二个"P"是分割（partitioning），即把市场分成若干个部分，每个市场都有各种不同的人，分割的含义就是要区别不同类型的买主，即进行市场细分。第三个"P"是优先（prioritizing），即搞清楚哪些顾客对你最重要，哪些顾客应成为你推销产品的目标，亦即搞清楚目标市场、目标顾客。第四个"P"是定位（positioning），即每个企业都必须在顾客的心目中给自己的产品树立形象。

菲利普·科特勒还强调了人员的重要性，认为作为企业可控因素之一的人员对于实现企业目标具有举足轻重的作用，特别是各种营销人员和服务人员的言行、仪表等对企业的声誉和效益都会产生影响，因此人也被看成营销组合的一个重要因素。也就是说，在"10P"之后，再加了一个"P"，即人员（people），于是出现了市场营销"11P"的组合战略。

"4P"因素是企业的可控因素，企业营销成功与否，关键是"4P"能否有效组合。这一命题对吗？

分析：不对。企业营销成功不仅取决于"4P"因素的科学组合，而且取决于对可控的"4P"因素与不可控的微观、宏观环境因素的迅速反应。

5.5.4 从"4P"到"4C"的营销组合的转变

"4C"营销观念是对"4P"的超越，也是对当前市场更好的阐述。该理论强调以顾客需求为导向，把了解、分析和研究消费者需求放在营销的首位，而不是先考虑企业能够生产什么样的产品。

1）顾客（consumer）

真正重视顾客，不是卖你所能制造的产品，而是卖那些顾客想购买的产品，尤其要在顾客的个性化需求方面下功夫。在产品的生产中要注意，创造顾客需求比开发产品更重要，顾客的需求和欲望比产品的功能更重要。

2）成本（cost）

了解消费者为产品愿意支付的价格，而不是自行先给产品定价。在考虑消费者购物成本的情况下，决定企业的价格，再根据价格决定企业的生产成本，保证产品的价格低于消费者的意愿价格。

3）便利（convenience）

商品的分销渠道选择，应该考虑如何为消费者的购物带来更多的便利，节约消费者的购物成本，而不是单方面选择怎样才能使卖方更方便的方式。企业可以采用网上购物、800 消费者免费电话等方式，使消费者不必出门便可购物。因此，企业在设置营销渠道的时候，要考虑消费者的购买方式、偏好等，及时调整企业原有的渠道，为顾客提供实实在在的便利。

4）沟通（communication）

它是指改变企业通过广告等方式向消费者单向沟通的方式，实现双向沟通，做到随时互动，把企业内外营销资源不断地进行整合，把顾客与企业双方的利益无形地结合在一起。

5.6 营销战略计划

营销战略计划是实施企业战略的一种方式，企业需要制订具体的实施计划并且需要控制。营销战略计划在形式上与企业战略计划类似，但在内容上属于一个特殊的范畴。企业战略计划旨在引导企业的整体发展；营销战略计划从属于企业战略计划，探讨了许多相同的问题并给出了一些解决方案。营销战略计划的战略组成部分关注企业在特定市场的发展方向，以便实现指定目标。营销战略计划还需要一个运营组成部分来定义要执行的任务和活动，以便实现理想战略。营销战略计划与产品和市场尤为相关。

例如，企业战略计划中制定的目标可能是企业整体的利润增长20%，而营销战略计划中的目标可能是使产品A的销量增长20%。在企业战略计划中，外部环境评估包括对政治、经济、技术和社会文化等因素的评估，但是营销战略计划中的外部评估仅仅评估影响客户、产品和市场等的环境因素。

营销战略计划包括以下阶段：

（1）市场分析。这一阶段包括进行市场调研（以评估宏观和微观市场环境）、进行细分市场分析和制定客户发展战略。不清晰地了解上述内容，就难以设定目标和制定战略。

（2）设定目标。一旦了解了市场分析中产生的问题，就可以设定目标了。目标应当与企业的整体使命和企业目标相一致，并且目标必须符合实际情况。

（3）制定战略。一旦设定了一致的目标，就可以开始制定战略了。在本阶段，将对各种战略选择进行评价，以便确定实现以下目标的最佳方式：避开企业的弱点；提高市场吸引力；与企业资源相匹配；提高盈利能力。

（4）实施。这通常是营销战略计划流程中最难的部分。要有效实施，就需要不同企业、人员和部门之间相互协作。企业的结构和文化应当支持这种协作，提供良好的沟通，并便于获取信息及适当的资源。事实上，企业内出现的许多问题、冲突和折中方法都是实现有效实施的障碍。

（5）评估和控制。本流程的最终阶段是建立一个有效的监控系统来测评绩效。

补充阅读资料5-4

营销计划的基本步骤及内容见表5-1。

表5-1　营销计划的基本步骤及内容

步骤	内容
执行概要	执行概要是一份最终性的计划文件，其概述了计划的主要目标和建议
情景分析	情景分析以SWOT分析的方式概述了企业的优势、劣势、机会和威胁
目标	企业追求的目标以及要实现的需求；目标可以表现为利润、回报率或市场份额等；其基本理论与企业的整体发展方向一致
营销战略	营销战略要考虑选择目标市场、营销组合和营销费用水平
营销战略计划	•定义产品范围和市场行为 •旨在使企业活动与其特有的竞争力相匹配 •该计划涵盖的期间通常为3~5年
营销战术计划	•通常以现有产品和市场为基础 •探讨营销组合问题 •时间范围通常为1年
行动计划	此部分阐述了如何实现战略： •市场细分 •产品定位 •营销组合战略，其包括产品、价格、分销、促销（打广告等）
预算	预计营销计划要产生的费用
控制	建立控制，以监控计划的进展和预算

● 本章小结

★ 市场战略是以顾客的观点为基础，顾客关注的焦点是选择市场战略非常重要的因素。通过对所服务市场进行坚持不懈的观察，企业可以进行市场细分，选择目标市场，以便有效地开展竞争。

★ 产品战略反映了经营单位和其所属行业的任务。产品战略的选择和市场战略有密切的关系。企业应通过市场的选择，确定产品的定位，根据产品的发展阶段不同，相应地进行策略调整。

★ 定价策略是关系企业是否能够盈利和产品是否能够被顾客接受的关键，产品价格更多的是依靠营销工作者的直觉来制定的。影响定价的因素包括成本、需求和竞争等。在企业的不同发展时期，企业具体采用的定价方法也会有所不同。

★ 促销战略的目的就是建立与消费者的联系，是一种沟通、说服的过程。促销战略主要包括人员推销、广告、营业推广和公共关系策略。广告是通过大众媒体传播信息。人员推销是与消费者面对面互动。

★ 营销组合战略是企业通过市场细分在选定目标市场后，将可控的产品、价格、分销和促销进行最佳组合，使它们之间相互协调，综合发挥作用，以实现市场营销的目标。

● 知识掌握

1）单项选择题

（1）营销组合中，最活跃的因素是（　　）。

A.产品　　　　　　　　B.价格　　　　　　　　C.分销　　　　　　　　D.促销

（2）洗衣机这种消费品在中国家庭的普及率达95%以上。这表明该产品已进入产品生命周期的（　　）。

A.投入期　　　　　　　B.成长期　　　　　　　C.成熟期　　　　　　　D.衰退期

（3）通用汽车公司一方面按照传统的方式把主要精力集中到一款适合所有人的价位和品位的汽车，另一方面依靠多条生产线，以及品种繁多的小型卡车，参与其他领域的竞争。通用汽车公司主要采用的战略属于（　　）。

A.无差异市场营销　　　　　　　　　　B.差异市场营销

C.集中市场营销　　　　　　　　　　　D.分散市场营销

（4）（　　）最适用于技术复杂的产品，尤其是那些以技术更新快为特征的产品。

A.产品线定价策略　　　　　　　　　　B.连带产品定价策略

C.附带产品定价策略　　　　　　　　　D.捆绑定价策略

（5）市场营销组合战略的目的是以（　　）为中心，使产品、定价、分销、促销四种策略协调配合，形成协同力量，以更好地实现企业战略目标。

A.顾客　　　　　　　　B.销售　　　　　　　　C.利润　　　　　　　　D.市场

（6）企业推出一种市场上已经存在的新产品时，采取的是（　　）战略。

A.产品改进　　　　　　　　　　　　　B.产品调整

C.产品模仿　　　　　　　　　　　　　D.产品创新

（7）在产品的（　　），企业可利用现有品牌带动新产品销售，大规模促销刺激消费者购买。

A.投入期　　　　　B.成长期　　　　　C.成熟期　　　　　D.衰退期

（8）不属于企业定价目标的是（　　　）。

A.获取利润　　　　　　　　　B.扩大市场份额

C.防止竞争　　　　　　　　　D.窥探竞争对手实力

（9）（　　　）是指在新产品上市之初，将其价格定得较高，在短期内获取暴利，尽快收回投资。

A.撇脂定价　　　　　　　　　B.渗透定价

C.适中定价　　　　　　　　　D.需求定价

（10）（　　　）适用于选择性强、需求弹性大、规模多样的产品，如服装、食品等。

A.无差异市场营销　　　　　　B.差异市场营销

C.集中市场营销　　　　　　　D.分散市场营销

2）多项选择题

（1）在营销组合中"4P"主要指（　　　）。

A.产品　　　　　B.价格　　　　　C.分销

D.促销　　　　　E.人员

（2）促销组合战略包括（　　　）策略。

A.人员推销　　　B.广告　　　　　C.营业推广

D.公共关系　　　E.降价

（3）当目标市场中顾客面窄、技术专用性强时，宜采用（　　　）的促销组合策略。

A.人员推销　　　B.广告　　　　　C.营业推广

D.公共关系　　　E.降价

（4）广告战略的使用要考虑（　　　）。

A.消费者的接受程度 B.产品的特点　　C.广告媒体的传播范围

D.广告成本　　　E.广告媒体的类型

（5）降价的技巧包括（　　　）。

A.提供更多的服务　B.改进产品的性能，提高产品的质量

C.进行强有力的推销 D.有效地沟通　　E.减少服务种类

3）简答题

（1）产品生命周期战略包括什么？

（2）营销组合的特点是什么？

（3）企业的定价方法有哪些？

（4）营销组合的基本策略包括哪些？

● 知识应用

□ 案例分析

小米汽车营销战略问题与优化

新能源汽车行业正处于蓬勃发展、激烈竞争的阶段，小米汽车凭借"高配低价"策略和雷军个人IP效应，迅速跻身新能源汽车市场头部阵营。然而，其营销战略在品牌价值

塑造、渠道触达效率及消费者生态运营等环节暴露出显著短板，还需进一步完善。

1.品牌溢价与性价比矛盾。小米汽车初期以"高配低价"策略切入市场，首款车型SU7标准版定价21.59万元，对标特斯拉的意图明显，然而消费者对其高端化认知严重不足：2024年调研显示，60%的消费者仍将小米汽车归类为性价比品牌，导致高端车型销量占比仅为15%。这一矛盾的根源在于品牌定位的错位：小米手机长期以"大众化、高性价比"标签占领消费者心智，消费者对汽车产品的溢价能力缺乏信任，消费者仍以价格敏感型为主，反映出品牌形象难以支撑高端定价。更深层的问题在于技术溢价不足：小米汽车核心部件的供应链外采模式，让消费者质疑其组装厂属性，相比之下的华为问界、蔚来等品牌通过自研技术建立了差异化壁垒。

2.渠道依赖与消费者触达局限。首先，小米汽车的渠道布局呈现重线上、轻线下特征，官网与电商平台销量占比高达75%，其线下直营体验店仅覆盖45个城市，远低于蔚来和理想，二线以下城市消费者因缺乏实体触点，无法通过试驾、静态展示等环节建立产品信任，使决策周期延长至45天（行业平均30天），错失市场窗口期；其次，企业的交付效率较低，工厂年产能仅10万辆，消费者平均等待周期达6个月，远超特斯拉的2个月，加剧了订单流失。

3.消费者沟通单向化。小米汽车的营销活动以技术发布会+社交媒体直播为核心，缺乏深度消费者互动，这种单向沟通体现在两方面：一是反馈机制滞后，消费者通过小米社区提出的问题常被标准化回答话术敷衍；二是形式单一，过度依赖直播和图文推送，仅有12%的消费者通过官方渠道获得定制化购车建议（华为问界为35%）。更深层的矛盾在于消费者生态运营的缺失，尽管雷军通过个人IP塑造了亲民形象，但企业层面缺乏系统性消费者共创机制。此外，小米汽车未建立专属服务通道，社交平台显示车主普遍抱怨投诉反馈低效，与手机业务的米粉文化形成鲜明反差，这种沟通断层导致品牌难以构建消费者的情感黏性。

资料来源 孙芮颖. 基于4C理论的小米汽车营销案例及提升对策研究［J］. 中国商论，2025，34（3）：74-77.

问题：请依照小米汽车营销战略存在的问题提供解决方案。

□ 实践训练

实训项目：营销组合策略制定。

实训目的：培养能够有效地进行营销组合并撰写企业营销组合方案的能力。

实训步骤：选择你所熟悉的某一企业进行调查，搜集该企业营销相关资料，分析该企业在营销方面存在哪些制约因素，应如何改进，并为其拟写一份营销组合方案。

□ 德育训练

企业长青的基因：优秀民族文化

北京同仁堂是中医药行业的老字号，至今已有三百五十余年的历史。在这漫长的发展过程中，几经改朝换代，同仁堂几度兴衰，历尽沧桑，金字招牌始终屹立不倒，从未失去在中国中医药界强势品牌的地位。金字招牌背后，蕴含的是其独特的经营理念和对古训的执着坚守。其产品以"配方独特、选料上乘、工艺精湛、疗效显著"而享誉海内外，产品行销世界各地。

同仁堂享有配方奇特、药到病除的美誉，背后有着中国传统文化的深刻烙印。同仁堂的古训"修合无人见，存心有天知""炮制虽繁必不敢省人工，品味虽贵必不敢减物力"，传承了中国人诚与信的优秀传统；济世养生，为民除病，充分体现了中国儒家文化"仁""义"等思想。

资料来源　张宏山. 营销道德是企业立足世界舞台的基石［J］. 商业研究，2007（4）：3-6. 节选.

讨论：结合同仁堂发展历史案例，分析中华传统优秀文化基因对民族企业商业文化和营销道德的影响。

● **网上资源**

http：//www.ceconline.com

企业 CI 战略

[学习目标]

知识目标：

1.了解CI战略的概念、特点、意义，实施CI战略应遵循的原则及一般步骤。

2.掌握企业CI设计战略，重点把握企业的视觉识别系统。

3.理解婴儿型企业、成长型企业、联姻型企业、多元化企业以及国际化企业的CI管理方法。

能力目标：

1.能够独立为企业制作一份CI战略效果的调查问卷，对多个企业进行调查，通过对调查结果的整理，分析各个企业CI战略的核心及实施效果。

2.能够理解CI战略与企业整体战略及其长期发展之间的关系。

素养目标：

1.在CI战略中融入社会主义核心价值观，塑造诚信、公正的企业社会形象。

2.强化战略管理中的伦理意识，确保CI战略实施符合社会责任和法规要求。

6.1　企业CI战略管理的特点与意义

6.1.1　企业CI战略的概念

CI是英文corporate identity的缩写。Corporate除了有企业、公司的意思之外，还有组织、机构、团体等含义。Identity有三个含义：一是识别、证明；二是统一性；三是一贯性、持恒性。就企业来说，CI可以理解为企业自身的统一性和主体性。在汉语中用"识别"一词来解释identity，其实并不能完全表达其丰富的含义，因此为了保持其特定的含义，只好用CI这样一个英文符号来表达这一完整的意义。

所谓CI战略，是对企业形象的有关要素（理念、行为、视觉）进行全面系统的策划、规范，并通过全方位、多媒体的统一传播，塑造出独特的、一贯的优良形象，以谋求社会大众认同的企业形象战略。CI战略不是一般的管理工程，也不仅是视觉传达设计，更不仅是为企业装潢门面，而是企业总体战略的重要组成部分。

6.1.2　企业CI战略管理的特点

CI战略是一种超越传统观念的企业形象整体战略,是企业总体战略的一个重要组成部分。作为现代企业持续发展的重要武器,CI战略具有系统性、统一性、差异性、传播性和稳定性等特点。

1)系统性

CI战略是一个复杂的系统工程,它的三个子系统——理念识别系统、行为识别系统、视觉识别系统——组成了完整的企业识别系统。这三个子系统之间既相对独立,又紧密联结。理念识别系统是系统运作的原动力,是整个系统的基础;行为识别系统是理念识别系统的外化和表现,是实施战略的主体;视觉识别系统直观鲜明地向外界传播和展示企业生动具体的视觉形象,是最为快捷的传播形式,能有效地促成社会大众对企业的认识。

CI战略的系统性还体现在它是多学科相互渗透、相互融合的产物。CI战略不仅涉及传播学、市场学、设计学、广告学、公共关系学,而且涉及管理学、心理学等相关学科知识的综合应用。导入CI战略是一项复杂的系统工程,需要相关专业人员和企业管理者的密切配合和协调。

完整而有效的CI战略,应该是企业理念、文化、组织、管理、目标、发展战略、社会责任等内在因素与外在形象的结合。各部分都只有在统一的形象目标指导下,才能规范化、标准化地表现出一个系统整齐划一的形象,这是CI战略的核心,是CI战略取得成功的关键。同时CI战略要取得成功与企业的内部结构、运行机制和管理水平也紧密相关,策划和设计形成的成果,要通过有效的组织机构去实施,否则即使是非常优秀的策划和设计也只能成为毫无价值的东西。

思政视角 6-1

国家电网:积极履行社会责任,保障服务和改善民生

保障和改善民生,促进社会公平正义,是社会主义核心价值观最为现实和最为集中的体现。国家电网公司坚持从党和人民的利益出发,认真落实国家西部大开发战略,加大对口援助与电力帮扶,投资建设新疆与西北电网联网工程、青藏电力联网工程、川藏联网工程,实现除台湾地区外的全国联网,促进边疆地区经济发展、民族团结和社会和谐。

深入实施"户户通电"工程,加快无电地区电力建设,累计解决170万户、657万无电人口通电问题。积极为新型城镇化和农业现代化发展服务,全力保障各地电力需求,实现城乡用电同网同价,推动经济更有效率、更加公平、更可持续发展。

资料来源　刘振亚. 践行社会主义核心价值观,推动企业改革发展 [N]. 人民日报,2014-07-17 (15). 节选.

2)统一性

CI战略的基本内容之一是形成统一的企业识别系统,使企业形象在各个层面上得到有效的统一。如企业理念识别(mind identity,MI)与行为识别(behavior identity,BI)、视觉识别(visual identity,VI)的整体统一,以理念识别系统为灵魂、精髓、核心,向行为识别系统和视觉识别系统扩展,三者相互联系,形成一个密不可分的有机统一体。企业在导入CI战略的过程中,不能只注意外观设计,忽视企业的经营理念、管理活动和企业文化建设。CI战略的整体统一,还反映在企业内、外活动的整体性上。CI战略的导入过程就是企业形象调整和再创造的过程，必然引起企业内思想观念的更新，企业理念的重新整合和定位等。所以，企业的CI战略一定要得到企业内部员工的理解、支持和合作，还要得到社会公众的理解、支持和认可。

3）差异性

CI战略的根本目标是全方位塑造个性鲜明的企业形象，因此它归根结底是一种差异性的战略。可以说，个性化（差异性）是CI战略的灵魂和生命。只有独创的、有个性的东西，才有存在的价值，才有生命力；反之，就没有存在的价值。所以，企业在实施CI战略时要注重形象识别的独创性、个性化，这是CI战略策划与实施的关键。无论是理念精神、行为规范，还是视觉识别等，都要有自己的特色，个性化、差异性是CI功能发挥的重要条件，创造与企业竞争对手之间的差异性是取得CI战略成功的重要因素。在当今竞争激烈、强手如林的环境中，如果企业不能因势利导、开拓创新，就可能被淘汰。

4）传播性

CI战略是企业信息传达的全媒体策略。在CI战略的导入过程中，企业的信息传播不只是局限于大众媒体，而是扩大到所有与企业有关的媒体上。CI战略是一种全方位的信息传达体系，是一种企业全员传播战略。这种信息的传递不仅是企业的老总和营销人员的事情，更是企业每一个员工不容推卸的责任。企业的信息传播对象也不仅是消费者，更要包括社会大众、机关团体以及企业内部员工等。企业在实施CI战略的过程中，必须用自己的力量来进行企业理念的整理和开发工作，发动员工的力量，深入开展内部的教育活动，内部员工的认同和自觉参与是促成良好内部形象形成的关键因素。

5）稳定性

CI战略的整体性特征表现为：一旦CI战略的规划形成并确立，制定成推进手册之后，就进入CI战略的导入程序。CI战略是一个长期的、相对稳定的形象识别系统，一经确立之后是不可以随便更改和变化的。当然，CI战略的稳定是相对的，而变化是绝对的。但它必须有稳定性的一面才有利于与其他企业形成差别，才有利于社会大众的认知和识别。整个CI战略的导入和实施，应该说是在一个稳中求变的动态发展之中。在这个发展过程中，企业所处的环境、经营规模以及消费者的认知结构都会有所变化，企业形象的内涵也在不断发展、充实或者发生微妙的变化，而如何在变与不变之中寻求平衡点，在稳定中求得不断发展，达到内外、前后的"对应"和"统一"，正是CI战略的策划与设计所追求的目标。

6）长期性

CI战略是企业的长期战略，而非短期行为。它有两层意义：一层意义是就企业发展的某个阶段而言，CI战略的策划和实施需要一个长期的过程，是一项长期的战略，从开始启动、策划到实施导入、反馈修正的一个周期，往往需要一两年、两三年甚至更长的时间。在国外，有的企业用了八年到十年。另一层意义是指，CI战略的策划和实施作为企业的形象战略，目的是为企业创造可以永续经营的无形资产，因此其要伴随企业成长、发展的全过程。CI战略是企业的一个不断完善、没有终点的长期战略，一个形象目标的实现，预示着向新目标前进的开始。企业的经营无止境，CI战略无终点。

7）操作性

CI战略不是一种空洞的抽象哲学，也不是企业用来装饰门面的花瓶，而是一个实实在在的战略和战术，它必须是可以操作的。CI战略的可操作性主要包括两个方面：

第一，三大识别系统必须具有可操作性。企业理念的构成、表现和渗透方法是具体可行的；行为识别系统是结合企业经营管理、市场营销、公关活动等实际情况的；视觉识别系统不是漂亮的视觉艺术作品，而是企业理念、企业的风格个性的具体表现，制定的传播应用媒体策略是具体的、可执行的、可控制的。

第二，整个CI战略导入计划是符合企业实际状况的，是可以长期执行的。企业的情况各不相同，因此CI战略导入的模式和方法也应该是各有特点的，不能简单、教条地套用国内外企业的一般做法。CI战略作为企业形象的系统工程，其每一个步骤、每一个细节都必须是具体可操作的。

8）动态性

CI战略的策划和导入是一项复杂的系统工程。它涉及企业的方方面面，既是企业外在形象的创立或革新，也是企业内部形象的革命。CI战略是一个长期的战略，需要较长的时间，在这较长的周期内，企业的经营状况、组织机构、市场竞争策略等可能发生变化，这就要不断地完善、修正CI战略。即使是在完成CI战略后，企业达到了预期的形象目标，但随着时间的推移，企业外部环境和内部情况的变化越来越大，原先良好的形象和现状的差距也越来越明显，变革过去的形象，建立新的形象又会成为企业新的CI战略的任务。

补充阅读资料6-1

统一CI，就是统一战斗力

每个企业都独一无二，但并不是每个企业都能塑造"独一无二"的形象。随着大众审美能力的提高，消费者的偏好越来越难以捉摸，企业对CI的要求越来越高，设计从业者尽管很努力地跟着感觉走，却总"找不到感觉"。

CI主要包括MI、BI、VI，VI又包括标志设计等，即logo设计等。表象容易引起重视，而本质容易被忽略，CI也是这样。很多人一提起CI就想到VI，便觉得只是画个logo。其实CI是一套整体的企业识别解决方案，要想做好就要洞察事物的本质，全局思考而不是单点发力、顾此失彼。我们若把企业比作人，logo就是一家企业的脸面，MI是心灵、BI是手脚、VI是衣服，它们是联动的，不能只看一方面。只有整齐划一，统一CI标准才能有统一的战斗力。

资料来源　朱金科. 统一CI，就是统一战斗力［J］. 企业管理，2021（5）：25-27. 节选.

6.1.3　企业CI战略管理的意义

1）统一并提升企业形象

企业形象是一个包容面非常广的多因素综合体。它不仅包括产品、商标、厂房、设备等外部的有形要素，而且包括信誉、价值观、员工精神风貌等内在的无形要素。一般的消费者，甚至企业本身，只把产品形象、商标形象、公司大楼的形象等外部视觉形象看作企业形象，而忽略了企业的内在文化形象，这就割裂了企业形象的整体性和统一性。CI战略是对企业的内在、外部所有形象要素进行整合，形成一个全面、统一、独立的企业形象，然后通过媒体对这种形象进行传播，能够更有效地将企业形象传递到消费者的头脑中。

2）增强企业的竞争力、凝聚力

CI战略对于增强企业的凝聚力、提高企业竞争力的作用主要表现在两个方面：其一，CI战略能塑造员工统一的价值观、行为准则和企业愿景。在这种企业内部统一的文化氛围的建立和培养过程中，企业的员工会逐渐地抛弃原有的利己主义思想和贪图安逸、清闲的惰性思想，自觉协调个人目标与企业利益的关系，逐渐形成一种良性的团队主义和集体主义精神。其二，企业内部这种优秀的思想文化力量是增强企业竞争力的重要基础。

3）有利于多元化、集团化、国际化经营

走多元化、集团化、国际化的经营道路，有助于使企业各个经营项目之间共同利用某些资源，产生协同效果，增强企业适应不同市场环境变化的能力，使企业营运更加稳健、安全。在这种多元化、集团化、国际化的经营中，最关键的是要取得集团各关系企业的协同，因为这种经营战略的核心便是如何共同利用经营资源，也就是如何追求协同效应，在新、旧经营项目之间寻找多处资源共享的环节，使得一种资源产生多种效用，从而把各经营项目联系起来，相互助长。运用CI战略可以有效地使集团各关系企业互相沟通与认同，相互协作与支持，从而使协同效应发挥到最大。

思 政 视 角 6-2

共建"一带一路"倡议下中国企业应彰显国家形象

在世界经济新格局深度调整以及全球新一轮产业转移的大背景下，中国经济面临新的挑战和机遇。中国企业走向世界，成为全球共同开放的重要推动者和全球能源革命的引领者，在世界面前展示了勤奋、友善、开拓、创新、责任等彰显国家形象的亮丽名片。

中国在全球视野下进行包容性发展，推进"一带一路"建设，打开经济对外开放发展新窗口，积极与他国进行国际产能合作，加快企业走出去，不断开拓海外市场。这不仅增强了"一带一路"共建国家的工业能力，提高了制造业发展水平，培养了实用型人才，给共建国家带去诸多发展新机遇，同时有效助力了中国经济转型升级，更好地构建了开放型经济新体制，在国际社会上促进互利共赢、实现合作发展。

当前，中国企业以良好的业绩树立了品牌形象，部分品牌更是具备世界一流声誉。我们应该对中国企业的海外形象、对外开放模式不断进行新的积极探索，进一步总结国家层面助推中国企业走出去的成功案例，深度挖掘中国企业海外发展、国际化历程中的各种故事并宣传推广。

资料来源 关杰. 持续提升中国企业海外形象［J］. 中国报道，2019（2）：8. 节选.

127

6.2 企业CI设计战略

6.2.1 理念识别系统

1）企业理念识别的含义

企业理念识别（mind identity，MI）又称策略识别，是指企业在经营过程中的经营理念、经营信条、企业使命、目标、企业精神、企业哲学、企业文化、企业性格、座右铭和经营战略（包括生产和市场的各个环节之经营原则、方针等）的统一化。

企业理念识别是CI战略重要的基本因素，是企业的宗旨、灵魂，是企业赖以生存的原动力。它是企业独特的价值观的设计，规定了CI策划系统的整体方向，行为识别和视觉识别都是由它来引导和发展的。

2）企业理念识别系统的内容

企业理念识别系统是企业的基本价值观，是由许多有具体特征、发挥不同作用的因素构成的，主要包括企业的基本理念、事业领域及经营理念。

（1）企业的基本理念。

企业的基本理念主要有企业基本价值观、行为准则、道德规范和员工责任感、荣誉感等。企业的基本价值观是基本理念的基础和核心，规定全体员工共同一致的努力方向和行为准则，指导企业整体的活动和形象。企业的基本价值观是企业的宗旨，是员工的共同信念和信仰。行为准则和道德规范等是企业基本价值观的外在表现，是员工在日常的工作中遵循的基本行为规范，是为企业实现宗旨和目标等服务的。

（2）企业的事业领域。

事业领域是企业的业务范围、项目。企业只有确定了自己的业务范围之后，才能表明自己存在的价值观。一个业务范围不明确的企业，其形象、营销活动等往往都会遭受巨大的损失。

（3）企业的经营理念。

企业经营理念是企业理念的重要组成部分。一家企业的经营理念直接决定企业成败：正确的经营理念，会使企业兴旺，而错误的经营理念，很可能使企业倒闭破产。因此，在企业的MI导入过程中一定要有能反映企业特点且正确的经营理念。

3）企业理念识别的功能

企业理念是企业的基本精神，决定着企业的产品（位置、包装、价格）、营销、广告，企业与顾客、政府的关系，企业的效益，企业的基本形象等。企业的最高决策都以企业理念为准绳。通过对企业实际状况进行调查，明确企业理念之后，企业应通过整体的行为识别、视觉识别在实践中贯彻企业理念。

6.2.2　行为识别系统

1）行为识别的含义

行为识别（behavior identity，BI）又称企业活动识别，是指在实际经营过程中企业所有具体行为在操作中实现规范化、协调化，以达到经营管理的统一化。如果说MI是想法，那么BI是做法。从形式看，行为识别系统是一种反映企业动态过程的设计系统，是企业市场行为的规范化、标准化要求，因此相对于其他识别系统的建立来说，它较为复杂，较有弹性，实施也较为困难。然而，它是企业识别系统能否真正建立起来的关键，是"企业的手"。

2）行为识别的内容

BI有对内、对外两个活动：对内就是建立完善的组织结构、管理制度、教育培训制度、福利制度、行为规范、工作环境和研究开发制度等来增强企业内部的凝聚力与向心力；对外则通过市场营销、产品开发、公共关系、公益活动等来表达企业理念，取得大众认同，树立形象。

小思考 6-1 ————————

怎样理解BI与MI的关系？

分析要点：企业行为识别（BI）是企业理念识别（MI）的动态展示。从广义概念上来说，企业行为识别系统包含的内容是非常广泛的，涉及市场营销学、广告学、公关学、传播学、管理学等多方面的内容。行为识别意在通过各种利于社会大众以及消费者认知、益于强化企业组织有效行为的有特色的活动，塑造企业的动态形象，并与理念识别、视觉识别相互交融，树立起企业良好的整体形象。行为识别系统的规划应在总体目标的要求上，综合运用相关学科的思想与技巧，加以整体、系统、科学的策划。

（1）对企业内部的行为识别。

企业的对内行为识别，就是BI在企业内部对员工的传播行为，是使企业的理念和行为获得全体员工认同与接受的过程，所以也称企业的自我认同。正是由于员工的辛勤工作，才能为企业制造产品、销售产品、提供服务、直接面对消费者和与其交流。可以说，与消费者接触最紧密的并不是企业的领导和管理人员，而是基层和一线的所有员工。所以，他们的实际工作就是传播企业的信息，塑造企业的形象和声誉。如果企业的员工不理解企业的理念，不了解企业的经营方针和战略，或者不能将经营战略转化成实际工作中的具体概念，那么企业的CI战略是不可能取得成功的。

企业对内部员工的信息传播是一项长期、艰巨而又复杂的工作，要处理好下列几个方面的问题：

首先，要加强对员工的教育与培训。CI战略的对内发布就是从员工的培训和教育开始的。为了让员工全面、准确地掌握CI战略的目标、内容、实施方法、技术要求和管理办法等内容，企业要在较短的时间内进行集中的或分散的培训和教育，发布企业的新信息，并通过多种方式使员工尽快参与进来。其具体的方式可以是开员工大会正式发布，并召开各个部门的专门会议进行学习和讨论，分发各种小册子等宣传学习资料，也可以是通过各种专题会议详细地说明企业的CI战略。

其次，要注重与员工的沟通。企业内部常用的沟通方式主要有正式沟通和非正式沟通两种。正式沟通方式包括公开的定期演讲、员工大会、企业出版物等形式。目前不少企业还采用广播、电视、幻灯片、公告牌等方式，介绍宣传企业的经营理念、行为识别系统等内容。

最后，要注意对股东的传播宣传活动。股东是企业的投资者，是企业的重要组成部分，对股东的传播活动也是BI的重要一环。与股东建立和保持良好的双向沟通关系，可以争取股东对企业的了解和信任，提高股东对所有权的自豪感，并赢得股东的支持与合作，以此来促进企业的发展。

（2）对企业外部的行为识别。

企业的对外行为识别，是指企业通过一系列外部宣传活动向消费大众、金融界、政府主管部门、社区公众等进行信息传播的行为。企业通过对一系列传播行为进行控制和整合，有计划、有步骤地传播统一的企业信息，使传播对象了解企业的经营理念、价值观、经营方针及产品、服务信息，为企业的经营创造良好的外部环境。

企业的市场营销活动是企业外部行为识别的一个重要方面。它通过有力的销售渠道、有效的广告促销手段以及合理的销售策略向消费者传递产品、服务以及企业信息、形象。营销活动作为联结企业和消费者的纽带，不仅能够给企业带来巨大的经济效益，更重要的是，它还能够直接和消费者接触，了解第一手市场信息，并且能够直接面向大众树立企业的形象。可以说，企业的营销活动及营销人员就是企业流动的形象标识。所以，营销的各项活动一定要遵循并符合企业的整体形象识别系统。

企业的公共关系也是企业外部行为识别的重要组成部分。企业的外部公共关系主要是针对消费者、社会公众、政府和新闻媒体部门的。它旨在通过全面的、长期的、一贯的信息传播活动来塑造良好的企业形象。企业的公关活动包括针对大众消费者的信息传播活动、针对社区公众的信息传播活动以及针对媒体的信息传播活动等。

观念应用6-1

西安城市品牌行为识别系统的构建

西安城市品牌行为识别形象包括市民形象、政府形象、企业形象等。在众多城市行为识别形象中，政府形象尤为重要。政府应当在城市的行为活动中起到良好的带头作用，促使西安的城市活动向多元化方向发展。

1.城市实体空间的形成。

构建西安城市品牌时行为识别系统中的实体空间是西安城市品牌的"自塑"，需要政府、企业、个人等多个主体共同努力。政府应带头开展多姿多彩的文化活动，弘扬传统文化。例如在传统节日举办宣扬西安本土文化的活动，开展大型经济与文化交流的活动，组织全民参与、全民共享的文化活动，塑造西安的文化品牌，共同构筑"西安城市记忆"。

2.城市虚拟空间的形成。

在新媒体环境下，人们的媒介素养在逐步提高，新媒体网络和多种传播方式已逐渐被人们所接受。运用新媒体塑造西安的城市品牌将会呈现出直观化、沉浸化、多元化的优势。为了更高效地传播西安的品牌形象，使城市形象从内化走向外化，应当合理利用新媒体。

资料来源　赵敏婷，黄小月. CIS理论下的西安城市品牌构建研究［J］. 美与时代（城市版），2021（9）：90-91. 节选.

6.2.3　视觉识别系统

1）视觉识别的含义

视觉识别（visual identity，VI）是指纯属传递视觉信息的各种形式的统一，是具体化、视觉化的传递形式，是CI中项目最多、层面最广、效果最直接的向社会传递信息的部分。

2）视觉识别系统的设计原则

视觉识别系统是CI的识别符号，是企业形象的视觉传递形式，是最有效、最直接的。其设计原则为：

（1）充分传达企业理念原则。

（2）人性原则，即企业视觉识别设计必须满足人们的心理情感，以情动人。

（3）民族性原则，即不同的国家和地域有不同的文化，因此视觉识别设计必须传达民族的个性。

（4）简洁、抽象、动态原则。

（5）员工参与原则，即企业视觉识别设计开发要让员工充分参与，这样便于激发积极性和认同感。

（6）法律原则，即形象要符合高标准和知识产权相关法律的要求。

（7）艺术性原则或个性原则。

3）视觉识别系统的基本内容

在VI设计的开发作业中，以标志、标准字、标准色的创造最为艰巨，它们是整个VI系统的核心，也最能表现设计能力。标志、标准字和标准色三要素，是企业地位、规模、力量、尊严、理念等内涵的外在集中表现，是视觉形象设计中的核心，构成了企业的第一特征及基本气质，也是广泛传播、取得大众认同的统一符号。CI中的视觉形象识别皆据此三要素延伸而成，因此这三者便成为VI设计中的核心与重点。

（1）标志。

标志又可分为企业标志和品牌，是企业或商品的文字名称、图案记号或两者相结合的一种设计，用以象征企业或商品的特性。标志经注册后，国家以法律形式加以确认。

标志作为一种特定的符号，是企业形象、特征、信誉、文化的综合与浓缩。它虽然只是一个符号，但传播着十分丰富的内容。标志要发挥传播作用，使被传达者在理解标志这一符号的本义后产生主动行为（如使顾客增添对企业的好印象、使投资者感觉有信心等），就要求信息在"制码"和"解码"的过程中不会失真，即不损害标志所代表的原意。由于接受者的"解码"过程是被动的，他只是以自己的价值观和标准来理解，这就给传达者——标志的设计者提出了更大的难题。一方面，他必须深刻地理解标志所代表的意义，包括企业的地位、规模、宗旨、理念、战略、风格等内容；另一方面，他必须让所设计的标志切合被传达者的心理，唤起他们的共鸣。

为了达到这两方面的要求，设计者必须具备一种建立于人的视觉经验和心理经验上的创造性的思维实践，即创意。这一设计的创意表达了他在理解了传达内容后所产生的意念，它不仅是只有感性认识就可以完成的，而且是一次有依据、有理性的创造。

（2）标准字。

和标志一样，标准字作为一种符号也能表达丰富的内容，因而在设计时也绝不能掉以轻心。设计专家们发现：

"由细线构成的字体"易让人联想到纤维制品、香水、化妆品等；

"圆滑的字体"易让人联想到香皂、糕饼、糖果类等；

"角形字体"易让人联想到机械类、工业用品等。

在标准字的设计中，最主要的是要注意名字的协调配合、均衡统一，使之具备美感和平衡。

（3）标准色。

标准色是企业经过特别设计选定的代表企业形象的特殊颜色，一般为1～2种，最好不超过 3 种。它广泛地应用于标志、广告、包装、制服、建筑装饰、展品陈列、旗帜等应用设计项目上，是企业视觉识别重要的基本设计要素。

心理学家经调查研究发现，各种颜色对人的感觉、注意力、思维都会产生不同的影响。五彩缤纷的色彩为组织视觉形象的识别提供了基础，成为组织塑造个性形象的有效手段之一。在 CI 中，企业视觉识别设计部分色彩的选择，也就成为企业形象竞争的重要武器。

标准色设计应遵循以下原则：

第一，企业的标准色设计应当突出企业风格，体现企业的性质、宗旨、经营方针。

第二，标准色的设计要制造差别，鲜明地显示企业的独特个性。

第三，标准色的设计应当有利于企业产品的销售促进，能够帮助企业打开市场，与顾客的心理相吻合。

第四，标准色的设计应当迎合国际化的潮流。

现在各国企业的色彩正在由红色系渐渐转向蓝色系，蓝色系是理智和高技术精密度的色彩象征。

📊 **补充阅读资料 6-2**

以"标"明"志"的视觉识别

VI（视觉识别）的核心是对 logo 以及相关元素的使用规范。企业、品牌的视觉呈现通过 VI 来规范。企业通过 VI 设计，对内可以获得员工的认同感、归属感，加强企业凝聚力，对外可以树立企业的整体形象，便于资源整合，通过视觉符号不断地强化受众的意识，有控制地将企业的信息传达给受众，从而获得认同。

VI 手册除了本名视觉识别手册外，也叫品牌视觉指导手册、品牌风格指导手册、品牌使用规范手册、品牌标准、logo 指导手册、品牌保护指导手册等。其实 VI 的核心就是一个简洁美观的 logo。

从品牌资产积累的角度看，VI 可以说是最直观的品牌资产。统一的品牌风格不是虚无缥缈的调性、意境，而是真实存留到消费者脑海的对这个品牌的认知。比如 LV 的 VI 手册就规定门店也要像其包包那样画满 logo，整条街就数 LV 的门店最好辨认，这就是 VI 统一风格为品牌积累下来的品牌资产。

资料来源　朱金科. 统一 CI，就是统一战斗力［J］. 企业管理，2021（5）：25-27. 节选.

6.3　企业 CI 战略实施

6.3.1　实施 CI 战略应遵循的原则

按照 CI 战略理论和操作技法的要求，成功实施 CI 战略应遵循下述几个原则：

1）坚持战略性的原则

现代企业形象战略必然具有长期性、全局性和策略性的特征。CI 战略应立足当前，放眼长远。它绝非一两年或三年的近期规划，而是企业未来五年、十年甚至更长时间的具体发展步骤和实施策略。

2）坚持民族性的原则

"越是民族的，越是世界的。" CI 战略是从企业发展方向、经营方向上设计与规划自我，CI 战略的创意、策划、设计工作的基础应该立足于我们民族的文化传统、消费心理、审美习惯、艺术品位等，这样才有可能为公众所认同从而获得成功。

3）坚持个性化的原则

CI 战略是企业为塑造完美的总体形象在企业群中实施差别化的战略，重要的一点就是要求企业形象具有鲜明的个性特征和独具一格的特质，不能"千人一面"。IBM 与可口可乐就是个性塑造成功的典范。

4）坚持整体性的原则

从 CI 的三个方面来看，它们不是相互脱节的，而必须表里一致、协调统一，BI、VI 要从整体上为 MI 服务。

小 思 考 6-2

CI 由 MI、BI、VI 构成，这四者的关系如何？

分析要点：在 CI 系统的整个构成中，VI 是外在的具体形式和体现，是最直观的部分，以形式美感染人、吸引人，是人们最容易注意并形成形象记忆的部分；MI 是核心部分，是精神实质、根基，能够为 CI 汲取营养，是指导 CI 方向的依托；BI 是企业规定对内及对外的行为标准、企业形象的载体、传递 CI 的媒介物、架在 MI、VI 之间的桥梁。

6.3.2　CI 战略实施的一般步骤

1）准备阶段

CI 战略是一个庞大、长期的系统工程。首先，应成立 CI 委员会从全局上统一布置、专门管理。CI 委员会成员由外界专门顾问机构（如形象设计公司）和企业内部成员组成。为减轻 CI 委员会负担，首先，应设 CI 执行委员会，直接向 CI 委员会负责，从事具体性与辅助性事务，如提供企业和品牌历史、实态调查、业务规范等方面的资料，传达有关 CI 的信息。其次，要选择有利的导入时机，一般包括新闻发布会、新产品展销会、重要外事活动等。

2）企业实态调查阶段

该阶段为下阶段设计目标形象和确定企业理念提供依据与基础，因而调查内容主要有企业的认知度、评价度、广告到达率和企业形象等。它具体包括企业内部调查和企业外部调查。企业内部调查首先调查企业的经营理念、管理方式、组织机构、员工态度与素质、现有企业形象等。首先企业高层是主要的被调查者，因为他们对上述方面最了解；其次是对员工进行调查，主要调查其综合素质，以及对企业内部工作环境、福利制度、管理体制等方面的意见和建议。

企业外部调查主要调查消费者、一般社会公众、营销中介人、相关行业企业等对企业形象的评价，以及对竞争企业的策略研究。

3）企划与设计阶段

这一阶段的内容主要包括：

（1）设定目标形象，即根据企业实态调查结果设计期望的企业形象（即目标形象）。设计时，要坚持有利于企业发展的有效性原则，即坚持公众需求和企业实际能力相适应、企业利益和公众利益相统一、企业个性形象和共性形象相融合的原则。

（2）建立发展战略与营销战略。CI战略的目的就是树立良好的企业形象，为企业长远发展提供足够支持，因而建立整体CI战略必须以发展战略和营销战略为指导。发展战略和营销战略建立后，要用文件形式予以表现，便于规范指导CI战略。

（3）CI三大构成内容的设计。MI既是企业的灵魂又是CI实施的基础。MI设计以企业实态为基础，结合目标形象确定企业的主导思想和经营理念。设计时，务必使MI既符合经营规律，又符合公众利益和价值观，同时要展示企业的个性。

4）实施阶段

（1）应用系统方案的制订。在确定设计要素后，将其中应用要素的统一规范以文件形式确定下来，以便今后扩充时有章可循。

（2）CI手册编辑。编辑内容包括CI总则（高层领导致辞、企业理念、CI导入动机等）、基本要素、组合规范、应用要素、辅助要素等内容和操作规范。这些内容要以MI为基础并与企业实态相符，必须是通过全员努力能达到而非形式化的概念。

（3）发表与全面实施。在落实CI的发表意义、发表日期、发表效果、配合的公关活动等事项后，才可对内对外予以发表。发表内容主要有公司改变的形象、公司变更的名称、导入CI的意图及公司改革的决心。

全面实施是导入CI最关键的时期。为确保顺利实施，要做到以下几点：一是使全体员工对CI达成共识，以调动他们实施CI的积极性；二是编制CI战略预算，以保证有足够经费支持CI战略；三是不管领导人如何变动，都要坚定不移地执行计划。

5）测定调整阶段

在CI实施中形成的实际企业形象与目标形象常存在差距，所以必须通过测定加以调整。一是根据公众对CI的反应和专家的评价，测定企业实际形象与初定目标形象间的差异。二是依据销售金额与广告费用比例的变化加以测定。若CI导入成功，则一定时期后会降低宣传成本和广告费用，而且销售额会增加。

观念应用 6-2

典型国家的CI品牌战略模式

美国型CI是以VI为中心，强调视觉冲击力和整体识别效应的视觉型CI。其特点是从视觉入手规范各视觉要素（标志、标准色、辅助图形、店面、公车、工作服等）的一致性，对公司形象进行全面的包装和宣传，建立起良好的市场印象和地位，以促进营销。美国模式诞生于其特有的民族文化土壤中，并具有良好的市场秩序和企业运行管理上的保证，基本可以确保经由CI包装的企业形象与其内在实质相吻合。对整体实力不强的中国中小企业来说，如果生搬硬套美国模式，极易出现脱离企业实际的虚假形象，让CI的导入成为昙花一现的短期繁荣。

日本型 CI 是以 MI 为中心，注重企业经营理念表达和企业文化培育的质感型 CI。在提炼和规范视觉元素的同时，它更强调对企业的宗旨、价值观、经营理念的凝练表达，并规范企业行为和制度，培育企业文化，借引入 CI 令企业获得质变的效果。这种模式基于日本特有的民族习惯、经营体制和管理思想，投入费用高，周期长，也不适合我国中小企业的现实环境。

此外，德国、韩国模式也极具特点，既不像美国型 CI 过于注重吸引眼球的设计，也不像日本型 CI 纠缠于对理念的传达，而是从行为管理入手，以规范行为为主要内容，将形象设计与企业管理有机融为一体。以严格、规范的企业行为和完整的管理体系，对内形成企业特有的精神，凝聚员工士气，传达企业理念；对外保证产品质量，获得良好的口碑，从而形成品牌效应。这种以品牌为中心的 CI 模式注重企业理念向行为和管理规范的转化，注重视觉要素的民族化表现和各种视觉要素与行为的融合，力求以行为表现产生视觉识别。

资料来源　付秀飞，谢甜琼. 产业升级背景下中小企业 CI 战略模式探索·[J]. 美术教育研究，2016（11）. 节选.

6.4　企业 CI 战略的管理方法

由于我国企业的规模、发展状况以及 CI 战略的引入时期和程度各有不同，所以对于 CI 战略的管理也不能千篇一律、拘泥于形式。对于 CI 战略的管理方法我们主要依据企业所处的不同发展水平来进行逐一阐述。

6.4.1　婴儿型企业的 CI 管理方法

1）婴儿型企业的特点

婴儿型企业主要是指那些刚刚创建不久的企业，这段时期其实是导入 CI 战略的最佳时期。一家企业，不管是否实行 CI 战略，最终在消费者和公众的印象中都会形成一个特定的形象，但是这个形象未必是企业所希望的，而且在不同的消费者心目中会形成不同的形象。企业对这种消费者自然形成的企业形象没有控制力，一旦这种形象深入人心，企业想再建立一套新的 CI 战略，可能会事倍功半、效果甚微。新企业充满朝气和活力，没有老企业的历史负担、思维定式和传统习惯，能够最迅速、最彻底地实施 CI 战略，为企业创造竞争优势，树立一个崭新的企业形象。

2）VI 战略

在企业的初创期，由于资金、人力和经验等方面的限制，在开展 CI 战略的过程中，没有办法对 CI 所涉及的内容都面面俱到、尽善尽美。在这种情况下，就需要企业对本阶段最重要的工作进行充分准备和实施。处于婴儿期的企业，由于刚进入市场不久，在消费者的心目中没有概念、没有形象，所以这一阶段的重中之重是建立有效的视觉识别系统（VIS），让消费者认识并接受这种形象。视觉识别系统通过静态的、具体化的、视觉化的传播方式，对企业的理念、精神、思想以及经营方针等主体性内容从视觉形式方面有组

135

织、有计划、准确地加以传达，使社会公众一目了然地掌握企业的信息，产生认同感，从而达到识别的目的。它是建立在视觉传播理论、视觉传达设计和对视觉传播媒体控制管理的基础上的一个系统的、科学的复杂传播工程。

在CI战略中，VI是国内外企业开发CI中最有成效的部分。它将CI运作的原理建立在一体化的视觉形象特征上，通过企业的名称、标志、品牌、标准字、标准色等，建立起企业的凝聚力与个性。企业的经营内容、产品的特性以至企业的精神文化，必须通过整体传达系统——尤其是具有强烈冲击力的视觉符号，才能把具体可见的外观形象与其内在的抽象理念融为一体，以传达企业信息，达到为公众认知的目的。

6.4.2 成长型企业的CI管理方法

1）成长型企业的特点

在成长阶段，企业的VI战略开始发挥作用，企业的产品和形象都开始被消费者与其他公众接受、认可，产品的销量不断提高，企业的声誉也逐步扩大，企业在市场上的竞争力日益强大，开始进入飞速发展的阶段。然而，在这一阶段，也容易滋生各种各样潜在的问题，比如：企业增长过快而导致相应的管理松懈；随着收入、利润的增加，企业和员工逐渐丧失了初创期的勤奋与开拓精神，开始忽视市场的需求和变化；员工之间由于竞争激烈而产生内部分化等。这一系列的问题都会随着企业的发展而同步产生，但容易被企业所取得的巨大的、良好的发展势态所遮掩，一般很难被沉浸在美好憧憬中的企业领导人所发觉。这些问题一旦积累到一定的程度，就会大规模地爆发出来，成为影响企业发展的主要问题。

我国企业普遍面临着这样的问题：由小做大的企业很多，但能长时间维持大企业的地位、在市场上长期保持优势的企业很少。究其原因就在于企业在高速成长的过程中，没有注意对潜在问题的处理与解决。在这一时期，企业在实施CI战略的过程中，要着重强调企业行为识别体系，即BI战略。企业越是在高速发展的时期，越是要对企业及员工的行为进行规范。

2）BI战略

用BI战略对成长型企业进行管理主要可以分为以下几个步骤：

（1）建立行为目标。

宽泛的、总体的目标几乎每个企业都有，但这里我们强调的是要建立BI战略目标，即一套完善的行为识别制度。没有规矩，无以成方圆。有的时候并不是员工本身有意破坏企业形象，而是由于没有制度的约束而使自身没有意识到。一旦企业建立起一套行为识别目标，告诉员工应该如何去主动地树立企业形象，应该做什么、不该做什么，那么员工会按照制度的要求去约束自己，企业就会朝着良好的方向发展。同时，BI目标的设立必须与一种考评标准和方法相结合。

（2）培训。

培训是BI战略的一个重要部分。行为识别的规范管理，在很大程度上依赖于有效的培训。它将规范中一些具体的执行细节落实下来，反复演示、反复练习，使这些规矩变成员工自发的行为。

（3）检查督导。

只有培训而没有执行或者只有执行而没有完备的考核督导制度，都不能算完整的规划。通过检查、考核、督导，企业可以发现问题、改善规划、加强薄弱环节，这是一种合理的反馈调节机制。

（4）奖惩制度。

奖惩制度历来是管理的绝招。在行为识别规范的执行过程中，企业有必要制定一套合情合理的奖惩制度，调动广大员工的积极性。

6.4.3 联姻型企业的 CI 管理方法

1）联姻型企业的特点

企业发展到一定规模或阶段后，会进入稳步增长的时期。在这段时期，由于发展的速度相对放慢，所以企业通常会以联合或并购等方式来扩大企业的规模、增强企业的实力。我们把这一类型的企业称为联姻型企业。当企业与其他企业形成联盟或者是并购其他企业时，由于不同的企业有着不同的经营理念和企业文化，所以不同的经营思想、行为规范和企业形象识别等往往都会发生冲突。如果矛盾和分歧不能得到有效沟通与解决，不仅整个企业难以发挥综合优势，还会造成社会大众对新事业的认知障碍。在这个时候，企业的当务之急就是整合不同企业之间的经营理念和企业文化，实施 MI 战略。

2）MI 战略

MI 战略即理念识别战略是企业建立 CI 战略的基础和核心。尤其是联姻型企业存在不同的企业理念，更要建立起一套统一的 MI 战略。

（1）建立统一的理念识别系统。

不同的企业有着各自不同的理念识别系统。面对来自其他企业的不同经营理念，联姻型企业一定要将其整合、统一。企业可以保持原有的 MI 战略不变，让来自其他企业的员工尽快熟悉、了解并认同统一的 MI 战略；也可以吸取其他企业的先进经营理念，将其精华融入原有的 MI 战略之中，形成更加有竞争力的企业形象。

（2）对外部员工进行教育、培训。

当企业要大量吸纳外部员工时，首先要对外部员工进行教育、培训，使他们自觉地接受和认同新的经营理念，尽快地融入企业的文化氛围中来。

（3）尊重员工。

"以人为本"的理念要想深入人心，就不能只停留在口头上，而应落在实处。对从其他企业过来的员工要平等对待，让他们感受到新企业对他们的理解、关爱和尊重，他们就会从心里接受企业的文化及规章制度。

6.4.4 多元化企业的 CI 管理方法

1）多元化企业的特点

在竞争激烈的市场经济中，仅靠一种产品或服务占领市场，已经很难促进企业进一步的发展。企业可以根据自己的实际情况及特点，不断扩大经营范围，发展多元化经营。这样有助于扩大企业的规模，赢得更广泛的消费者，从而保证企业的生存、发展。由于企业经营范围的扩大，原来的标志、名称和理念等识别系统很难或不便于延伸到新的经营领域，那么原有的CI战略也要随着更新和发展。

2）多元化企业的CI管理方法

（1）统一的VI、统一的MI。

对于正相关多元化的企业，由于企业的经营范围类似，企业的核心资源有辐射的作用，所以企业可以采取统一的经营理念与统一的视觉识别系统相结合的管理方法，来加强和巩固企业在消费者心目中的统一形象。

（2）不同的VI、统一的MI。

对于那些实行负相关多元化或者是不相关多元化的企业，由于企业的各种主营业务之间没有太多必然的联系，技术和市场等核心资源无法共享，所以可以采用不同的VI、统一的MI战略。因为企业的各个领域没有关联，所以使用统一的视觉识别系统不仅不会加强企业形象，反而会出现形象定位混乱的情况。使用不同的VI，则会使产品和服务的特点鲜明，深入人心。

6.4.5　国际化企业的CI管理方法

商品经济及贸易的发展，使产品的市场由原来的某一地区发展到整个国家乃至整个世界。参与国际竞争、走向国际化是企业无法回避的现实。中国企业以什么样的姿态和形象来迎接国际化的商品大战？对于走向国际化的企业，我们应该用什么样的CI管理办法呢？

统一的VI、BI、MI相结合的管理方法是企业在走向国际化道路时可以考虑的办法。许多成功的跨国企业在全世界的范围内都使用统一的视觉识别系统、统一的经营理念以及统一的行为方式。然而，统一并不一定意味着没有变化，从企业的全球化范围来说，企业应该使用相同的CI战略，但从企业的发展时期来看，企业可以按照消费者需求、市场的变化来适时地调整其CI战略。许多的国际化企业都在企业发展的不同阶段导入不同的CI战略。在转变CI战略的过程中，企业应以VI的变化为主，BI和MI在初期导入时就应该慎之又慎，不能轻易变更。

● **本章小结**

★ 介绍了CI战略管理的概念、特点与意义。

★ 介绍了企业理念识别、企业行为识别和企业视觉识别的含义、功能和内容以及设计原则等内容。

★ 介绍了中外企业CI战略的实施背景，包括实施CI战略应具备的条件、注意的问题以及CI战略实施的步骤。

★ 主要阐述了婴儿型企业、成长型企业、联姻型企业、多元化企业以及国际化企业应采用的CI战略。

● **知识掌握**

1）单项选择题

（1）（　　）是企业形象识别的基本精神所在，是企业形象识别的原动力。

A.理念识别　　　　B.行为识别　　　　C.视觉识别　　　　D.形象识别

（2）企业（　　）反映的是企业精神现象的本质，属于思想意识范畴。它是企业在生产经营过程中形成的一种指导企业整体行为的特殊精神。

    A.理念识别　　　　　B.行为识别　　　　　C.视觉识别　　　　　D.形象识别

（3）（　　　）是以企业理念为核心，表现企业内部的组织、教育、管理、制度等行为，以及对社会的公益事业、赞助活动、公关等的动态识别形式。

    A.理念识别　　　　　B.行为识别　　　　　C.视觉识别　　　　　D.形象识别

（4）企业形象识别的核心是通过（　　　）的功能来体现的。

    A.理念识别　　　　　B.行为识别　　　　　C.视觉识别　　　　　D.形象识别

（5）（　　　）是通过具体可见的视觉符号，经由组织化、系统化、统一化的识别塑造，传达企业的经营理念和各项信息，塑造企业独特的形象。

    A.理念识别　　　　　B.行为识别　　　　　C.视觉识别　　　　　D.形象识别

（6）CI起源于（　　　）。

    A.欧洲　　　　　B.美国　　　　　C.日本　　　　　D.中国

（7）在企业的初创期，重点是建立（　　　）系统。

    A.理念识别　　　　　B.行为识别　　　　　C.视觉识别　　　　　D.形象识别

（8）在成长阶段，企业在实施CI战略的过程中要着重强调（　　　）体系。

    A.理念识别　　　　　B.行为识别　　　　　C.视觉识别　　　　　D.形象识别

（9）联姻型企业由于经营思想、行为规范等方面都存在分歧，所以当务之急是实施（　　　）战略。

    A.理念识别　　　　　B.行为识别　　　　　C.视觉识别　　　　　D.形象识别

（10）国际化企业重点是建立（　　　）的系统。

    A.理念识别和视觉识别相结合

    B.行为识别和理念识别相结合

    C.视觉识别和行为识别相结合

    D.理念识别、行为识别和视觉识别相结合

2）多项选择题

（1）企业CI战略管理的特点包括（　　　）。

    A.系统性　　　　　B.统一性　　　　　C.差异性　　　　　D.传播性

（2）CI设计的核心与重点是（　　　）。

    A.标志　　　　　B.标准字　　　　　C.标准色　　　　　D.标准图案

（3）标准色设计应遵循（　　　）原则。

    A.体现企业性质、经营方针　　　　　B.突出企业个性

    C.有利于产品销售　　　　　D.迎合国际化潮流

    E.吻合顾客心理

（4）视觉识别系统应遵循（　　　）设计原则。

    A.充分传达企业理念　B.人性　　　　　C.民族性

    D.简洁、抽象、动态　E.员工参与

（5）CI战略实施的企划与设计阶段的主要内容包括（　　　）。

    A.确定目标　　　　　B.企业实态调查

    C.设定目标形象　　　　　D.建立发展战略与营销战略

E.CI三大构成内容的设计

3）简答题

（1）简述CI战略管理的意义。

（2）我国企业实施CI战略应注意哪些问题？

（3）简述CI战略实施的一般步骤。

（4）简述国内外CI战略实施的情况。

（5）对企业内部进行行为识别系统设计时应注意哪些问题？

● 知识应用

□ 案例分析

华为的CI战略

华为通过CI（企业识别系统）战略，系统性整合理念识别（MI）、行为识别（BI）和视觉识别（VI）三大维度，构建了独特的品牌形象体系，具体策略如下：

一、核心理念（MI）驱动品牌定位

1.使命与价值输出

以"构建万物互联的智能世界"为愿景，通过ICT技术与智能终端深度融合，传递"技术普惠"的核心价值观，形成差异化品牌认知。例如，面向行业客户时强调"解决客户挑战"的务实定位，而非单纯技术展示。

2.文化渗透与传播

通过"成就客户、艰苦奋斗"等行为准则，将企业文化转化为用户可感知的承诺，如在全球化业务中强调技术中立性与合规性，塑造可信赖的企业形象。

二、行为识别（BI）强化技术信赖感

1.技术研发与生态共建

投入高比例研发资源（如鸿蒙系统、昇腾芯片）攻克核心技术，同时联合车企、能源企业建立联合实验室（如与东风汽车合作智能驾驶），通过开放生态输出技术标准，增强行业话语权。

2.全球化运营规范

推行职业化管理体系，统一全球市场的服务标准与响应流程。例如，在欧洲市场强调本地化合规运营，通过透明化沟通降低地缘政治对品牌形象的负面影响。

三、视觉识别（VI）统一品牌感知

1.符号系统标准化

华为品牌的VI手册严格规范标志、色彩、字体等元素，在智能终端、广告等场景保持高度一致，如标志性红色系传递"创新与活力"的视觉语言。

2.场景化视觉延伸

针对不同业务线（如消费者业务、企业服务）设计子品牌视觉体系。例如，华为云采用蓝色调传递"专业与可靠"，与终端产品的科技感形成区隔。

华为的CI战略实现了从理念输出→技术验证→形象固化的闭环：MI定义品牌高度，BI通过技术落地构建信任，VI统一用户触点形成记忆符号，最终形成"技术领先、开放共赢"的全球品牌形象。

问题：华为是如何用 CI 战略树立自己独特的企业形象的？

□ 实践训练

实训项目：企业 CI 战略调查。

实训目的：培养学生对 CI 战略核心的理解能力。

实训步骤：制作一份企业 CI 战略效果的调查问卷，对多个企业进行调查，通过对调查结果的整理，分析各个企业 CI 战略的核心及实施效果。

□ 德育训练

勇于承担社会责任 积极投身国土绿化

中国石油化工集团有限公司（简称中国石化）自 1983 年成立之日起，便勇于承担国企的社会责任，积极投身国土绿化事业。多年来，中国石化深入贯彻落实习近平生态文明思想，实施绿色发展战略，切实履行生态环境保护职责，持续推进绿色企业行动计划，不断加大生态环境保护和绿化建设工作力度，结合自身特点，创新义务植树尽责形式，在全国各地因地制宜开展植树建绿工程，促进人与自然和谐发展，努力成为生态保护和国土绿化行动的实践者、推动者、引领者。

资料来源　中国石化绿委办. 勇于承担社会责任 积极投身国土绿化——中国石化争做绿色发展的引领者、实践者 [J]. 国土绿化，2021（12）：24.

讨论：总结中国石化如何积极履行社会责任，树立良好企业形象。

● 网上资源

http：//www.chinalm.org

http：//www.chnmc.com

企业财务战略

知识目标：

1.掌握企业财务战略的基本概念、类型、作用。

2.理解企业资金的筹集、运用、财务战略效益评估是企业财务战略的主要内容。

3.掌握企业资金筹集的方式和原则、企业资金的运用、财务战略的效益评估等实务方面的知识。

能力目标：

1.能够对企业的偿债能力、营运能力、盈利能力以及发展能力进行综合分析，评价企业财务战略的实际运行状况。

2.能够为企业制订可行的筹资方案，有效提升企业筹集资金的能力。

素养目标：

1.坚守职业道德与专业操守，将诚实守信与爱岗敬业融入日常实践。

2.在数字化时代下，培养精益求精的态度和融合创新的能力。

7.1 企业财务战略概述

要了解组织实施战略的能力，就不可避免地要对企业财务进行分析。组织只有具备足够的财务能力，才能够保证其战略目标的有效实施。

7.1.1 企业财务管理的基本概念

企业财务管理是对企业生产经营活动所需各种资金的筹集、使用、耗费、收入和分配等，进行预测、决策、计划、控制、核算、分析和考核等一系列工作的总称。

企业的财务管理工作具有以下特点：

（1）财务管理工作是利用价值形式，即货币形式，对企业财务所进行的管理。

（2）财务管理工作是根据企业资产运动的客观规律对企业财产进行管理。财务管理工作不是独立的，而是受企业内外部环境的影响。

（3）财务管理工作是一项综合性的管理。财务管理工作不仅涉及企业的财务部门，还关系到企业的人力资源、生产、营销等部门的工作。

7.1.2 企业财务战略的基本概念

企业财务战略就是企业对维持和扩大生产经营活动所需资金进行筹资、分配、使用，并为实现企业总体战略目标所做出的长远性的谋划与方略。在某些情况下，它的概念还被延伸到企业其他与财务有关的管理活动中，如企业理财、收益分配、日常财务活动以及人力资源财务管理等。

企业的财务战略是根据企业的整体经营战略制定的，是企业经营战略的一部分。财务战略与经营战略中的营销战略、发展战略和人力资源战略等是各自独立而又相互影响的，财务战略是它们能够顺利实施的有效保证。

财务战略决策主要涉及以下三个方面：

1）筹资战略决策

筹资战略决策是指根据企业实际情况，综合各种筹资手段，构建与企业生产经营相适应的融资体系，使企业在一种合理的资产负债比例下用最低的融资成本获得经营所需的最大的资金来源。

企业通过筹资可以拥有两种不同性质的资金来源：一是企业自有资金，企业可以通过吸引投资者直接投资、发行股票、企业内部留存收益等方式取得；二是企业债务资金，可以通过向银行借款、发行债券、利用商业信用等方式取得。

2）投资战略决策

投资活动是指运用企业现有资金和资产，根据资本市场行情和政策环境，合理选择金融产品等进行组合投资，使企业闲散资金和富余资金获取最大收益。

企业在投资过程中必须考虑投资规模（为确保获取最佳投资收益，企业应投入多少资金）。同时，企业必须通过投资方向和投资方式的选择来确定合理的投资结构，以提高投资效益，降低投资风险。

3）企业财务战略效益评估

企业财务战略效益评估是指以财务报表和其他资料为依据与起点，采用专门的方法，系统分析与评价企业过去和现在的经营成果、财务状况及其变动情况等，目的是了解过去、评价现在、预测未来，帮助利益关系集团改善决策。

7.1.3 财务战略的基本类型

1）快速扩张型财务战略

快速扩张型财务战略是指以实现企业资产规模的快速扩张为目的的一种财务战略。为了实施这种财务战略，企业往往需要在将绝大部分乃至全部利润留存的同时，大量地进行外部筹资，更多地利用负债。大量筹集外部资金，是为了弥补内部积累相对于企业扩张需要的不足；更多地利用负债而不是股权筹资，是因为负债筹资既能为企业带来财务杠杆效应，又能防止净资产收益率和每股收益的稀释。企业资产规模的快速扩张，也往往会使企业的资产收益率在一个较长时期内表现为相对的低水平，因为收益的增长相对于资产的增长总是具有一定的滞后性。总之，快速扩张型财务战略一般会表现出"高负债、低收益、少分配"的特征。

2）稳健发展型财务战略

稳健发展型财务战略是指以实现企业财务绩效的稳定增长和资产规模的平稳扩张为目的的一种财务战略。实施稳健发展型财务战略的企业，一般将尽可能优化现有资源的配置和提高现有资源的使用效率及效益作为首要任务，将利润积累作为实现企业资产规模扩张的基本资金来源。为了防止过重的利息负担，这类企业对利用负债实现企业资产规模以及经营规模的扩张往往持十分谨慎的态度。所以，实施稳健发展型财务战略的企业的一般财务特征是"低负债、高收益、中分配"。当然，随着企业逐步走向成熟，内部利润积累就会越来越不必要，因此"少分配"的特征也就随之逐步消失。

3）防御收缩型财务战略

防御收缩型财务战略是指以预防出现财务危机和求得生存及新的发展为目的的一种财务战略。实施防御收缩型财务战略的企业，一般将尽可能减少现金流出和尽可能增加现金流入作为首要任务，通过采取削减分部和精简机构等措施，盘活存量资产，节约成本支出，集中一切可以集中的人力，用于企业的主导业务，以增强企业主导业务的市场竞争力。这类企业可能曾经在以往的发展过程中遭遇挫折，也很可能曾经实施过快速扩张的财务战略，因而历史上所形成的负债包袱和当前经营上所面临的困难，就成为迫使其采取防御收缩型财务战略的两个重要原因。"高负债、低收益、少分配"是实施这种财务战略的企业的基本财务特征。

补充阅读资料 7-1

财务战略管理与传统财务管理的区别

财务战略管理与传统财务管理的区别集中体现在以下几方面：

1. 视角与层面不同

财务战略管理运用理性战略思维，着眼于未来，以企业的筹资、投资及收益的分配为工作对象，规划了企业未来较长时期（至少 3 年，一般为 5 年以上）财务活动的发展方向、目标以及实现目标的基本途径和策略，是企业日常财务管理活动的行动纲领和指南。传统财务管理多属"事务型"管理，主要依靠经验来实施财务管理工作。

2. 逻辑起点差异

财务战略管理以财务环境分析和企业战略为逻辑起点，围绕企业战略目标规划战略性财务活动。传统财务管理主要以历史财务数据为逻辑起点，多采用简单趋势分析法来规划财务计划。

3. 职能范围不一样

财务战略管理的职能范围比传统财务管理要宽泛得多，除了应履行传统财务管理所具有的筹资、投资、分配、监督等职能外，还应全面参与企业战略的制定与实施过程，履行分析、检查、评估与修正等职能。因此，财务战略管理包含许多对企业整体发展具有战略意义的内容，是牵涉面甚广的一项重要的职能战略。

7.1.4　利益相关者对财务战略的影响

对于如何评价企业的财务状况，并没有一个大家公认的观点，因为不同的利益集团对企业有不同的期望。

1）股东

股东是企业的所有者，但是并不直接参与企业的经营管理活动。随着股权结构的逐步分散，大部分股东主要通过"用脚投票"的方式来对预期不好的经营决策做出反应。

股东最关心的是如何评价他们投资的质量，也关心他们所期望的股利收益和资本收益（反映在股票价格上）。因此，股东主要关心每股收益、市盈率、股利收益等指标。

2）债权人

企业的债权人主要包括银行、机构投资者和公众投资者等，而最大的债权人一般是银行。银行主要关心贷款的风险。债权人往往通过分析企业的资本结构，尤其是负债比率对风险进行预测和估计，有时也会考虑利息收益率。

3）供应商

供应商包括长期供应商、原料供应商和企业合同牵涉的其他供应商。供应商主要关心企业的流动比率。流动比率是衡量企业短期内是否能够偿还贷款的指标。随着流动比率的降低，供应商面临的风险也会越来越大。

4）企业雇员

企业雇员包括经营班子和普通的雇员。企业的管理人员利用财务分析来帮助他们评估企业的经营状况和业绩，这种业绩的好坏是一段时间后能否得到股东或所有者鼓励的先决条件。企业的雇员主要关心企业的流动比率，即是否能够及时、足额地发放工资和企业的福利。

综上所述，企业的财务战略必须考虑不同的利益相关者的期望，采用不同的财务比率进行财务分析。

思政视角 7-1

诚信为本，坚持准则

由于企业财务战略涉及众多利益相关者，所以会计信息质量的可靠性非常关键。敬业与诚信是社会主义核心价值观重要组成部分，会计从业人员恪守职业道德，正是践行社会主义核心价值观的重要体现。会计是一种经济语言，所传达的信息是投资者、债权人、政府等各种信息使用者进行决策的依据。如果会计信息的提供者出于各种目的而编制虚假会计报告，其危害的范围和程度将是无法预计与防范的。会计从业人员提供高质量的会计信息是对社会公众负责，为社会做贡献，也是对形成社会诚信的巨大贡献。

资料来源　陈安丽，蒋品洪. 审计报告中的职业价值观［J］. 商业会计，2019（11）：77-79.节选.

7.1.5　财务战略的作用

企业制定财务战略的规划和实施措施具有非常重要的作用，这主要是出于以下考虑：

（1）作为组成企业战略的职能部门战略之一，财务战略在具体业务实践领域中有着不可替代的作用。

（2）企业的财务战略可以帮助企业正确选择资金的投向，正确选择筹资的途径，进行财务监督和控制，提高经济效益。

（3）清晰明了的财务战略能够在日常财务管理活动中发挥指导作用。

（4）随着企业的发展，企业将面临越来越多的经营风险和财务风险，需要运用财务战略去防范、规避其所面临的各类具体风险。

7.2　企业筹资战略

7.2.1　企业筹资的基本概念

企业要运作、投资就要有资金。企业筹资就是企业根据生产经营、对外投资及调整资金结构等活动对资金的需要，通过一定的渠道，采取适当的方式，获取所需资金的一种行为。企业筹资的资金可按多种标准进行不同分类。

1）按照资金使用期限的长短分类

按照资金使用期限的长短，企业筹集的资金可分为短期资金和长期资金两种。

短期资金一般是指在一年（含一年）以内供使用的资金。短期资金主要用于补充经营过程中出现的临时性资金短缺。短期资金常利用商业信用和取得银行借款等方式来筹集。

长期资金一般是指在一年以上供使用的资金。长期资金主要用于新产品的开发和推广、生产规模的扩大、厂房和设备的更新等。长期资金通常采用吸收投资、发行股票、发行公司债券、取得长期借款、融资租赁和内部积累等方式来筹集。

2）按照资金的来源渠道分类

按照资金的来源渠道不同，企业资金可分为所有者权益和负债两大类。

所有者权益是指投资人对企业净资产的所有权，包括投资者投入企业的资本及持续经营中形成的经营积累，如资本公积金、盈余公积金等。负债是企业所承担的能以货币计量的、要以资产或劳务偿还的债务。

7.2.2　企业筹资的基本原则

企业筹资是一项重要而复杂的工作，为了有效地筹集企业所需资金，必须遵循以下基本原则：

1）规模适当原则

不同时期企业的资金需求量并不是一个常数，企业的财务人员要认真分析企业研发、生产和营销等状况，采用一定的方法，预测资金的需要数量，合理确定筹资规模。这样，企业既可避免因资金筹集不足影响生产经营的正常进行，又可防止资金筹集过多，造成资金闲置。

2）筹集及时原则

企业的财务人员在筹集资金时，必须知道资金时间价值的原理和计算方法，以便根据资金需求的具体情况，合理安排资金的筹集时间，适时获取所需资金。这样，企业既能防止过早筹集资金，造成资金闲置，又能防止取得资金的时间滞后，影响企业的正常生产经营活动。

3）资本结构合理原则

资金的来源渠道和资金市场为企业提供了资金的源泉与筹资场所，反映了资金的分布

147

状况和供求关系，决定着筹资的难易程度。不同来源的资金对企业的收益和成本有不同的影响。

4）经济原则

在确定筹资数量、筹资时间、资金来源的基础上，企业在筹资时还必须认真研究各种筹资方式。企业筹集资金必然要付出一定的代价，在不同的筹资方式下，资金成本有高有低。为此，就需要企业对各种筹资方式进行分析、对比，选择经济、可行的筹资方式。

7.2.3 企业资金需求量预测

企业在筹集资金之前，应当采用一定的方法预测资金需求量。只有这样，才能使筹集的资金既能保证生产经营的需要，又不会有太多的闲置。下面介绍几种常用的预测资金需求量的方法。

1）定性预测法

定性预测法是指利用直观的资料，依靠个人的经验和主观分析、判断能力，预测未来资金需求量的方法。这种方法常在企业缺乏完备、准确的历史资料的情况下采用。其预测过程是：熟悉财务状况和生产经营情况的专家根据过去所积累的经验进行分析判断，提出预测的初步意见，然后通过召开座谈会或发布各种表格等形式，对上述预测的初步意见进行修正补充。这样经过一次或几次以后，得出预测的最终结果。

定性预测法是十分有用的，但它不能揭示资金需求量与有关因素之间的数量关系。例如，预测资金需求量应和企业生产经营规模相联系，生产规模扩大、销售数量增加，会引起资金需求量增加；反之，则会使资金需求量减少。

2）定量预测法

定量预测法是利用企业现有的财务数据和企业生产经营的情况，通过定量化的方法来预测企业资金的需求量。

常用的定量预测法是比率预测法和资金习性预测法。

比率预测法是指以一定财务比率为基础预测未来资金需求量的方法。能用于预测的比率主要包括存货周转率、应收账款周转率等，但常用的是资金与销售额的比率。以资金与销售额的比率为基础预测未来资金需求量的方法，就是销售百分比法。

资金习性预测法，是指根据资金习性预测未来资金需求量的一种方法。这里所说的资金习性，是指资金变动与产销量变动之间的依存关系。按照资金习性可将资金分为不变资金、变动资金和半变动资金。

资金习性预测法有两种形式：一种是根据资金占用总额同产销量的关系来预测资金需求量；另一种是采用先分项后汇总的方式预测资金需求量。

定量预测法具体的预测步骤如下：首先，将资产负债表中预计随销售变动而变动的项目分离出来；其次，确定需要增加的资金；最后，确定对外界资金需要的数量。

观念应用7-1

筹集资金定量预测方法

表7-1为某公司2021年的部分资产负债表。

表7-1		某公司2021年的部分资产负债表		单位：元
资产		负债和所有者权益		
货币资金	5 000	应付账款		5 000
应收账款	15 000	应交税费		10 000
存货	30 000	短期借款		25 000
固定资产	30 000	应付债券		10 000
		实收资本		20 000
		未分配利润		10 000
资产合计	80 000	负债和所有者权益合计		80 000

已知该公司2021年的销售收入为100 000元，现在还有生产能力，即增加收入不需要进行固定资产方面的投资。假如销售净利率为10%，如果公司2022年的销售额提高到120 000元，那么要筹集多少资金呢？

分析：（1）项目分离。除固定资产外，其他资产都随销售额的变动而变动。较多的销售额需要占用较多的存货，发生较多的应收账款，导致资金需求量增加。在负债及所有者权益一方，应付账款和应交税费也会随销售额的增加而增加，但其他的不会变化。

（2）确定需要增加的资金。从表7-2可以看出，销售额每增加100元，要增加50元的资金占用，但会增加15元的资金来源。从50%的资金需求中减去15%自动产生的资金，还剩下35%的资金需求，即每增加100元的销售额，公司必须取得35元的资金来源。本例中，销售额增加了20 000元，按照35%的比率可预测将增加7 000元的资金需求。

表7-2		公司销售百分率表	
资产	占销售收入比例（%）	负债和所有者权益	占销售收入比例（%）
货币资金	5	应付账款	5
应收账款	15	应交税费	10
存货	30	短期借款	不变动
固定资产	不变动	应付债券	不变动
		实收资本	不变动
		未分配利润	不变动
合　计	50	合　计	15

（3）确定对外界资金需求的数量。上述7 000元的资金需求有些可通过企业内部来筹集，该企业2021年的未分配利润为10 000元，如果分配给投资者60%，公司还有40%即4 000元，从7 000元中减去4 000元，则还有3 000元的资金需要向外界筹集。

研发费用加计扣除政策有效激发企业创新活力

党的十九届五中全会确立了建设科技强国的重要战略目标，坚持创新在我国现代化建设全局中的核心地位，把科技自立自强作为国家发展的战略支撑。企业发展的内在驱动力和活力是创新活动，企业期待通过研发产出新产品来获得企业独有的竞争优势，从而获取更多的利润。政府干预创新活动的举措之一即通过研发费用加计扣除政策，降低税基来减少企业承担的税负。企业受研发费用加计扣除政策的影响，研发风险降低，研发效率提升。在该政策的实施下，高新技术企业能够规范自身的研发项目管理体系，优化研发费用的各项工作，从而使原本的税务风险有所降低，更容易将项目的研发成果转化为自身的经济效益。

企业研发费用加计扣除政策是国家对推动以企业为主体、市场需求为驱动的提高自主创新能力、加大技术创新研发投入支持力度最大的税收政策，是目前社会、企业和政府实施部门一致认可的普惠性广、含金量高、优惠力度大，真正引导、激发企业加大研发投入积极性的政策，直接关系创新型国家的建设成效。

资料来源　[1] 陈蒙梦，黄蔚.研发费用加计扣除在高新技术企业中的应用研究 [J]. 投资与创业，2021（6）：141-143.节选．[2] 杨勇，郭岭，马文雅. 企业研发费用加计扣除政策效能研究 [J]. 科技与产业，2021（11）：275-281.节选．

7.2.4　筹资方式

筹资方式是指可供企业在筹集资金时选用的具体筹资形式。目前企业的筹资方式主要有以下几种：

1）吸引直接投资

吸引直接投资是指企业按照"共同投资、共同经营、共担风险、共享利润"的原则直接吸收国家、法人、个人投入资金的一种筹资方式。吸引直接投资是企业在最开始的原始资本积聚时期采用最多的资金筹集方法。

企业在采用吸引直接投资方式筹集资金时，投资者既可以用现金出资，也可以用实物（厂房、机械设备、材料物资等）或无形资产（土地使用权、工业产权）等作价出资。以现金出资是目前最重要的一种出资方式，企业应尽量动员投资者采用这种方式，以便能够满足企业生产经营资金周转的需要。

吸引直接投资具有如下优点：有利于增强企业的信誉；对于扩大企业经营规模、壮大企业实力具有重要作用；有利于尽快形成生产能力；有利于降低企业的财务风险。

吸引直接投资具有如下缺点：企业资金成本较高，尤其是在企业经营状况较好和盈利能力较强的时候；容易分散企业的控制权。

2）发行普通股

一般公司的成立资金是由股东提供的，随着公司的发展，需要更多的资金，发行普通股成为更多资金的来源。企业通过发行普通股实现股份经营。

企业发行普通股可以达到以下目的：通过上市，改善公司的信用级别；获取更广泛的资金来源；有利于股东套现和把资金转移到其他的用途；方便企业通过购买实现兼并和收购活动。

补充阅读资料7-2

新股发行条件

依据《中华人民共和国证券法》第十二条的规定，公司首次公开发行新股，应当符合下列条件：

（1）具备健全且运行良好的组织机构；

（2）具有持续经营能力；

（3）最近3年财务会计报告被出具无保留意见审计报告；

（4）发行人及其控股股东、实际控制人最近3年不存在贪污、贿赂、侵占财产、挪用财产或者破坏社会主义市场经济秩序的刑事犯罪；

（5）经国务院批准的国务院证券监督管理机构规定的其他条件。

上市公司发行新股，应当符合经国务院批准的国务院证券监督管理机构规定的条件，具体管理办法由国务院证券监督管理机构规定。

3）发行优先股

优先股是一种非股权式股票，赋予持有人接受不超过一定数目股息的权利，并在普通股股东分得股息之前优先分得股息。优先股是一种双重性质的证券，它虽属自有资金，但兼有债券性质。

优先股主要有以下几种分类：

（1）累积优先股。

它与传统优先股的不同之处在于：在公司可分配储备金不足的时候，股东的股息可以用企业以后经营年度的盈利来支付。

（2）参与优先股。

参与优先股是指股东不仅能够取得固定的年息，还可以取得额外的股息，即和普通股一同参与利润分配的股票。

（3）可收回优先股。

可收回优先股是一种股份公司在将来可以按一定价格收回的优先股票。是否收回的权利属于股东或公司。

（4）可转换优先股。

可转换优先股是赋予股东在未来的某个时间（或某个期间）按一定的比率把优先股转换成普通股的权利。

观念应用7-2

优先股转换分析

假定每股可转换优先股的价格为100元，每股普通股的现行价格为25元，这时就可能规定在今后一定时期（如2年）内，以1股优先股转换4股普通股。在这种情况下，什么时候进行股票转换才是最好的？

分析：在规定的2年内，只有当普通股价格超过25元或优先股的价格不超过100元时，这种转换才有利于优先股股东。

优先股筹资的优点主要包括：没有固定的到期日；不用偿还本金；股利支付既固定，又有一定的弹性；有利于公司信誉的提高。

优先股筹资的缺点主要包括：企业筹资的成本相对较高；企业筹资的限制条件较多；企业的财务负担较重。

4）向银行等借款

这是企业通过借款合同从银行或其他金融机构借入所需资金的一种筹资方式。按照借款是否需要担保，借款可分为担保借款和无担保借款。担保借款是以一定的财产作为抵押或以一定的保证人作为担保所取得的借款。无担保借款是不用任何抵押的，属于信用借款。银行借款的利率一般是随着市场行情的变化而变化的。

企业在向银行等借款之前，要考虑以下几个问题：向银行等借款的目的是什么？借款人借款的目的是什么？偿还借款的资金将来自何处？银行是否应当承诺借款？

企业为满足日常经营需要的资金，可以通过借款获得，实际的借款额随企业的营运状况不同而发生变化。企业对资本支出的资金需求可通过定期贷款获得。

5）发行公司债券

公司债券是指公司为了募集长期资金，按照法定程序发行，约定在一定期限内还本付息的债权性质的证券。债券的购买者主要是机构投资者。

发行公司债券的优点主要包括：资金成本较低，利用债券筹资的成本比股票筹资的成本低；企业的控制权不会发生变化，债权人无权干涉企业的经营管理；可以调整资本结构；可以发挥财务杠杆作用。

发行公司债券的缺点主要包括：企业面临的筹资风险较高，无法还债会导致破产；对企业的限制条件较多；筹资额是有限的。

观念应用 7-3

债券发行条件

依据《中华人民共和国证券法》第十五条的规定，公开发行公司债券，应当符合下列条件：

（1）具备健全且运行良好的组织机构；

（2）最近3年平均可分配利润足以支付公司债券1年的利息；

（3）国务院规定的其他条件。

公开发行公司债券筹集的资金，必须按照公司债券募集办法所列资金用途使用；改变资金用途，必须经债券持有人会议做出决议。公开发行公司债券筹集的资金，不得用于弥补亏损和非生产性支出。

上市公司发行可转换为股票的公司债券，除应当符合（1）规定的条件外，还应当遵守《中华人民共和国证券法》第十二条第二款的规定。但是，按照公司债券募集办法，上市公司通过收购本公司股份的方式进行公司债券转换的除外。

《中华人民共和国证券法》第十七条规定了再次发行公司债券的禁止条件："有下列情形之一的，不得再次公开发行公司债券：（1）对已公开发行的公司债券或者其他债务有违约或者延迟支付本息的事实，仍处于继续状态；（2）违反本法规定，改变公开发行公司债券所募资金的用途。"

分析：企业发行债券必须符合国家的各项规定。

6）租赁

企业可不选择直接用手头的现金或借款购买资产，而选择租赁资产。出租方拥有资产的所有权，而承租方在一定时期内通过支付一定的租金占有并使用资产。

租赁可分为融资租赁和经营租赁。融资租赁是指出租资产的使用方（承租方）和融资提供方（出租方）达成租赁协议，用以满足企业对资产的长期需求。在融资租赁中，承租方负责资产的保养、维修，出租的期限一般是资产的部分或全部有效的经济寿命。在租赁期限届满时，承租方可以选择支付象征性的价格购买租赁物。

经营租赁是出租方和承租方按如下条件达成协议：出租方向承租方提供设备，出租方负责出租设备的保养和维修，出租期满后，出租方可以把设备再租给他方赚取租金，或者作为二手设备出售。经营租赁主要是满足企业对资产的短期需求，出租期一般较短，通常短于资产预期的经济寿命。

租赁对于设备供货方、承租方和出租方具有如下的吸引力：设备的供货方可以收到足额的货款；出租方可以通过出租资产获得回报；承租方在资金短缺的情况下，可以获得资产满足需求，而且融资租赁的成本低于银行贷款。

7）利用商业信用

商业信用是指商品交易中的延期付款或延期交货所形成的借贷关系，是企业之间的一种直接信用关系。

利用商业融资主要有两种形式：

（1）赊购商品。它是一种最常见的商业信用形式，是指买方收到商品后，并不需要立即付款，而是可延期到一定时间以后付款。因此，在选择供应商时，企业要尽量选择有实力的供应商。

（2）预收货款。它是指卖方先向买方收取货款，但要延期到一定时期以后交货，等于卖方先向买方借一笔资金。通常购买单位对于紧俏商品乐意采用这种形式，但是在供大于求的市场条件下，一般很难实现。

利用商业信用融资的优点主要是：企业筹资非常方便，属于一种自然性融资；筹资的成本较低；限制条件较少。商业信用融资的缺点是融资的期限较短。

7.3　企业资金运用战略

7.3.1　企业资金运用战略的基本概念

企业资金运用战略是指企业通过合理有效的资金分配，在维持企业生产经营需要的同时，不断提高资金的利用效率，达到资金的最佳利用率的一种战略。

有效的资金运用战略既可以避免企业因出现资金不足而影响生产经营，又能够有效地

153

利用企业的闲置资金，降低资金成本，提高资金的利用效率。

企业资金运用主要是通过投资进行的。投资是指任何旨在获取未来收益和回报的支出。这种支出可分为两个方面，即资本性支出和收入性支出。资本性支出是指用于采购固定资产或改善其盈利能力的支出。收入性支出主要指企业的销售成本、管理成本和融资成本等，以及在维持固定资产现有盈利能力等方面的支出。

观念应用7-4

资产支出

假定某公司花300万元购买了一栋楼房，之后又花了100万元加盖了一部分。此外，楼房还有几个破窗户要修理，地板需要打蜡，屋顶的瓦片也要添加，这些维修费需要9 000元。那么，这些支出哪些是资本性支出？哪些是收入性支出？

分析：300万元和100万元属于资本性支出，因为它们是用于购买并改善固定资产的。另外的9 000元则是收入性支出，因为它只是用来维护楼房的，因此也维持了楼房的盈利能力。

7.3.2 营运资金的运用和管理

营运资金是流动资产减去流动负债后的差额。流动资产是指可以在一年或超过一年的一个营业周期内变现或耗用的资产，主要包括库存现金、有价证券、应收账款和存货等。流动资产应是现金或者很快可以转变为现金的资产。流动负债是指在一年或超过一年的一个营业周期内必须偿还的债务，主要包括短期借款、应付账款、应付票据、预收账款等。

企业应控制营运资金的持有数量，既要防止营运资金不足，也要避免营运资金过多。营运资金过多，风险虽小，但收益率会低；相反，营运资金过少，风险虽大，但收益率会高。

为了有效地管理企业的营运资金，必须研究营运资金的特点，以便有针对性地进行管理。营运资金一般具有以下特点：

一是周转时间短。根据这一特点，说明营运资金可以通过短期筹资方式加以解决。

二是非现金形态的营运资金（如库存商品、应收账款、短期有价证券）容易变现。这一点对于企业应付临时性的资金需求有重要意义。

三是数量具有波动性。流动资产或流动负债容易受内外条件的影响，数量的波动往往很大。

四是来源具有多样性。营运资金的需求问题既可通过长期筹资方式解决，也可通过短期筹资方式解决。仅短期筹资就有银行短期借款、短期融资、商业信用、票据贴现等多种方式。

营运资金管理是对企业流动资产及流动负债的管理。一家企业要维持正常的运转就必须拥有适量的营运资金，因此营运资金管理是企业财务管理的重要组成部分。据调查，公司财务经理有60%的时间都用于营运资金管理。要搞好营运资金管理，必须解决好流动资产和流动负债两个方面的问题。换句话说，就是下面两个问题：

第一，企业应该投资多少在流动资产上，即资金运用的管理，主要包括现金管理、应收账款管理和库存商品管理等。

第二，企业应该怎样进行流动资产的融资，即资金筹集的管理，主要包括银行短期借款的管理和商业信用的管理等。

可见，营运资金管理的核心内容就是对资金运用和资金筹集的管理。

企业应重点对以下几类营运资金进行管理：

1）现金的管理

现金是指在生产过程中暂时停留在货币形态的资金，包括库存现金、银行存款、银行本票和银行汇票等。现金是变现能力最强的资产，可以满足企业生产经营的各种需要，也是还本付息和履行纳税义务的保证。

企业拥有足够的现金可以降低企业风险，对增强企业资产的流动性和债务可清偿性有重要的作用。但是，现金属于非营利资产，即使是银行存款，利息额也是很低的。这就导致，如果现金持有量过多，就会降低企业的收益率。因此，企业必须保证合理的现金持有量，使现金收支不但在数量上，而且在时间上相互衔接，在保证企业生产经营所需资金的同时，提高企业资金的收益率。

现金的日常管理主要包括以下几个方面：

（1）现金周期。

现金周期是指公司付款给原材料或服务供应商的付款日和销货后收回货款的汇款日之间的平均期限。它只是一个近似值，但可以告诉管理层公司的流动资金管理状况是在改善还是在恶化。

补充阅读资料7-3

现金周期

现金周期=平均库存周期+平均应收账款回收期-平均应付账款付款期

对于一个加工企业而言，现金周期=原材料的平均库存期-供货商允许的赊账期+生产产品的时间+客户付款的时间。

企业现金周期受企业库存周期和客户付款时间等的影响。

（2）现金回收管理。

为了提高现金的使用效率，加速现金周转，企业应尽量加快账款的回收。企业应收账款的回收主要有以下四个过程：客户开出付款票据、企业收到票据、票据交付银行和企业收到现金。

企业应收账款回收的时间包括票据邮寄的时间、票据在企业的停留时间以及票据结算的时间。企业可以通过缩短邮寄时间和停留时间来加快现金的回收。

在实际中，企业可以采用邮政信箱法和银行业务集中法来缩短这两种时间。邮政信箱法又称锁箱法，是企业在各个主要城市租用专门的邮政信箱，并开立分行存款账户，授权银行开启信箱，并通过电汇形式发到企业所在地银行的一种方法。随着互联网的发展，一些公司转而使用"电子锁箱"作为传统锁箱的替代。银行业务集中法是通过建立多个收款中心来加速现金流转的方法。

（3）现金支出管理。

现金支出管理与现金回收管理是完全相反的，其主要任务是尽量延缓现金的支出时间。但是，这种延缓必须遵守各项法律法规，而且不会对企业的信誉造成影响。

延迟付款主要有以下几种方法：

第一，合理利用"浮游量"。所谓现金的浮游量，是指企业账户上现金余额与银行账户上所示的存款余额之间的差额。有时企业的现金账户余额已经为零或负数，但是由于票据传递需要时间，银行还尚未付款，如果能够正确预测浮游量并加以利用，可以节约大量的现金。

第二，推迟支付应付款。企业在不影响信誉的情况下，应尽量推迟付款的时间。

第三，采用汇票结算。汇票不必见票即付，这中间需要一个承兑的过程，这就使企业能够合法地延期付款。

（4）闲置资金管理。

企业在筹资和经营时会取得大量的现金，这些现金通常会闲置一段时间，这时企业可以进行短期证券的投资，以获取一定的净收益。

2）应收账款的管理

应收账款是企业对外赊销产品、材料、供应劳务等而应向购货或接受劳务的单位收取的款项。

一家企业的收账政策应当确保收账的成本不会超过收账所带来的好处。收账的成本可能会降低企业坏账发生的概率，会节约对应收账款的投资成本。如果收账的成本超过一定的幅度，它所产生的好处可能不足以弥补其本身的成本，这是不可行的。

企业在允许客户赊购时，应该做出如下相应规定：

（1）允许客户赊账的总额；

（2）必须付款的期限；

（3）企业鼓励提前还款的折扣政策。

企业在决定是否允许客户延期付款时，还应考虑如下因素：

（1）更宽松的赊账政策是否会产生额外的销售；

（2）额外销售给企业带来的利润是多少；

（3）收账期延长的平均幅度；

（4）为额外应收账款进行投资所要求的回报率。

观念应用7-5

应收账款回收期

某公司考虑调整其赊账信贷政策，准备把应收账款的回收期从原来的一个月延长至两个月。更宽松的付款条件带来的结果是未来每年的销售额会增加，增加的幅度为公司当前销售额的10%。

单位销售价格	10元
单位可变成本	7元
当前销售额	2 400 000元

该公司要求的投资回报率为 20%。假设销售额增加 10% 会导致库存增加 100 000 元，应付款增加 20 000 元。

问题：请问在公司的所有客户都享受两个月的赊账信贷期的情况下，公司是否应该延长赊账信贷期？

分析：如果赊账信贷政策的改变能使公司的投资回报率大于 20%，就是可行的。

额外的利润：

单位利润（10-7）	3 元
利润/销售额（3÷10）	30%
增加的销售收入	240 000 元
增加的利润	72 000 元
销售额增加后的平均应收账款（2÷12×2 640 000）	440 000 元
减：当前的平均应收账款（2÷12×2 400 000）	400 000 元
增加的应收账款	40 000 元
增加的库存	100 000 元
总计	140 000 元
减：增加的应付账款	20 000 元
流动资金投资的净增加额	120 000 元

额外投资的回报率=72 000÷120 000×100%=60%

因此，企业新的信贷政策是可行的。

3）存货的管理

存货是指企业在日常生产经营中为生产或销售而储备的物资。每个企业几乎都有一些库存，尽管有的企业只是储存一些消费品。对于加工性企业来说，其库存包括原材料、半成品和成品，这些可能占企业资金的大部分。

库存管理的目标就是把库存的成本（包括占用资金的成本）降到最低。库存的成本包括：

（1）持有成本，包括占用资金的成本以及产品储存、损坏、过时等方面的成本。

（2）采购成本，包括订购成本、人工成本、运输费等。

（3）短缺成本，即库存不足导致的销售下降或者购买高价产品等成本。企业的库存管理就是要在满足企业生产和销售需要的同时，要尽可能地降低各项成本。

企业可以通过以下几种方法来决定进货的时间：

（1）定期审查系统，规定对企业的库存进行周期性的考察，在每期考察时根据所剩库存量的多少决定不同的进货量。

（2）再进货水平线系统，规定一个需要进货的最低库存水平线，如果企业的库存低于这个水平线，就可每次按固定数目不定期进货。

（3）适时采购法（JIT），是指企业在出现需求时才开始生产，这样避免了成品的库存。这种方法现在被普遍采用，不仅可以降低库存成本，还可以减少加工等待时间，从而提高企业的生产效率。

补充阅读资料7-4

经济订购批量

经济订购批量（EOQ）是指某种库存品的最佳订购数目。这一订购数目不仅可以维持库存的成本最小化，也可以使订购的成本最小化。

假设d=一个周期内消耗的数量（需求）；

p=每件的购买价；

c=订购一次的成本；

h=一个周期内每件的持有成本；

Q=进货的数量。

同时假设需求是固定不变的，从订货到交货的等待时间是固定数或是零，每件购买成本是固定不变的（没有大宗购买的折扣）。

（1）每个周期持有库存的总成本是平均库存水平乘以每个周期持有一件库存品的成本，即hQ/2。

（2）每个周期的总订购成本等于订购一次的成本乘以订购的次数。订购的次数为d/Q，因此每个周期的总订购成本等于d/Q·c。

所以，可以使总成本最小化的订购数目为：

$$Q=\sqrt{2cd/h}$$

经济订货批量既能保证企业的成本最低，又能满足企业生产经营的需要。

7.4 企业财务战略效益评估

7.4.1 企业财务战略效益评估的基本概念

企业财务战略效益评估是指以财务报表和其他资料为依据与起点，采用专门的方法，系统分析与评价企业过去和现在的经营成果、财务状况及其变动情况，目的是了解过去、评价现在、预测未来，帮助利益关系集团改善决策。

在传统的衡量标准中，产量和市场份额指标无法提供财务业绩方面的信息，在亏损的情况下企业还会增加产量和市场份额，因此有可能损害企业价值。在价值管理理念下，企业可以设计一套以价值为基础的财务和非财务业绩衡量指标体系，作为管理层为实现战略目标应当实现的指标。这些指标尽管也有缺陷，但是其衡量的目的是与价值管理战略目标相一致的，并可以对传统的业绩衡量指标起到很好的补充作用。

由于不同的利益相关者对企业要求和期望不同，这就要求企业财务战略效益评估的各项指标要根据不同利益相关者的要求进行及时调整，以保证企业财务战略的有效实施。目前，企业常用的财务战略效益评估指标体系包含下面讲述的几方面内容。

7.4.2　偿债能力分析

偿债能力是指企业偿还到期债务的能力，包括短期偿债能力和长期偿债能力。

偿债能力分析主要包括以下几个指标。

1）流动比率

流动比率是流动资产与流动负债的比率，表明企业每1元流动负债有多少流动资产作为偿还的保障，反映企业可在短期内转变为现金的流动资产偿还流动负债的能力。其计算公式为：

流动比率=流动资产/流动负债

一般情况下，流动比率越高，表明企业短期偿债能力越强，债权人的权益就越有保障。流动比率过高则表明流动资产占用过多，会影响资金的使用效率，增加企业的资金成本，影响企业的获利能力。因此，西方企业一般认为流动比率为2较为合理，表明企业的财务状况稳定。

2）速动比率

速动比率是企业速动资产与流动负债的比率。速动资产是指流动资产减去变现能力较差且不稳定的存货、待摊费用、待处理流动资产净损失等以后的余额。其计算公式为：

速动比率=速动资产/流动负债

一般情况下，该比率越高，表明企业短期偿债能力越强，债权人的权益就越有保障。速动比率过高，则表明企业应收账款占用过多，现金回笼速度慢，反而会降低企业的短期偿债能力。一般认为，速动比率为1时最佳，既能保证企业的偿债能力，又减少了机会成本。

3）资产负债率

资产负债率是企业负债总额与资产总额的比率。它表明企业资产总额中，债权人提供资金所占的比重，以及企业资产对债权人权益的保障程度。其计算公式为：

资产负债率=负债总额/资产总额

一般情况下，该比率越小，表明企业的长期偿债能力越强。

4）产权比率

产权比率是指负债总额与所有者权益总额的比率，是企业财务结构稳健与否的重要标志，也称资本负债率。其计算公式为：

产权比率=负债总额/所有者权益总额

该比率越低，表明企业的长期偿债能力越强。

5）利息保障倍数

利息保障倍数是指企业息税前利润与利息费用的比率。其计算公式为：

利息保障倍数=息税前利润/利息费用

该指标反映获利能力对债务偿付的保证程度。一般情况下，利息保障倍数越高，表明企业对债务偿付的保障程度越高。

7.4.3　营运能力分析

营运能力分析是指企业基于外部市场环境的约束，通过内部人力资源和生产资料的配置组合而对财务战略所产生作用的大小进行分析的指标体系。

1）应收账款周转率

反映企业应收账款周转速度的指标包括应收账款周转率指标和应收账款周转天数指标。前者是企业一定时期内销售（营业）收入净额同平均应收账款余额的比值；后者是用时间表示的周转速度，又称平均应收账款回收期。其计算公式分别为：

应收账款周转率（次数）=主营业务收入净额/平均应收账款余额

应收账款周转天数=平均应收账款余额×365/主营业务收入净额

应收账款周转率指标为正指标。一般情况下，该比率越高，表明收账越迅速，账龄越短，资产流动性越强，短期偿债能力越强，可减少收账费用和坏账损失。应收账款周转天数为负指标，一般情况下，该指标数值越低越好。

2）存货周转率

反映企业存货周转速度的指标包括存货周转率指标和存货周转天数指标。前者是企业一定时期销售成本同平均存货的比值；后者是用时间表示的周转速度。存货周转速度指标是反映企业销售能力和资产流动性的指标，也是衡量企业生产经营各环节中存货运营效率的综合性指标。其计算公式分别为：

存货周转率（次数）=主营业务成本/平均存货

存货周转天数=平均存货×365/主营业务成本

存货周转率指标为正指标。一般情况下，该比率越高，表明存货变现的速度越快，周转额越大，资金占用水平越低。存货周转天数指标为负指标，一般情况下，该指标数值越低越好。

3）流动资产周转率

反映企业流动资产周转速度的指标包括流动资产周转率指标和流动资产周转天数指标。前者是企业一定时期销售（营业）收入净额同平均流动资产余额的比值；后者是用时间表示的周转速度。流动资产周转速度指标是评价企业流动资产利用效率的主要指标。其计算公式分别为：

流动资产周转率（次数）=主营业务收入净额/平均流动资产余额

流动资产周转天数=平均流动资产余额×365/主营业务收入净额

流动资产周转率指标为正指标，一般情况下，该比率越高，表明以相同的流动资产完成的周转额较多，流动资产利用效果较好。流动资产周转天数指标为负指标。一般情况下，该指标数值越低越好。

4）非流动资产周转率

非流动资产周转率是反映企业非流动资产周转情况的主要指标。其计算公式为：

非流动资产周转率（次数）=主营业务收入净额/平均非流动资产余额

非流动资产周转率指标为正指标。一般情况下，该比率越高，表明以相同的非流动资产完成的周转额较多，非流动资产利用效果较好。

5）总资产周转率

总资产周转率是反映企业总资产周转情况的主要指标。其计算公式为：

总资产周转率（次数）=主营业务收入净额/平均资产总额

总资产周转率指标为正指标。一般情况下，该比率越高，表明以相同的总资产完成的周转额较多，总资产利用效果较好。

7.4.4 盈利能力分析

盈利能力分析就是分析企业赚取利润的能力，主要有以下指标：

1）主营业务利润率

主营业务利润率是企业一定时期主营业务利润与主营业务收入净额的比率。其计算公式为：

主营业务利润率=主营业务利润/主营业务收入净额×100%

该指标越高，表明企业主营业务的市场竞争力越强，发展潜力越大，获利水平越高。

2）成本费用利润率

成本费用利润率是企业一定时期利润总额与企业成本费用总额的比率。其计算公式为：

成本费用利润率=利润总额/成本费用总额×100%

该指标越高，表明企业为取得利润而付出的代价越小，企业成本费用控制得越好，企业的获利能力越强。

3）总资产报酬率

总资产报酬率是企业一定时期内获得的报酬总额（即息税前利润）与平均资产总额的比率。其计算公式为：

总资产报酬率=息税前利润/平均资产总额×100%

该比率越高，表明企业的资产利用效率越好，整个企业盈利能力越强，经营管理水平越高。

4）净资产收益率

净资产收益率是企业在一定时期内的净利润同平均净资产的比率。该指标是企业盈利能力指标的核心，也是整个财务指标体系的核心。其计算公式为：

净资产收益率=净利润/平均净资产×100%

在一般情况下，该比率越高，表明自有资金获取收益的能力越强，对企业投资人、债权人的保障程度越高。

7.4.5 发展能力分析

发展能力分析是指对企业未来年度的发展前景及潜力进行分析，主要包括以下几个指标：

1）销售（营业）增长率

销售（营业）增长率是指企业本年销售（营业）增长额同上年销售（营业）收入总额的比率。其计算公式为：

销售（营业）增长率=本年销售（营业）增长额/上年销售（营业）收入总额×100%

该指标若大于0，表示企业本年销售（营业）收入有所增长，指标值越高，表明增长速度越快，企业市场前景越好；该指标若小于0，表示企业产品不适销对路，质次价高，市场份额萎缩。

2）总资产增长率

总资产增长率是企业本年总资产增长额同年初资产总额的比率。其计算公式为：

总资产增长率=本年总资产增长额/年初资产总额×100%

该指标若大于0，表示企业本年总资产有所增长，指标值越高，表明增长速度越快，企业发展潜力越大；该指标若小于0，表示企业发展速度下降，发展能力减弱。

3）固定资产成新率

固定资产成新率是企业平均固定资产净值同平均固定资产原值的比率。其计算公式为：

固定资产成新率=平均固定资产净值/平均固定资产原值×100%

该指标值越高，表明企业固定资产更新速度越快，企业持续发展能力越强。

7.4.6　财务战略评估的综合分析与应用

1）杜邦财务分析体系

杜邦财务分析体系是利用各财务指标间的内在关系，对企业经营活动及经济效益进行系统分析评价的方法。在该体系中，自有资金利润率（净资产收益率）指标是一个综合性最强的财务比率指标，是杜邦财务分析体系的核心。

杜邦财务分析体系各主要指标之间的关系如下：

净资产收益率=总资产净利率×平均权益乘数

=销售净利率×总资产周转率×平均权益乘数

2）沃尔评分法

沃尔评分法是指将选定的财务比率用线性关系结合起来，并分别给定各自的分数比重，然后通过与标准比率进行比较，确定各项指标的得分及总体指标的累计分数，从而对企业的信用水平做出评价。

亚历山大·沃尔在其《信用晴雨表研究》和《财务报表比率分析》等著作中提出了信用能力指数概念，将流动比率、产权比率、固定资产比率、存货周转率、应收账款周转率等七项财务指标作为对企业信用评价的基本指标，分别赋予不同的权重，确定各项指标的得分及总体指标的累计分数，从而对企业的信用水平做出评价。

3）上市公司的市场价值分析

上市公司市场价值分析主要是借助一系列的指标体系，对企业的市场价值进行分析，主要包括以下几种指标：

（1）市盈率。

市盈率是普通股每股市价相当于普通股每股收益的倍数。其计算公式为：

市盈率（倍数）=普通股每股市价/普通股每股收益

一般情况下，该指标越高，表明市场对企业的未来前景越看好，但同时表明该种股票投资的风险越大。

（2）股利收益率。

股利收益率是普通股每股股利与普通股每股市价的比率。其计算公式为：

股利收益率=普通股每股股利/普通股每股市价

一般情况下，该指标越高，表明企业投资价值越大。

7.5 企业在不同发展阶段的财务战略

企业生命周期理论将企业的生命周期主要划分为投入期、成长期、成熟期和衰退期四个阶段，企业在不同发展阶段的财务特征也不尽相同，见表7-3。

表7-3 企业在不同发展阶段的财务特征

项目	企业的发展阶段			
	投入期	成长期	成熟期	衰退期
经营风险	非常高	高	中等	低
财务风险	非常低	低	中等	高
资本结构	权益融资	主要是权益融资	权益+债务融资	权益+债务融资
资金来源	风险资本	权益投资增加	保留盈余+债务	债务
股利	不分配	分配率很低	分配率高	全部分配
市盈率	非常高	高	中	低
股价	迅速增长	增长并波动	稳定	下降并波动

以下从企业不同的发展阶段特点分析企业应采取的财务战略。

7.5.1 投入阶段企业的财务战略

企业生命周期的初始阶段明显是经营风险最高的阶段。企业新产品是否有销路？是否被既定客户接受？如果受到发展和成本的制约，市场能否扩大到足够的规模？如果所有这些方面都没有问题，企业能否获得足够的市场份额来巩固其在行业中的地位？以上这些都是复杂的风险。经营风险高意味着这一时期的财务风险可能比较低，因此权益融资是最合适的。但是，即便是这种权益融资也不可能对所有准备接受高风险的潜在投资者都具有吸引力。这些投资者期望的可能是高回报率，这种高回报率将以资本利得的形式分配给投资者。企业负的现金流量使得在起步阶段不可能支付股利，资本利得的优势获得了这种高风险企业的风险资本投资者的关注。如何实现这些资本利得呢？在企业获得正的现金流并开始支付股利之前，其不希望受到支付股利的限制，因此一旦企业认为产品在发挥作用并且它的市场潜能使得投资在财务上更有吸引力，就需要在这些权益的价值增加的时候寻找购买者。

由于风险投资者通常希望他们的投资组合获得更高的回报率，所以退出是符合各方利益的。由于企业的总风险在从启动到增长的过程中降低了，新的资本回报也必然降低，相应地，原来的风险投资者们可能对未来的融资不感兴趣，因为他们必须支付越来越高的价格。风险投资者要实现他们的利得并将收益投入到更高风险的投资中。

163

7.5.2 成长阶段企业的财务战略

一旦新产品或服务已成功地进入市场，销售数量就开始快速增长。这不仅代表了产品整体业务风险的降低，而且表明需要调整企业的战略。竞争策略重点强调营销活动，以确保产品销售增长令人满意以及企业增加市场份额和扩大销售量。这些表明企业经营风险尽管比初始阶段低了，但在销售额快速增长的阶段仍然很高。因此要控制资金来源的财务风险，需要继续使用权益融资。然而，最初的风险投资者渴望实现资本收益以使他们能启动新的商业投资，这意味着需要识别新的权益投资者来替代原有的风险投资者和提供高速增长阶段所需的资金。最具吸引力的资金来源通常是来自公开发行的股票。

在合理的利润率水平下产品应当有更高的销量，这样才能产生比初始阶段更强的现金流。企业大力进行市场开发及市场份额扩展都需要投资来配合日益扩大的经营活动。因此，企业产生的现金如果需要再投资于企业，股利分配率就将保持在一个较低的水平。这对于企业新的权益投资者而言不是问题，因为他们主要是被未来的经济增长前景所吸引。

这种增长前景已经反映在高市盈率中。在计算当前股价时，是用市盈率乘以现有的每股盈余，这意味着企业在发展阶段的每股盈余必须有实质性的增长，这一目标应当通过在快速增长的市场中赢得统治地位来实现。

在产品生命周期的最初两个阶段中，企业拥有主要发展机会来发展其实质性的竞争优势，并将在以后的、现金流量为正的、成熟的阶段中运用这些优势。

7.5.3 成熟阶段企业的财务战略

由于产量过剩，非常激烈的价格竞争标志着成长阶段的结束。一旦这个行业已经稳定，销售额很大而且相对稳定、利润也较合理，就标志着成熟期的开始。显然，企业风险再次降低了，因为另一个发展阶段已经大功告成，企业应该进入成熟阶段。企业在增长阶段的投资获得了一个非常好的相对市场份额。关键的风险在于企业能否维持这种稳定成熟的阶段，以及企业能否保持它的市场价值。

本阶段战略重点转移到提高效率、保持市场份额上来。这是因为成长期与成熟期之间的过程是很难管理的。引入债务融资会使财务风险增大，却很有用处，这是因为企业需要获得大量现金净流量来偿还债务。正的现金流和使用债务资金的能力在再投资的过程中也很重要，因为投资者允许该企业支付更高的股利，因此股利支付率和当前新的每股收益同比例增加，从而显著增加了股利支付。

增加股息率是必要的，因为企业未来发展前景远远低于生命周期的早期阶段。较低的增长前景主要体现在较低的市盈率上，因此股票价格下跌。每股收益应当较高并且有所增加，以降低市盈率的倍数。最终的结果应该是更稳定的股价，这时候和早期通过资本利得给投资者期望的回报不同，更多的投资回报来自发放的股利。

7.5.4 衰退阶段企业的财务战略

成熟阶段产生的巨额正的现金流不能永远持续，产品的需求将逐步消失，需求的降低导致现金流逐步减少。尽管在成熟阶段投入的资金没有用来开拓市场或者增加市场份额，但还是有些费用用于维持这些影响未来销售水平的因素。一旦销售需求开始不可逆转地下降，就不可能花费同样的费用来维持市场活动了。因此可以通过适当修改企业的战略来维持在早期下跌阶段的净现金流。

尽管会转向衰退和出现不可避免的产品淘汰，但企业经营风险还是比先前的成熟阶段更低了，其中一个不确定性是衰退阶段的时间长度，现有的主要风险是经济形势能够允许企业生存多久。

较低的企业经营风险应伴随着较高的财务风险。处于衰退期的企业未来的发展前景堪忧，这会促使高派息政策的出现。在衰退的情况下，支付的股利实际上代表了资本的回报。

消极的增长前景表现为衰退阶段很低的市盈率。然而，只要股东知道他们得到的高股利中的一部分是资本的有效回报，股票价值下跌就不会引起过分关注。

● 本章小结

★ 主要介绍了企业财务战略中的资金筹集、资金运用和财务战略效益评估的基本知识，可以帮助企业解决各种资金问题。

★ 企业筹资战略是财务工作的一个重点，其主要内容是资金筹集的原则，资金需求量的预测、渠道、方式等方面的知识。帮助企业有效筹集资金，不仅可以满足企业日常生产经营的需要，还可以满足企业发展的需要。

★ 企业资金运用战略是企业有效开展生产经营活动的前提。有效利用资金可以为企业带来源源不断的利润。

★ 在企业的各项经营战略中，战略实施的最终目标都是实现利润的最大化。企业有效的财务战略效益评估体系，可以及时发现企业在资金运用、生产经营各方面的问题，进而能够为企业的决策提供调整的依据。

★ 企业财务战略效益评估指标主要包括偿债能力分析、营运能力分析、盈利能力分析以及发展能力分析。通过综合分析可以发现企业财务战略的实际运行状况。

● 知识掌握

1）单项选择题

（1）（　　）不属于财务战略决策的主要内容。

A.筹资战略决策　　　　　　　　　　B.投资战略决策

C.融资决策　　　　　　　　　　　　D.企业财务战略效益评估

（2）短期资金一般是指在（　　）以内供使用的资金。

A.半年　　　　　　　　　　　　　　B.1年

C.2年　　　　　　　　　　　　　　D.3年

（3）（　　）是企业在最开始的原始资本集聚时期采用最多的资金筹集方法。

A.吸引直接投资　　　　　　　　　　B.发行普通股

C.向银行等借款　　　　　　　　　　D.发行公司债券

（4）企业在采用吸引直接投资方式筹集资金时，（　　）是一种最重要的出资方式。

A.现金出资　　　　　　　　　　　　B.厂房出资

C.设备出资　　　　　　　　　　　　D.无形资产出资

（5）（　　　）的缺点是企业面临的筹资风险较高，无法还债会导致破产。

A.发行公司债券　　　　　　　　　　B.向银行等借款

C.发行普通股　　　　　　　　　　　D.发行优先股

（6）（　　　）融资时企业筹资非常方便，属于自然性筹资，筹资的成本较低。

A.利用商业信用　　　　　　　　　　B.向银行等借款

C.发行普通股　　　　　　　　　　　D.发行优先股

（7）产权比率越低，说明企业的长期偿债能力（　　　）。

A.越强　　　　　　　　　　　　　　B.越弱

C.不变　　　　　　　　　　　　　　D.不一定

（8）流动比率越高，说明企业的短期偿债能力（　　　），债权人的权益就越有保障。

A.越强　　　　　　　　　　　　　　B.越弱

C.不变　　　　　　　　　　　　　　D.不一定

（9）速动比率越高，说明企业的短期偿债能力（　　　），债权人的权益就越有保障。

A.越强　　　　　　　　　　　　　　B.越弱

C.不变　　　　　　　　　　　　　　D.不一定

（10）存货周转率越高，表明存货变现的速度越（　　　），周转额越（　　　），资金占用水平越（　　　）。

A.快，大，低　　　　　　　　　　　B.慢，大，低

C.快，大，高　　　　　　　　　　　D.慢，小，高

2）多项选择题

（1）吸引直接投资的优点是（　　　）。

A.有利于增强企业的信誉　　　　　　B.有利于扩大企业经营规模

C.有利于尽快形成生产能力　　　　　D.有利于降低企业的财务风险

E.资金成本较低

（2）长期资金可以通过（　　　）方式来筹集。

A.吸引投资　　　　　　　　　　　　B.发行股票

C.发行公司债券　　　　　　　　　　D.融资租赁

E.内部积累

（3）企业筹资应遵循（　　　）原则。

A.规模适当　　　　　　　　　　　　B.筹集及时

C.资本结构合理　　　　　　　　　　D.经济

E.资金最多

（4）吸引直接投资是指企业按照（　　　）的原则直接吸引国家、法人、个人投入资金的一种筹资方式。

A.共同投资　　　　　　　　　　　　B.共同经营

C.共担风险　　　　　　　　　　　　D.共享利润

E.共同管理

（5）企业可以通过银行获得（　　　）。

A.承诺资金　　　　　　　　B.透支贷款

C.定期贷款　　　　　　　　D.循环贷款

E.远期贷款

3）简答题

（1）财务战略有什么作用？

（2）什么是适时采购法？

（3）企业财务战略效益评估的指标包括哪些？

（4）企业应如何制定财务战略？

（5）企业一旦发生资金短缺应该如何筹集资金？

● **知识应用**

□ 案例分析

企业集团财务战略优化

企业集团在我国经济增速放缓、融资难度增大的背景下，面临着艰难的挑战。对于企业集团来说，想要在严峻的时代背景下谋求更好的发展，必须提升企业内部实力。财务管理在企业集团发展中处在至关重要的地位，传统的财务报表数据已经不能够满足新时代企业集团的发展需求，因此财务战略管理环节的升级和完善对企业集团发展具有重要意义。但企业集团财务战略管理中还存在一些问题。

（1）缺乏完善的战略管理体制。企业集团相对于其他企业来说具有规模较大、财务范围涉及广泛的特点，因此企业集团内部的财务管理工作存在一定的难度，其财务工作流程和相关制度方面仍然存在不足。如果企业内部的财务战略管理工作停留在理论层面，就不能够真正地对企业集团发展起到促进作用。企业集团在进行财务战略管理工作的过程中往往会因为对相关知识了解不足而产生不必要的财务管理风险。如果企业集团缺乏完善的战略管理体制，就会导致企业财务战略管理工作不能够进一步深化，工作与流程都只是停留在表面，工作结果也不能够为企业提供应有的依据与支撑，难以实现战略管理的预期目标。

（2）融资渠道狭窄，财务安全难以保障。企业集团在内部工作的调整中会出现较大的资金需求，内部资金需求的增加会导致企业集团的整体盈利水平有所波动，盈利水平的波动会让银行等贷款机构降低贷款意愿，对融资产生一定的影响，因此企业集团会因为融资渠道过于单一而导致不必要的财务危机，加剧企业资金风险。企业集团进行财务战略转变的过程中，不可避免地会对财务管理工作产生影响，而为了减少这些问题所带来的影响，企业集团就需要用内部固定资本来进行弥补，进而加大了资金链断裂等风险，影响企业的财务安全状况。

（3）财务管理集中化难度大。面对市场中的激烈竞争，企业集团为了获得更大的市场份额，通常会选择多元化发展，进行并购是常用的方式。并购之后，企业集团内部的财务数据会变得更加庞大与繁杂，在管理过程中容易出现信息失真以及沟通不及时等状况，影响企业集团发展。如果涉及海外并购等模式，会存在汇率变动以及国际资金流动等情况。因此在实际的管理中，企业集团内部的财务管理工作较难达到集中化。集团下属企业众多，总部在进行统一管理时，经常会出现下属企业股东的阻碍以及信息沟通不畅的情况，

167

这无疑为企业集团财务管理工作带来了难度，也是企业集团财务管理集中化难度大的体现。

资料来源　段梦娇. 企业集团财务战略优化［J］. 财经界，2021（19）：101-102. 节选.

问题：针对企业集团财务战略优化的问题写出应对措施。

□ 实践训练

实训项目：企业筹资方案的制订。

实训目的：熟悉企业筹资的渠道和方式，培养能够有效为企业筹集资金的能力。

实训步骤：调查你所熟悉的某一企业，了解该企业所属行业中各个企业的筹资渠道和方式，结合当前实际为该企业制订筹资方案。

□ 德育训练

会计人的"工匠精神"

会计人的"工匠精神"集中体现在对会计职业道德的坚守，对会计工作的"精细化管理"上。随着数字技术的广泛应用，会计工作正在向"财务智能化"和"业财一体化"方向发展，会计人的"工匠精神"也开始突出"创新"这一时代要求。作为一种职业精神，"工匠精神"虽属于精神层面，但其基本内涵中理所当然地包含对"技艺"的追求。因此会计人的"工匠精神"至少应包含以下几个方面：

（一）诚实守信

会计工作主要是以货币计量为基础，依据准则并遵循规范的程序来提供与反映企业财务状况和经营成果，对企业经营活动进行核算和监督，为财务信息使用者提供决策依据。因此会计工作首先要求的是真实、准确，对于会计从业者而言，诚实守信应是最基本要求。

（二）爱岗敬业

对职业的认同、工作的热爱是爱岗敬业的基础，也是"工匠精神"的基石。没有对职业的认同和热爱，也很难在会计工作中做出成绩。只有爱岗敬业才能做到持之以恒、不断钻研，将个人的理想与事业紧密结合。

（三）精益求精

会计工作烦琐细致，心态上需要耐心、仔细，工作上需要追求精确且高效。会计工作结果不能只是对财务信息的简单反映，更要为管理决策服务。财务信息需要与业务融合，更加精准、及时、动态地反映业务活动。会计工作需要专注、执着、精益求精，这也是会计人"工匠精神"的核心所在。

（四）融合创新

会计职业发展历程本身也是伴随着经济社会的发展而不断创新发展，一直在不断地自我革新。在"大智移云物区"时代，新组织、新业态、新模式不断创新，会计工作面临着前所未有的挑战，会计从业者更需要拥抱飞速发展的数字技术，不断创新。

资料来源　甘泉. 产教融合视域下高职会计专业"工匠精神"培育路径重构［J］. 商业会计，2021（17）：115-117. 节选.

讨论：结合自己在实习实践环节和工作实践中，总结如何贯彻"工匠精神"。

● **网上资源**

http：//www.ciicfc.com

企业人力资源战略

知识目标：

1. 了解人力资源战略的产生和企业人力资源战略制定的过程。

2. 掌握企业人力资源战略的基本概念、特征和主要职能。

3. 理解企业人力资源开发战略的内容，掌握企业人力资源战略实施的保障措施。

能力目标：

1. 能够明晰企业的人力资源战略情况以及存在的问题。

2. 能够为企业制订可行的人力资源战略调整方案。

素养目标：

1. 强化将个人职业理想与国家目标相融合的意识，形成青年成长与国家发展同频共振的良性循环。

2. 积极践行社会主义核心价值观，增强对社会主义核心价值观在人才培养中发挥重要作用的认同。

21世纪是一个快速变化的知识经济时代，企业不断通过战略管理来获得保持竞争优势的机遇。人力资源战略作为企业的职能战略之一，越来越多地参与到企业战略的整合过程中，直接关系到企业最根本、最长远的竞争能力。

8.1 企业人力资源战略概述

8.1.1 人力资源战略的概念及特征

1954年，著名管理大师彼得·德鲁克在他的《管理的实践》一书中提出了"人力资源"这一概念。20世纪70年代，西方兴起了"战略管理"热潮，受这股热潮的影响，人力资源管理活动也从事务性走向战略性。人力资源战略管理作为一种新观点、新思想，逐步形成并日益成为企业进行人力资源管理实践的指导原则。

"人力资源战略"这一术语20世纪80年代初期产生于美国。戴瓦纳的《人力资源管理：一个战略观》一文是人力资源战略管理研究领域诞生的重要里程碑，标志着延续多年的普通人力资源管理提升到了战略的高度。此后，研究者从不同角度对人力资源战略进行界定，得出了不同的结论，但至今没有形成一个明确清晰的概念。

根据美国学者舒勒和沃克的定义，人力资源战略是"程序和活动的集合，它通过人力资源部门和直线管理部门的努力来实现企业的战略目标，并以此来提高企业目前和未来的绩效及维持企业竞争优势"。美国学者库克则认为：人力资源战略是指员工发展决策以及处理对员工具有重要的和长期影响的决策。它表明企业人力资源管理的指导思想和发展方向，而这些指导思想和发展方向又给企业人力资源的计划和发展提供了基础。人力资源战略被定位在企业的职能战略层次上，是在企业战略基础上形成的，通过发挥其对企业战略的支撑作用来促进企业战略目标的实现。所以，人力资源战略与企业战略的协调对企业经营目标的实现具有重要的意义，二者应保持动态、全面、持续发展的关系。

综上所述，我们认为，人力资源战略是指企业为适应外部和内部环境变化的需要，根据企业发展的经营战略，确定企业人力资源管理目标，制定人力资源管理的规划和方法，并通过各种人力资源管理职能活动来提高企业长期绩效的人力资源管理活动模式。

人力资源战略具有四个基本特征。

1）整合性

人力资源战略本身就是一种整合，包括纵向和横向整合。纵向整合即人力资源管理必须与企业的发展战略整合，其中包括人力资源整体计划与战略的整合；组织结构及组织文化等与战略的整合；人力资源具体实践活动与人力资源整体计划的整合；个体目标与组织目标的整合。横向整合则是指整个人力资源管理系统的各组成部分或要素相互之间的匹配。

2）长远性

人力资源战略目标的实现，继而带动并达成企业总体战略目标的实现，绝非一朝一夕之功，必须经过一个长期的实施、调整、补充和完善的过程才能逐步完成。对企业人力资源战略的运用，不仅要考虑使员工符合现有岗位的要求，还要考虑企业长远发展目标及员工所具有的潜在能力。

思政视角 8-1

"技能中国行动"引领工匠精神

人力资源和社会保障部印发的《"技能中国行动"实施方案》（以下简称《方案》）提出，"十四五"时期，要通过实施"技能中国行动"，新增技能人才4 000万人以上，形成一支规模宏大、结构合理、技能精湛、素质优良，基本满足我国经济社会高质量发展需要的技能人才队伍。

人才是强国兴国的第一要素，也是加快构建新发展格局、促进高质量发展、推动中国制造迈向中高端的源头活水。目前，国家大力弘扬劳模精神、劳动精神、工匠精神，激励更多劳动者特别是青年一代走技能成才、技能报国之路，培养更多高技能人才和大国工匠，以满足我国经济社会高质量发展对技能人才队伍的需要。

资料来源 李心萍."技能中国行动"正式启动——"十四五"时期有望新增技能人才4 000万以上[J].职业，2021（18）：16-18.节选.

3）系统性

企业为了保持在竞争中获得优势而将人力资源管理的理论、实践、方法和手段等各个部分有机地结合起来，进行系统化管理，以创造出一种协同化效果。

4）价值性

企业人力资源战略通过组织构建，提供有价值的资源战略规划方法，为企业带来竞争中的长久优势，实现企业绩效最大化。

8.1.2　人力资源战略产生的背景

1）人力资源管理核心的变化

20世纪50年代至今，人力资源管理经历了从人事管理到人力资源管理又到人力资源战略管理三个发展阶段的转变，其转变趋势体现了组织改变了过去以"事"为中心的做法，越来越注重"人"对组织的贡献，越来越将人力资源视为组织实现其战略目标的重要因素，也越来越强调人力资源管理与战略的匹配性。这种人力资源管理核心的变化必然要求企业人力资源部门从全局出发进行谋略和规划，积极参与制定企业战略目标和政策，重视外部环境与内部员工需求变化对企业人力资源战略的影响，将企业的战略目标同员工个人发展目标有机结合，保证企业能够持续、稳定发展。

小思考 8-1

如何区别人事管理、人力资源管理和人力资源战略管理三个阶段？

分析要点：（1）管理理念不同。在人事管理阶段，企业管理主要以"事"为中心，人只不过为完成"事"而存在；在人力资源管理阶段，人成为组织的一种重要资源，管理的职能是获取、保持和开发人力资源以实现其有效利用；在人力资源战略管理阶段，人力资源被视为获取竞争优势的资源，而且是可以提供未来收入的一种资本。

（2）管理地位不同。在人事管理阶段，人事工作局限于日常事务，与组织战略没有任何联系；在人力资源管理阶段，企业虽然意识到人力也是一种资源，但并不认为其是重要的战略性资源，而人力资源部门的工作也往往处于一种被动状态；在人力资源战略管理阶段，人力资源职能与战略之间形成一体化关系，即一种动态的、多方面的、持续的关系。

（3）管理目标不同。在人事管理阶段，其管理的目标是本部门的工作绩效；在人力资源管理阶段，不仅注重部门的绩效，也开始关注人力资源管理对组织目标的贡献；在人力资源战略管理阶段，关注的焦点是如何通过人力资源管理促进组织实现战略目标的可能性。

2）严酷竞争环境的挑战

经济全球化加速了重要生产要素在全球范围内的自由流动和合理配置，促进了全球产业结构的优化和生产力的增长，但同时带来了全球性竞争的巨大风险和压力。在这样一个迅速变化的时代里，企业要在激烈的竞争中保持优势面临着多方面的挑战，包括适应全球化趋势、引进新技术、保持低成本、实现多样化等方面。人力资源战略的基本任务就是通过有效的人力资源管理和开发，帮助企业迎接全球经济的挑战，创造价值并确保获取持续竞争优势。因此，通过人力资源管理获得竞争优势必须以战略的眼光进行，尤其是中国加入WTO以后，中国经济进一步跟世界接轨，企业向国际化迈进，而外国资本更加深入和广泛地渗入中国市场中。在这种情况下，竞争更加激烈，特别是在人力资源的竞争上，如果我国企业不能通过人力资源开发和管理等手段有效地吸引与留住人才，那么在将来的竞争中会处于非常不利的地位，因此在这时探究企业竞争优势与人力资源战略问题对于我国企业谋求长期发展就显得十分迫切和必要。

3）服务企业战略的要求

人力资源战略是为适应管理变化而制订的一种方向性的行动计划，提供了一种通过人力资源管理获得企业竞争优势的行动思路。企业战略成功与否在很大程度上取决于人力资源职能的参与程度。通过人力资源战略，企业管理人员同人力资源职能部门一起确定和解决企业经营战略问题。问题与战略越清晰、明确，企业的人力资源管理与企业战略的联系就越紧密。人力资源战略作为一种黏合剂，有助于调动所有的人力资源活动都围绕对企业具有最直接影响的问题展开。所以，要实现组织的有效运行，企业人力资源战略同企业战略整合是一种必然要求，只有二者相适应，才能充分发挥人力资源管理在组织战略中具有的独特作用，最终达到提高企业绩效的目的。

思政视角 8-2

社会主义核心价值观与人才开发

党的十八大从国家、社会、个人3个层面提出了24字社会主义核心价值观——富强、民主、文明、和谐，自由、平等、公正、法治，爱国、敬业、诚信、友善，为高校拔尖创新人才培养和价值观塑造指明了方向。对高校拔尖创新人才培养中的社会主义核心价值观培育进行研究，具有重要的理论意义和现实紧迫性。

从拔尖创新人才培养的目标、规律、过程来看，强烈的创新精神和进取心是他们共同的特点，成才、成业、成功是他们共同的追求。奋斗为了什么？怎样才是成功的人生？人生的价值在哪里？如何实现？这些都是拔尖创新人才不可回避而必须回答的问题。"富强、民主、文明、和谐"的社会主义核心价值观描绘了拔尖创新人才为之奋斗的美好前景。如同周恩来"为中华之崛起而读书"，拔尖创新人才为"富强、民主、文明、和谐"的目标而奋斗，是人生目标和人生价值的科学定位。拔尖创新人才有信仰、有理想、有方向，才能更好地实现人生价值，对"富强、民主、文明、和谐"的贡献度很大程度能反映其社会价值。对祖国和民族前途命运的忧患与担当，是拔尖创新人才成长的重要动力。

资料来源 肖国芳，彭术连. 高校拔尖创新人才培养中的社会主义核心价值观培育［J］. 学术论坛，2015（5）：169-172.节选.

8.1.3 企业人力资源战略的作用

企业人力资源战略的作用可以分为两个方面：其一是对企业战略方面的作用；其二是对企业人力资源管理职能自身的作用。

1）对企业战略方面的作用

（1）企业人力资源战略可以帮助企业形成战略框架。

由于企业所处环境不断变化，企业的战略框架也需要不断调整。战略框架，即企业战略管理的内容表述形式，着力研究企业内外部环境因素，得出有关企业使命、愿景、战略目标、绩效目标以及具体行动计划的结论。企业人力资源战略的价值就是促使管理人员从长远角度考虑企业的使命、战略目标和绩效目标等，帮助管理人员思考影响短期行为的长期变化，最终促成企业战略框架的形成。

（2）企业人力资源战略可以帮助企业提高绩效。

企业绩效的提高需要人才的充实、完善与结构调整相配合才能实现。在今天市场竞争越来越激烈、消费者越来越理性的环境下，企业要对自己的优势和劣势有充分的了解，需要研究企业与供应商、顾客的关系，通过努力提高顾客的满意度来追逐利润，显示其存在的价值。人力资源战略的意义在于从战略的角度配置企业的人力资源，使其发挥最大的效用，从而提高企业的核心竞争力，增强企业追逐利润的能力，提高企业绩效，实现企业的长期生存和发展。

（3）企业人力资源战略可以为企业战略目标的实现提供人力资源保证。

在企业战略目标的实现过程中，所要求的能力来自企业的员工，因为是人而不是企业自身在进行创新、做出决策、开发新产品和新市场。人力资源问题通常是企业战略实施的核心问题，企业的人力资源战略可以在企业战略目标确定后，预测实现战略目标所需人力资源的供需缺口，采取一定措施，平衡人力资源的供给与需求，确保企业战略目标的实现。

2）对企业人力资源管理职能自身的作用

（1）企业人力资源战略可以帮助人力资源部门优化使用资源。

人力资源开发与管理的各项业务活动都会耗费人力、物力、财力等各种资源。企业人力资源战略通过合理规划，如精简机构和精减人员，撤销不必要的工作岗位，实施按绩效付酬的方案，避免诉讼的产生，尽量减少资源浪费，争取以最小的成本获得最大的效益等，有助于降低成本、提高效率。

（2）企业人力资源战略可以帮助人力资源部门的业务活动设定目标。

企业人力资源战略要对企业现有的人力资源情况进行分析，同时对雇员预期能达到的能力进行估计和预测，找出现状与理想状态的差距，并以此为依据制定人力资源部门各项业务活动的目标。

（3）企业人力资源战略可以帮助人力资源部门提高工作质量。

企业人力资源战略通过工作结构和方式的调整，加强绩效和服务，吸引企业必需的人才，改进团队效益，培养雇员的参与意识和奉献精神，全面提高人力资源部门的整体素质和工作质量。

8.1.4　企业人力资源战略的主要职能

企业人力资源战略的主要职能体现在人力资源规划战略、人力资源开发战略、薪酬管理战略和绩效管理战略等方面，如图8-1所示。

图8-1　企业人力资源战略职能图

1）人力资源规划战略

人力资源是企业核心能力的源泉，人力资源规划战略在整个战略中起到非常关键的作用，不能仅仅根据企业战略制定人力资源规划战略，人力资源规划战略与企业战略应是合为一体的、相互影响的。企业通过有效的人力资源规划战略，为实现企业的战略目标在人力资源领域内的有效传递提供了重要的桥梁和纽带。一般来讲，企业的人力资源规划战略主要包括如下过程：与战略规划互相作用，并审视环境；盘点企业当前人力资源；预测人力资源需求；预测组织内外劳动力市场的人力资源供给；对比供需情况；针对预期的短缺与过剩制订行动计划；将上述信息反馈至战略规划的过程中。人力资源规划战略在整个人力资源战略实施的过程中具有基础依据的作用，能保证企业在适当的时间、适当的位置上得到适当的员工。

2）人力资源开发战略

人力资源这种特殊的资源可以帮助企业在激烈的竞争环境中获取竞争优势，这也意味着企业应该对人力资源进行战略性开发，通过人力资源开发战略来开发人力资源的潜能，增强企业的核心能力。人力资源开发战略是以企业战略为先导的，并受人力资源规划的驱动，提出对员工知识、技能和能力的要求。人力资源开发战略具体包括：优化人力资源配置；构建开发培训体系；进行员工职业生涯规划；建立学习型组织；采取有效的激励措施。人力资源开发战略将在本书第8.2节中进行具体论述。

3）薪酬管理战略

传统的薪酬管理对被管理者的行为特征较少考虑，其着眼点是物质报酬。现代薪酬管理理念发生了完全不同的变化，其着眼点转移到了人身上，将物质报酬的管理过程与员工激励过程紧密地结合起来，成为一个有机整体。员工的薪酬管理之所以被看成企业人力资源战略管理方法中的核心问题，是因为良好的薪酬管理可以吸引、留住和激励员工，为管理者提供明确的效果和业绩导向机制，同时能充分利用好企业有限的财力资源，有利于企业在人力资源的竞争中处于优势地位。在薪酬管理战略方面，企业应采取与岗位价值和个人业绩紧密相关的工资制度，建立岗位评价流程，改变收入和责任不对等的情况，同时根据企业整体绩效，提供有竞争力的薪酬体系设计。

4）绩效管理战略

人力资源管理的一项重要任务是，不断审视目前的工作和员工行为是否按照企业的总体战略规划进行，并通过反馈，对发生偏差的行为进行纠正，这个过程就是绩效管理。绩效管理实质上是企业的管理者与员工就工作目标及如何达到工作目标达成共识的过程，具体包括制订绩效指标与计划、进行绩效考评和进行绩效反馈与辅导。员工绩效管理为组织薪酬、晋升、停职、培训、调动及其他各项人力资源决策提供客观依据，是提高员工未来工作绩效的重要手段。因此，员工绩效管理在人力资源战略管理体系中的地位非常重要，很有必要建立一套系统的管理模式和管理方法，以提高绩效评价的有效性和实际使用价值。

小思考 8-2

绩效管理与绩效考评是一回事吗？

分析要点：不是。绩效考评专指事后考评工作的结果，而绩效管理包括事前计划、事

176

中管理和事后考评三方面。绩效考评只是绩效管理中的一个重要环节，绩效管理的外延大于绩效考评。

补充阅读资料 8-1

知名企业的人才观

"如果你把我们的资金、厂房及品牌留下，把我们的人带走，我们的公司会垮掉；相反，如果你拿走我们的资金、厂房及品牌，而留下我们的人，10 年内我们将重建一切。"——宝洁前董事长 Richard Deupree

"小企业做事，大企业做人。"——柳传志

"松下公司是生产人才兼做电器的公司。" ——松下幸之助

"有满意的员工，才有满意的顾客。"——沃尔玛

"CEO 的工作：资源运作——人和钱，人就是一切。人的因素可以改变一切。我们造就了不起的人，然后由他们造就了不起的产品和服务。先是人，接下来才是战略和其他事情。把正确的人放到正确的位置，变革才会发生。是优秀的人才，而不是宏大的计划成就了一切。我们运行一个人力资源工厂，造就优秀的领导者。最高层经理的人事责任是看着他们成长、收获和进步。在其员工所关心的范围内，您就是 CEO。"——杰克·韦尔奇

8.2　企业人力资源开发战略

进入 20 世纪 90 年代以后，企业面临的日益激烈的竞争使其从战略视角上认识人力资源的重要性，意识到人力资源开发战略是一个长期的、动态的、系统的过程，并应很好地利用人力资源开发战略为企业战略管理服务。

8.2.1　企业人力资源开发战略的程序

1）了解企业人力资源现状

为了有效地制定人力资源开发战略，企业必须了解现有雇员开发状况、人才使用情况以及未来项目所需人才的供给情况。这个过程是实施企业人力资源开发战略的一个核心内容，因为通过了解企业人才现状，才能估算出实现组织目标所需的人员配置计划，帮助企业管理者确保现在及将来的人才需求。

2）明确人力资源开发目标

以企业战略目标为蓝本，确立企业人力资源开发的目标。在这一过程中需明确解决的问题是人力资源开发目标如何更能符合企业战略和员工发展需要。设定一个清晰的、可以达到的、有挑战性和吸引力的人力资源开发目标将成为企业集中优势力量向前发展的"起点"。

3）制订共同计划

目标一旦设定，就要制订实现此目标的计划。制订共同计划就是企业员工同心协力为

实现企业远景目标所设计的人力资源开发战略方案。针对企业关键目标，要分析企业的环境因素，确定优先策略，制定实施措施。这里的计划涵盖了人员配置、培训教育、职业设计、组织开发管理等方面。

4）组织实施计划

制订好的计划要在企业管理人员和人力资源部门的带领下按确定的步骤与时间实施，并为计划实施创造良好的氛围和环境。在计划实施过程中，要及时征求员工的建议，培养员工的创新精神，开发其潜在价值，及时肯定员工所做出的贡献，保证计划的顺利开展。

观念应用8-1

葡萄酒产业三螺旋创新型人力资源开发路径

葡萄酒产业链涉及农业、工业和服务业，即上游涉及农业（葡萄种植）、中间属于工业（酿造加工）、下游与服务业（销售）关联，从业人员涉及农民及各环节的技术人员等，如园艺师、工程师、酿酒师、品酒师、物流师、侍酒师、规划师及高级管理人才等，把潜在的人力资源开发成现实的生产力，这是葡萄酒企业为了提高核心竞争力的需要。

三螺旋创新型人力资源开发的方法有以下几种路径：

1. 个人开发

个人开发又称自我开发，是被开发者自我主动地通过一些方式提高包括生存能力、劳动能力、智力、体力等综合素质，也是被开发者自我学习与自我发展的过程。个人开发的方法主要是自我学习和自我申报。

2. 组织开发

葡萄酒产业人力资源组织开发主要指主管部门和葡萄酒各级协会的开发活动，在组织中主要的开发方法有：①正规教育法，制订专门为葡萄酒产业从业人员的教育计划，进行大学学历深造及短期课程学习等。②研讨会或大型学者会议法，由主管部门或葡萄酒协会主办，这种开发方法既进行思想、政策和程序等的交流，也对一些没有定论或答案的问题展开讨论，包括对某些未来趋势进行探讨。③周期性休假法，现在，企业开始借鉴学术界的通行做法，给员工提供6个月甚至更长的带薪休假时间，以参加社会公益项目，开发自身并重获活力。④企业内部工作轮换法，是让有发展前途的员工到企业各个岗位进行轮换锻炼，并对其进行专门指导。

3. 国际开发

国际开发是指企业人力资源开发中的国际交流与合作。葡萄酒产业人力资源国际开发的主要方法包括引进境外葡萄酒产业技术、管理人才项目，进行国际人才交流和跨文化培训等。这是一种中国与外国员工一起工作、相互促进和学习的开发活动。

资料来源 李金秀，蒋玉梅，李爱霞. 三螺旋创新模式构建葡萄酒产业人力资源开发方法路径的探讨——以甘肃省葡萄酒产业为例［J］. 人力资源管理，2018（5）. 节选.

分析：甘肃省葡萄酒产业应用三螺旋创新模式，大学-产业-政府三方积极合作与协作，创新人力资源开发模式，大学、产业和政府单独作用明确，协同作用显著。

5）对结果进行评价与控制

评价与控制就是审查所取得的成果，内容包括：评价结果是否与最初设定的目标一致；对企业发展是否起到了积极的推动作用；员工对这一过程满意度有多高等。在整个企业人力资源开发战略实施过程中，评价和控制不会一次定型，而是随着企业目标和人力资源开发目标的发展，定期地、连续地进行，将结果反馈到人力资源管理部门以便于进一步修正和改进。

8.2.2　企业人力资源开发战略的内容

企业人力资源开发战略作为企业人力资源战略管理的核心，应建立在企业所有员工一致认同的企业战略及远景目标规划的基础上。其具体内容如下：

1）优化人力资源配置

合理的人力资源配置要求企业根据经营战略的要求，针对企业当前所开展的业务和潜在业务发展对人力资源的实际需求及未来需求，把各种不同年龄、知识、技能、特长的员工分配到企业的各个岗位上，构成一股合力以支撑企业的发展。企业对人员的优化配置既可以通过外部引进来满足，也可以通过企业对现有人员的内部选拔来满足，配置的最终目的是使企业每个员工都能到他最能发挥作用的岗位工作，实现人尽其才、才尽其用。

（1）外部引进。

外部引进是企业从组织外部寻找合适员工的可能来源，吸引他们到本组织应征并从中选出合适人员予以聘用的过程。外部引进的主要方式是通过企业招聘的形式来实现，还有就是企业通过加强与我国高等院校以及科研院所的交流和合作，采取设立科研基金、奖学金、助学金等多种模式，进行高层次人才引进工程，提前从在校研究生、本科生和大专学生中吸纳企业急需人才。

为使竞争优势最大化，企业必须选择能快速而经济地选出合适人才的方法。首先，要对企业的人员需求进行分析，确定企业需求人员的数量；其次，在工作分析的基础上，明确规定人员招聘的要求；最后，拟订招聘计划，选择不同的招聘渠道，如人才市场招聘、校园招聘、网络招聘等。外部引进工作中一切活动的中心目的应该是设法使企业目标与被引进者个人目标、企业的需求与被引进者的需求达到最大限度的协调统一。

（2）内部选拔。

企业最容易得到的、能应对需求不断变化的人才库就是企业的现有员工。内部选拔可以在组织中搜寻合格人才，通过晋升、调换等形式来满足空缺岗位的人力资源需求。一般来说，很多企业通过外部招聘来选择员工仅限于入门水平的工作，而高于入门水平的工作通常通过内部选拔的方法用企业现有的员工来补充。这主要是因为企业自己培养的人力资源往往在品质、价值观等方面更符合企业需要，而且忠诚度较高，企业用起来比较放心。内部选拔员工时，企业要避开"暗箱操作"，给员工设立一个公平的晋升机会，增强员工的士气和积极性，形成高涨的满意度，达到更好的工作绩效。

内部选拔的主要方法有两种：一是信息查询法。当企业出现职位空缺时，马上通过查阅人事档案资料来搜寻合适人选，很多企业为员工建立人才信息库，能在岗位出现空缺后在最短的时间内在人才库中找到合适的补充人员，避免组织绩效的降低。二是业绩观察法。通过员工的工作表现和业绩来选拔人才，这需要企业管理层和人力资源部门花费一定的时间进行观察，把具有能力、工作业绩突出的员工提拔到适合他的工作岗位上。通过以上方法选拔出来的员工必须把他们配置到适当的岗位上，实现人与事的最佳配合，避免用非所长、用非所学，做到用人所长、专才专用、通才通用。

2）构建开发培训体系

员工教育培训是一项关乎员工个人和企业长期可持续发展的战略举措。就员工而言，可以帮助员工更新知识、提高技能，更好地实现其价值；就企业而言，有效的员工培训可以提高企业工作效率和经营效益，从而增强企业在不确定竞争环境中的应变能力。企业中的员工，即使是那些在岗位上工作比较优秀的员工，也都需要一些培训促使他们更令人满意地完成工作。为了构建企业培训开发体系，企业必须做到：

（1）进行培训需求分析。

培训需求分析是企业人力资源培训流程的第一个环节，也是整个培训过程的基础。通过培训需求分析，可以确立培训目标并确定员工的能力及绩效是否达到企业战略目标的要求。为确保培训的有效性，企业一般通过组织分析、任务分析和人员分析来进行培训需求分析。

（2）衔接培训的近期目标与长远目标。

企业通过持续不断地向员工提供培训机会，使员工不断更新知识、技能和不断提高综合素质。企业对员工的培训要注重系统性和连续性，要有明确的近期目标和长远目标。为了实现近期目标与长远目标的连贯和衔接，培训在内容的设置上既要注重实效，满足员工现有技能的快速提升，又要着眼未来，致力于提高员工的综合素质。

（3）加大培训力度。

企业应该加强对培训工作的领导，加大培训资金投入，改变过去认为"培训是企业费用支出的一种额外负担"的错误想法，完善企业培训体系及培训设施建设。同时，企业可以定期选拔一批有发展潜力的员工，送到国内外高等学校、知名企业和研发机构进行有目的的战略性培训，为企业长远发展储备高层次人才。

（4）建立多层次的培训体系。

企业员工一般分为三个层次，分别是高层管理者、中层技术骨干和基层一般员工，与此相适应，企业的培训体系也应是分层次的。对于高层管理者，企业应重点培训其战略意识、决策能力和用人水平，提高其管理创新能力，同时开展企业文化和团队精神培训，形成一支作风过硬、严谨务实、水平高超、为员工所拥戴的高层管理者队伍。对于中层技术骨干，企业应大力培养其技术创新能力和解决实际复杂难题的能力，为发展战略提供技术保障，形成一支技术精湛、科研能力强、具有开拓精神的中层技术骨干队伍。对于基层一般员工，企业应加强技能岗位培训，鼓励员工在完成培训后，参加由社会或行业中介机构开展的职业技能鉴定，取得专业技术等级证书，全面实行持证上岗制度。

观念应用 8-2

华为技术有限公司员工培训计划

华为启动的"未来种子"员工再培训计划，针对5G技术、人工智能、云计算及物联网四大领域，对20万名员工开展为期5年的系统性培训。该计划覆盖研发、生产、销售等全链条岗位，通过"线上学习平台+线下实训基地"模式，为技术员工提供AI算法优化等高端课程，同时为产线工人定制工业机器人操作、智能质检等技能认证体系。培训资金按人均每年2 500元配置，并引入华为云AI学习助手实现个性化课程推荐。截至2023年，已有8万名员工获得智能制造工程师认证，云服务团队技术认证通过率提升37%，支撑企业实现从通信设备商向智能世界解决方案提供商的战略转型。

资料来源　作者根据相关资料整理.

分析：华为对员工进行培训是竞争生存所必需的，这将有助于减少人才流失，培养更优秀的人才，形成华为的人才竞争优势。

3）进行员工职业生涯规划

员工职业生涯规划得成功与否，主要取决于员工个人和组织这两大方面因素。现代社会中，员工职业生涯规划已经不完全是个人的理想和行为，在人们追求企业目标与个人实现和谐匹配的过程中，它就成为企业人力资源开发战略的重要组成部分。在一个有效的员工职业生涯规划的实现过程中，员工个人应依照自己所拟订的计划来配合企业的未来发展计划，同时企业必须对员工个人的计划给予充分的支持和有效的管理，这样才能形成企业与员工的共同发展，达到双赢的结果。完整的员工职业生涯规划包括：

（1）员工自我分析。

员工要对个人的基本情况，如个人的个性、优点、缺点、经验等，有较为清醒的认识，然后在本人价值观的指导下，确定自己的短期和长期发展目标，并据此拟订个人职业生涯规划。

（2）组织设计。

组织设计是组织指导员工制定职业生涯规划的关键。企业的各级管理人员及人力资源职能部门应在选择员工的过程中，利用搜集到的相关资料对员工的能力和潜能做出正确评价，并根据企业的实际情况，协助员工制定切实可行的职业生涯规划。

（3）提供发展机会。

职业生涯规划的实施是一个连续性、全面性且前瞻性的人力资源开发过程，实施过程中不应忽视和压制人的个性，应尽量考虑员工的个人意愿，在一定程度上打通各个渠道，为员工提供更多的发展机会。

4）建立学习型组织

今天的企业面对的是一个动态的、时刻变化的环境，必须不断进行调整去适应，而早期的人力资源开发理念已跟不上时代的发展，这就需要企业建立学习型组织，满足企业的发展与变革对人力资源开发战略的要求。

学习型组织是20世纪90年代出现的重大理念。它是一种使组织成员个体和组织本身运用科学的方法广泛吸取知识、传递知识并创造知识的组织。它强调用科学和实验的方法去调查问题，并系统地探寻、使用新的知识，根据时事资料进行决策，并利用统计工具得出结论，同时促进组织的学习向更高层次前进。在学习型组织中，员工要集中所有的力量，有一种超越一切的、共同的意愿和目的，不懈地寻求改进工作的方式和提高产品及服务质量的手段，取得企业在残酷竞争中生存的资本和不竭动力。

学习型组织最本质的特征是团队学习。在团队中，每个成员都保持学习动力、学习毅力和学习能力，铲除发展道路上的障碍，不断突破组织成长的极限，这就要求成员间增加沟通、互相鼓励、共同学习，增强团队技能，促进团队创造性，使得组织保持长期的竞争优势。

建立学习型组织的要求是：首先，在组织体制上要形成管理高效、机构精简、富于创新能力的组织，实现组织成员间的相互学习、整体互动和协调；其次，在学习途径上，倡导灵活的学习方式，鼓励员工进行创新性学习，逐步完善知识参与劳动分配的业绩报酬制度；最后，在队伍建设上，通过建立学习型组织，造就一支"思想过硬、不断学习"的员工队伍，实现员工与企业的共同发展。

补充阅读资料 8-2

学习型组织

彼得·圣吉在《第五项修炼》一书中详细阐述了学习型组织的思想。圣吉在书中集中论述了学习型组织的五项修炼，包括自我超越、改善心智模式、建立共同愿景、团队学习和系统思考五个方面。自我超越是建设学习型组织的第一要务，个人学习是组织学习的起点，个人的成长和学习的修炼，使员工能不断做出创造性的贡献；改善心智模式就是克服个人思维模式存在的片面性和局限性，要求员工采取公开、信任、有效的方法来解决问题；建立共同愿景要求员工互相交流，彼此分享个人愿景，共同讨论个人的期望和组织发展战略；团队学习要求成员间克服习惯性防卫，减少沟通障碍，鼓励共同学习和行动；系统思考的功用是引导人们从看局部到综观整体，从看表面到洞察内部。

5）采取有效的激励措施

没有动力，世界上一切事物的运动都将停止。同样，在进行人力资源开发实践中，倘若不采取各种有效的激励手段，对员工灌注新的动力，其积极性和创造性就很难经久不衰。因此，只有运用各种激励手段，充分发掘员工实现自我价值最大化的内驱力，才是企业人力资源开发的重要杠杆。

（1）薪酬激励。

薪酬制度的设计和实施是整个人力资源战略管理中最复杂的工作。只有建立在公平的基础上，使薪酬与绩效相挂钩，才能确实起到激励员工的作用。国内外各大企业针对各类员工的不同需求和生活方式，设计出包括工资、奖金、福利、津贴、股权等多种形式的薪酬组合。通过薪酬激励，既能提高员工的工作积极性及员工对企业的认同感和满意度，又能充分挖掘员工的潜力，提高员工的工作效率。

（2）精神激励。

马斯洛的需要层次理论告诉我们，人们的需要按先后顺序排成阶梯式的五个层次，当人们低层次的需要得到满足后，就会产生更高层次的需要，发挥自己的聪明才智，追求自我价值的实现。精神激励以表扬、鼓励等形式满足人的尊重和成就需要，通过精神激励能使员工获得荣誉感和成就感，激发工作动机，强化期望行为，调动其内在积极性。精神激励的方法很多，有目标激励、危机激励、授权激励、参与激励、榜样激励、情感激励等。精神激励是一种低成本、高效能的激励形式，相比薪酬激励，精神激励的作用更为持久。

观念应用8-3

中国电科的中长期激励管理

中国电子科技集团有限公司（以下简称中国电科）主要从事国家重要军民用大型电子信息系统、重大装备、通信与电子装备、软件和关键元器件的研发、制造、生产。

中国电科以建设世界一流创新型领军企业为目标，在深入分析研究创新型企业内在特征和发展规律的基础上，基于业务形态、组织结构和政策空间，构建激励目标、激励对象、激励机制的综合匹配评估体系，打造股权与分红权相结合的中长期激励组合，构建企业级、业务级、项目级立体式激励体系，为新技术突破、新业务开拓、新动能打造提供动力引擎，推进"大众创业、万众创新"在国有高科技集团落地生根。

中国电科构建的中长期激励管理框架是以企业经营效益（盈余）、股权或期权为分配标的实施的中长期激励，代表性的激励方式包括岗位分红、员工持股、限制性股票及期权等。其核心内容包含三点：一是构建"三维立体评估"规则体系；二是建立基于"3D"模型的集团化中长期激励管理组织体系；三是构筑中长期激励保障体系。

资料来源　中国电科. 中国电科：中长期激励促创新［J］. 企业管理，2020（4）：59-62.节选.

分析： 在转型发展的背景下，中国电科构建以建设世界一流创新型领军企业为目标的中长期激励管理框架，通过构建"三维立体评估"规则体系，建立基于"3D"模型的集团化中长期激励管理组织体系，构筑中长期激励保障体系，从而取得了持续发展的动力基础，保证了企业的长期竞争优势。

8.3　企业人力资源战略的制定和实施

制定和实施企业人力资源战略的过程实际上是一个综合性很强的管理过程，旨在通过一系列管理活动来实施人力资源战略，从而实现企业战略目标。

8.3.1　企业人力资源战略制定的原则

1）战略匹配原则

这是企业人力资源战略制定的首要原则。通过整合企业人力资源战略和企业战略，而不是把人力资源战略独立地作为一个优先战略，这样员工就会被有效地引导到企业战略的发展轨道上。企业的人力资源战略是企业战略的一个有机组成部分，是联系企业整体战略和具体人力资源活动的一座桥梁。

2）保持平衡原则

企业人力资源战略的制定要考虑在为员工投入的成本和利润之间进行平衡，根据不同的情况适时做出调整。员工付出劳动所得到的报酬是一种经营成本，企业通过相关的控制措施进行管理，以保持成本领先的地位，同时企业利润的增长是员工共同努力的结果，所以企业不应一味追求利润最大化，而应该追求利润的合理化。人力资源规划是整个企业发展规划的组成部分，在其编制与执行过程中，自始至终要同其他因素，尤其是密切关联因素相平衡、相协调。主要应处理好五个关系：整体和局部、当前和长远、需要和可能、数量和质量、速度和效益的关系。

3）持续发展原则

人力资源战略的制定应该以企业的生命力和可持续增长为基础，并以保持企业的长远发展潜力为目的，必须致力于人才培养和后继者的发展工作，这就要求企业领导者和人力资源管理人员具有宽阔的胸襟和长远的目标规划，从企业发展的大局出发，做好企业人力资源管理工作。企业人力资源规划的方向、目标、内容、规模与速度，在当前特别要注重适应市场经济体制和现代企业制度的需要、企业自身发展特点与改革深化的需要。这种适应是以人才的类型结构、才智结构、专业结构、素质结构、年龄结构、观念结构等诸多方面的广泛适应为基础的。

补充阅读资料 8-3

"互联网+"人力资源管理新思路

在互联网经济时代，传统企业要实现持续发展，需立足于企业文化进行转变，放弃之前的卖方市场思维，转变为以客户需求为中心，以客户体验为基础，从包括人力资源在内的发展战略层面将互联网思维植入其中。

1. 互联网下的人才选拔

企业应通过网络平台建立企业人才选拔资源圈，有针对性地获取人才资源信息。建立合适的人力资源管理机制，从重视贡献转为重视价值，建立具有开放属性的人力资源生态圈，寻找能够为企业带来活力、将工作做到极致的员工。

2. 互联网下的人才培训

企业人力资源工作需充分发挥微博、微信、非正式会议、内部论坛等作用，让员工时刻关注企业动态，参与到企业人力资源部门的管理工作中，建立起基于互联网思维的人力资源管理机制。

3. 互联网下的人才留用

搭建绩效管理平台，基于绩效计划实施的全过程，做好持续性的绩效沟通，通过面谈等形式，使评价者和被评价者实现良性互动。采用弹性化、人本化的薪酬管理模式，在开展工作时，人力资源部门要从员工角度出发，优化日常工作，使员工真正成为企业的主人翁。

资料来源　苏玉婷. 互联网+人力资源管理新思路［J］. 企业管理，2021（7）：93-95.节选.

8.3.2　企业人力资源战略制定的过程

一个完整的企业人力资源战略制定过程，一般由环境分析、战略制定和战略实施三个阶段组成，如图 8-2 所示。

1）环境分析

人力资源环境分析是企业制定人力资源战略的基础。企业环境分析主要包括内部环境和外部环境分析两个方面，这一部分内容在本书第 2 章中有详细介绍，此处不再赘述。对

环境分析	战略制定	战略实施
*外部环境 *内部环境 *SWOT分析 *员工期望	*确定战略目标 *战略方案选择 *战略实施计划 *战略平衡 *人力资源规划	*人力资源开发管理 *企业、个人利益协调 *企业内资源与技术利用

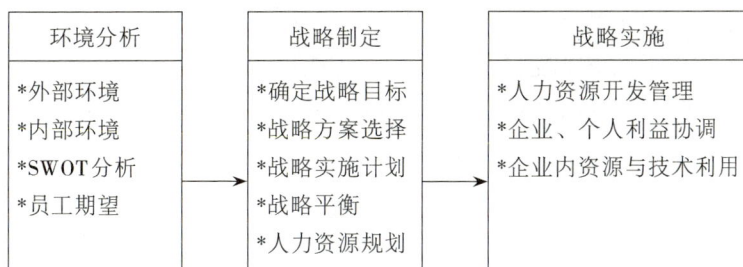

图8-2　企业人力资源战略制定过程图

企业所处的环境进行分析，一般采用SWOT分析法，这是一种对企业的内外环境进行分析，找出关键因素，然后从优势、劣势、机会和威胁四方面进行综合分析的方法。通过分析得出企业所具有的优势和劣势之间的相关程度，以及组织处理和应付环境变化的能力，从而为企业人力资源战略的制定建立基础，并提供依据。这里需要提出的是员工期望，企业人力资源战略的实现与员工期望有着密不可分的关系，当员工的期望得到满足时，他们才愿意留在企业中继续发展，企业的员工队伍才能得以稳定。

2）战略制定

（1）确定战略目标。人力资源战略目标是根据企业战略目标、人力资源的现状和未来人力资源需求预测等因素综合确定的。人力资源战略目标力求明确、具体、可操作性强，使其成为能迅速改变企业资源现状、满足未来企业发展对各类人才需求的行动纲领。

（2）战略方案选择。要从各种备选方案中选择出一个最佳方案并不容易，因为每个备选方案都有自己的优点和缺点，因此在进行方案选择之前，企业必须对每个方案做出客观的评价，通过对各方案的分析比较、权衡利弊后再选择最后方案。评估方案时，应分析战略方案是否与企业发展战略相匹配，是否与企业所处的内外部环境相适应。

（3）战略实施计划。战略实施计划是企业人力资源战略实现的保障，将企业人力资源战略分解为具体的行动计划和实施步骤，对选择好的战略方案提出实现的方法和程序，从时间上对企业、部门和个人每个阶段应完成的目标和任务做出具体规定。

（4）战略平衡。人力资源战略作为企业职能战略之一，应与财务战略、市场营销战略、产品战略、采购战略等职能战略之间保持平衡。由于不同的职能战略均来自不同部门的不同制定者，往往带有一定的部门和个人倾向性，甚至有时会过分强调各自的重要性以争取更多的资源和政策优惠，所以必须在不同的职能战略之间进行综合平衡。

（5）人力资源规划。人力资源规划是企业人力资源战略实施计划的具体体现，是一种可直接操作的计划。

3）战略实施

一个优秀的人力资源战略如果不予实施则一文不值。企业人力资源战略实施过程是将人力资源战略落到实处，检查战略的具体实施情况，提出人力资源开发管理的改进方案，从而提高员工的工作积极性和满意度，改善工作绩效。

在人力资源战略实施过程中还要协调好企业与员工之间的利益关系，如果这个问题处理不好，将会给企业人力资源战略的实施带来实际困难。这是因为过分强调组织利益而忽视个人利益，员工势必会产生不满，但过分强调个人利益而忽视组织利益，则会增加组织成本，给组织带来一定的效益损失。

同时，在人力资源战略实施过程中有一项重要工作，就是直接合理利用企业中的许多资源与技术，如信息处理的工具与方法、员工潜能的发挥、企业文化和价值体系的应用等。

8.3.3　企业人力资源战略实施的保障

1）牢固树立"以人为本"的企业理念

一家企业，尤其是企业中的高层管理者能否真正树立起"以人为本"的管理理念，直接关系到企业能否有效地实施人力资源战略。如果企业不能充分认识到人力资源的重要性，就不能从组织和资源上对企业的人力资源战略加以支持，实施企业人力资源战略也无从谈起。"以人为本"的企业理念，就是把人力资源看作企业最重要的资源，其管理的重点是创造一个好的环境，让每个员工充分发挥所长，取得更大的绩效。

首先，企业要转变认识，确立人力资源是第一资源的观念，从战略高度重视人力资源的开发与管理。其次，要树立双赢理念，培养企业凝聚力。现代企业与员工之间是互利的共同体，在企业的运行过程中，必须达成双赢的结局，否则企业将如一盘散沙。最后，对现代人力资源的再认识。企业要在激烈的竞争中生存和发展，必须把人作为一种特殊资源，切切实实尊重知识、尊重人才，并在整个企业营造一种浓厚的"尊重人、关心人、理解人"的良好风气，满足员工的合理需求，充分调动员工积极性。

2）营造良好的企业文化氛围

营造一个良好的人力资源战略实施的内部环境，就是要营造一个与战略实施完全和谐一致的企业文化，确保人力资源战略实施能够得到企业文化的有力支持。

企业文化是企业在长期的生存和发展中潜移默化形成的，是企业的经营理念、价值取向和行为方式的整合，是每个员工能共同遵守的，不同于生硬规章制度的管理理念。营造一个良好企业文化氛围所带来的是群体智慧和协作精神，以及组织成员对组织的认同感，使组织成员将对组织的承诺置于个人利益之上，成为组织创新和发展的精神动力。

良好的企业文化不是从天上掉下来的，也不是自发形成的，而是企业领导者有意识地加以培育和长期建设的结果。一是要树立"知识产生愿景"的观念，要从制度上加强对知识的管理。知识管理有两个层面：一个层面是外部新知识的引进，另一个层面是内部知识的传承。只有不断学习，拥有持续学习的能力，掌握更多的知识，才能将远景描绘出来，加深对企业文化的了解。二是要循序渐进输入。要将企业文化注入企业员工的思想中，一定要有序注入。只有有序注入，才能有序地被吸收，才能使企业文化真正成为组织发展的动力。三是要树立现代市场竞争观念。信息化和全球化使企业之间的竞争更激烈、更复杂，因而企业必须快速、准确地对变化的市场做出反应。

企业竞争从表面看是产品和服务的竞争，进一步是经营管理的竞争，更深层次就是企业文化的竞争。因此，在经济运行中要加大文化投入，增强企业的应变意识和能力。

观念应用 8-4

平安公司文化与人力资源管理模式

兵无常势，水无常形，繁复的商业世界里，从来没有捷径。能够放之四海而皆准的，唯有保持前瞻性、危机感和专注力，平安将其融入了人才选拔标准中。

平安偏好兼具三大特质的人才：目光远大且做事踏实；专业且具有高度的再学习能力；有性格、有狼性。特质具象成招聘体系，成了有 24 个维度的筛选标签，正向、反向，通过各种方法进行人才评测。在高级候选人和空降兵的招聘中，平安会分别就业务模式、顶层规划、落地规划、团队构建、组织架构、投入产出、绩效目标等逐一讨论，全部达成一致后，才算从源头确保找到了对的人。

绩效导向、结果导向，简单地解决了担忧。在平安，通过清晰的治理路径，使各业务线条泾渭分明。同时，通过赛马机制，将绩效文化进行实质落地。这样一来，平安内部，英雄不用问出处，所有人的唯一任务：完成更高目标。

资料来源　韩璐. 中国平安进化：从引智到创智［J］. 21 世纪商业评论，2019（10）：30-41. 节选.

分析：企业文化往往决定企业人力资源管理模式的选择，也为企业人力资源战略管理提供可靠的保障。

3）实行科学的动态管理用人制度

通过资源的合理流动和重组，实现人力资源的最佳配置。保持适度的内部流动机制是留住人才的手段之一，堵塞内部流动渠道只能造成人才向外流动。在市场经济条件下，人力资源的优化配置比物质资源的优化配置更为关键。在开放的市场经济下，我们要把人力资源从各种束缚中解放出来，实行科学的动态管理用人制度，使他们能够畅通无阻地实现流动，促进人力资源市场的蓬勃发展。

首先，要采取措施稳定企业内部优秀人才。除了在薪酬待遇上给予政策倾斜外，对能力突出、业绩出色的管理与专业技术人才应大胆提拔，破格任用。另外，为了防止员工在同一岗位上工作时间过久而产生工作倦怠心理，企业应定期进行岗位轮换。

其次，推行员工队伍管理体制改革。企业应实行任前公示制、试用期制、聘用制、竞争上岗制、离任审计制、动态待岗制等，真正形成"能上能下，能进能出"的管理体制。

最后，建立适合当前形势的劳动用工制度。企业对新进员工逐步实行人事代理制，将新员工的人事档案存放进地区人才交流中心，通过签订劳动合同确定与企业的劳动关系，企业不再对其进行传统人事档案管理。

小思考 8-3

人力资源战略主要解决什么问题？

分析要点：一是根据外部环境的经常性变化，保证企业的人力资源管理与企业的战略意图相一致。也就是说，企业要想保持其经营的有效性，必须使人力资源管理政策与经营战略相联系。哈佛商学院的学者们建议，人力资源的管理过程应具有更广阔的视野。按照企业中人力资源管理过程的作用，哈佛的研究者们提出了人力资源成果的 4Cs 模型，即全心全意（commitment）、能力（competence）、一致性（congruence）和成本效用（cost-effectiveness）。

二是为了达到企业的战略目标，应该很好地完成企业人力资源管理过程中能保证战略目标顺利实施的各项活动，如人力资源规划、招聘、挑选、团体化、培训及发展、成绩评价等。

● 本章小结

★ 介绍了人力资源战略特征及产生的背景，分析了企业人力资源战略的主要职能。

★ 介绍了企业人力资源开发战略的制定程序，人员优化配置、开发培训、组织学习、职业生涯规划、有效激励措施是企业人力资源开发战略的主要内容。

★ 介绍了企业人力资源战略制定的原则及过程，提出企业人力资源战略实施的保障措施。

● 知识掌握

1）单项选择题

（1）（　　）是指企业为了实现一定的经营目标，通过人员配置、培训、职业设计、组织开发等多种形式来提高员工的知识和能力，促进员工与企业共同成长，进而实现企业可持续发展的战略。

A.人力资源开发战略　　　　　　　　B.人力资源规划战略

C.绩效管理战略　　　　　　　　　　D.薪酬管理战略

（2）对人力资本进行投资的想法最早是由（　　）提出的。

A.德鲁克　　　　B.亚当·斯密　　　C.安德鲁斯　　　D.波特

（3）（　　）的核心思想是：组织的资源差异会导致竞争优势的差异，组织的竞争优势取决于其拥有的资源的价值。

A.资源基础理论　　B.组织学习理论　　C.人力资本理论　　D.智力资本理论

（4）企业人力资源培训流程的第一个环节是（　　）。

A.确定培训目标　　B.制订培训计划　　C.培训需求分析　　D.培训方案评估

（5）在学习型组织的建立过程中，最本质的特征是（　　）。

A.自我超越　　　　B.系统思考　　　　C.改善心智模式　　D.团队学习

（6）（　　）在《管理实践》中提出了"人力资源"。

A.德鲁克　　　　　B.安索夫　　　　　C.安德鲁斯　　　　D.波特

（7）不属于员工职业生涯规划的是（　　）。

A.员工自我分析　　B.组织进行设计　　C.提供发展机会　　D.建立学习型组织

（8）企业人力资源战略制定的首要原则是（　　）。

A.战略匹配　　　　B.保持平衡　　　　C.持续发展　　　　D.服务企业

（9）员工职业生涯规划的成功与否，主要取决于（　　）。

A.员工个人　　　　B.企业　　　　　　C.企业领导　　　　D.员工个人和组织

（10）学习型组织是（　　）出现的重大理念。

A.20世纪60年代　　B.20世纪70年代　　C.20世纪80年代　　D.20世纪90年代

2）多项选择题

（1）人力资源战略的基本特征有（　　）。

A.整合性   B.系统性   C.长远性

D.价值性   E.全面性

（2）企业人力资源战略的主要职能包括（   ）。

A.薪酬管理战略   B.绩效管理战略   C.激励管理战略

D.人力资源开发战略   E.人力资源规划战略

（3）人力资源开发战略形成的理论基础包括（   ）。

A.资源基础理论   B.组织学习理论   C.人力资源理论

D.战略适配理论   E.人力开发理论

（4）人力资源战略的制定包括（   ）。

A.确定人力资源战略目标   B.进行战略方案选择

C.战略实施计划   D.战略平衡   E.企业人力资源规划

（5）人力资源开发战略具体包括（   ）。

A.优化人力资源配置   B.构建开发培训体系   C.进行员工职业生涯规划

D.建立学习型组织   E.采取有效的激励措施

3）简答题

（1）企业人力资源战略的作用有哪些？

（2）企业人力资源战略制定的原则有哪些？

（3）如何保障企业人力资源战略的有效实施？

（4）企业人力资源开发战略的内容包括哪些？

（5）绩效管理和绩效考评的区别是什么？

● 知识应用

□ 案例分析

新型零售企业人力资源管理

大数据的发展为人力资源管理提供了所需的大量资源与信息，在新零售的变革中，人力资源管理模式的创新不仅是构建新型零售企业管理制度的基础，也是激发员工潜能、创建创新型和知识型企业的重要手段，更是提高新型零售企业管理层制定战略决策能力的关键。

1.传统人力资源管理理念难以应对新零售的发展

现今，在国家的政策导向、机制体制的改革、配套基础设施的推进以及"互联网+"的共同作用下，传统的零售业、制造业等的商业模式备受打击，因而与互联网有关的新型业态模式不断出现，大众创业、万众创新的氛围浓厚。零售业面临着深刻的变革，随着电子商务的迅猛发展、跨区域的并购扩张、线上线下的深度融合等，出现了各种创新形式。对于新型零售企业来说，此类局面既是危机又是机遇，需要提出战略性的决策，以便应对日益复杂的人力资源的挑战。与此同时，新零售行业的企业业务多变，需要HR提前考虑一段时间内的规划，思考企业如何应对快速的变化。

2.创新型人才不足导致人力资源组织效率低下

根据统计，新型零售企业的岗位需求增加，其中人才是重中之重。这就需要高学历和高资历的相关人才的流入，招聘难是人力资源管理面临的挑战之一，若能有效规避招聘难、用工荒，则会给企业的人才阶梯建设、管理和稳定带来契机。此外，新零售行业的人力资源成本比较高，为节省资金，缓解竞争压力，新型零售企业需要提升人力资源的组织效率，做到及时供应。新型零售企业的变革，出现了许多新型岗位。人才是新型零售企业最重要的核心资源，然而许多中小企业没有能力自己培养创新型人才，但是迫切需要创新型人才来支撑创新商业模式的实施和战略目标任务的执行，因此创新型人才的需求正在加大。

3.薪酬激励机制难以满足员工需求

随着零售行业进入新时代，员工的需求和价值观日益趋向多元化，而新型零售企业的发展还不够全面。其中，薪酬激励机制没有得到全面的发展，难以满足员工的需求，而传统的薪酬结构固化，灵活性较低，相对缺少了激励作用，薪酬的竞争性也很差，更不能够满足员工的需求，从而内部的优秀人才就会流向其他企业甚至竞争企业。另外，薪酬激励机制不够系统化是新型零售企业的一个弊端，因此应高度重视并努力完善，这有助于企业长期稳定的发展。

资料来源　姜美玲，牟莉莉. 新零售企业人力资源管理模式创新［J］. 合作经济与科技，2021（21）：113-115. 节选.

问题：对于新型零售企业人力资源管理产生的问题，企业人力资源战略应做出哪些调整？

□ 实践训练

实训项目：企业人力资源战略调整方案策划。

实训目的：培养为企业制定、调整与实施人力资源战略的能力。

实训步骤：在本地调查一家中小型企业，了解一下企业的人力资源战略情况及存在的问题，制订一份企业人力资源战略调整方案。

□ 德育训练

"中国制造2025"战略下的人力资源管理

船舶与海洋工程装备制造企业在努力推进实施"中国制造2025"战略背景下，实施战略性人力资源管理是产业转型升级、提高核心竞争力、提高经济效益的迫切需要。实施战略性人力资源管理，就要遵循人力资源顶层设计，推进人力资源机制创新，深入实施战略性人力资源配置、评价和激励，推进人力资源结构优化，推动人力资源能力提升，促进人力资源人才辈出，激发人力资源工作活力。

实施战略性人力资源管理是产业转型升级的需要。我国造船业新承接订单量、手持订单量、完工交付量三大指标长期占据世界首位，但在自主创新能力、产业结构水平、产品质量效益等方面差距明显。实施战略性人力资源管理，有针对性地打造一支高专业技能的人才队伍，才能推动企业技术创新，实现企业转型升级和持续发展。

实施战略性人力资源管理是提高核心竞争力的需要。企业的核心竞争力是经企业长期培育积淀、无法被复制的独特竞争能力。企业的关键技术、重要经验等核心竞争力无不凝聚在企业员工身上，人力资源已成为企业在市场竞争中取胜的关键因素和核心武器，是企业在市场竞争中立于不败之地的决定性因素之一，也日益成为企业发展壮大的核心因素。

实施战略性人力资源管理是提高经济效益的需要。人力资源作为企业核心资源，正成为最积极、最活跃、最主动的生产要素，可以通过提高劳动者素质和技能，提高劳动生产率，提高经济效益。对人力资源进行充分开发管理，充分激发人力资源潜能，充分发挥人力资源效能，将实现企业经济的增长和可持续发展。

遵循国家顶层战略，推进三项制度改革。深化国有企业人事、劳动、分配三项制度改革是充分调动员工积极性、增强企业竞争力的关键因素。中共中央、国务院《关于深化国有企业改革的指导意见》明确提出了管理人员能上能下、员工能进能出和收入能增能减的问题，在国家层面已经清晰明确了三项制度改革的方向和举措。企业层面要遵循战略要求，结合各自实际，以系统思维推进改革方案的设计和实施。

围绕企业发展战略，强化人才规划实施。"十四五"战略规划期正好与"中国制造2025"行动纲领关键节点重合，要有针对性地配套制定和实施企业"十四五"人才发展规划，明确人力资源制度改革创新举措，推进战略性人力资源管理谋篇布局，明晰改革方向、确定指导原则、规定步骤路径，为企业人力资源开发管理破除体制机制的藩篱和束缚。

资料来源　韦福安."中国制造2025"战略下的人力资源管理路径研究〔J〕.商业文化，2020（26）：54-55.节选.

讨论：结合本章知识，分析"中国制造2025"战略下，船舶与海洋工程装备制造企业实施战略性人力资源管理的特征及意义。

● **网上资源**

http：//www.hr.com.cn

http：//www.chinahrd.net

企业国际化经营战略

知识目标:

1.了解国际化经营的含义、国际化经营的主体、国际化经营的模式及常见进入方式。

2.了解影响国际市场细分的因素、国际市场细分的模式及国际市场细分的程序。

3.理解国际化经营面临的复杂国际环境以及中国企业进行国际化经营面临的机遇、挑战、优势、劣势。

4.掌握国际化经营的内部竞争战略类型和外部竞争战略类型。

能力目标:

1.能够结合企业实际情况制定合理的国际化经营战略。

2.能够为企业准确地选择国际化经营策略,帮助企业在进行国际化经营时趋利避害、扬长避短。

素养目标:

1.培养服务国家战略的使命感,推动企业国际化与"一带一路"倡议深度协同。

2.强化将民族品牌文化价值与国家形象融入企业国际化战略中的意识,提升民族品牌全球影响力。

国际化经营是我国企业在经济全球化浪潮中的必然选择。以怎样的战略进入国际市场,如何在国际经济环境中求得生存,已成为我国企业面临的重要问题。因此,在企业开展国际化经营之前,必须了解国际化经营有关内容,分析国际化经营面临的复杂环境,制定正确的国际化经营选择机制和竞争战略,并且适时、适地地进行国际化经营的策略选择。只有这样我国企业才能求得生存和发展,发挥其应有的作用。

9.1 国际化经营内容与环境的分析

企业国际化经营是当今世界各国生产力和生产关系日益国际化的结果,我国企业要顺利进行国际化经营,必须先了解和掌握国际化经营的有关内容,并正确地分析国际化经营所面临的复杂环境。

9.1.1 国际化经营的内容

国际化经营包含的内容很多，大致包括国际化经营的内涵、国际化经营的主体、国际化经营主体的行为变化、国际化经营的常见进入方式等。

1) 国际化经营的内涵

在与本国不同的各种环境条件下，本国总公司为实现经营目标，对国内外的生产要素进行综合配置，在一个或多个经济领域进行有计划经营、有组织控制的活动，称为国际化经营。从国际化经营的内涵来看，有两点非常重要：

(1) 面临的环境不同。国际化经营面临与本国不同的环境，这一点是国际化经营的特点。环境的不同决定着国际化经营在很多方面和国内经营相比差别很大。

(2) 遵循总公司战略。国际化经营是本国总公司为实现经营目标，对国内外的生产要素进行综合配置而进行的有计划经营、有组织控制的活动。也就是说，在国际化经营过程当中，多数子公司、分公司等分支机构在国外经营，但是它们应该遵循总公司的战略。

2) 国际化经营的主体

企业不仅是市场经济的主体，也是国际化经营的主体。虽然国际化经营过程是一个独特的国际性转移过程，但是应看到企业间的相互影响与国际化经营的紧密关系。

了解了企业作为主体同环境、经济资源和资本的国际转移的相互影响，我们还应该看到，国际化经营与通常所说的企业经营有所不同。国际化经营是一个独特的国际性转移的过程，包括经济资源和资本的国际转移。

小 思 考 9-1

企业国际化经营的特点有哪些？

分析要点：(1) 经营空间广泛；(2) 经营环境复杂；(3) 竞争激烈；(4) 信息管理难度大；(5) 计划和组织要周密。

3) 国际化经营主体的行为变化

(1) 企业结构的变化。

企业结构的根本变化体现在：它由过去的母子关系结构变成了头脑手足关系结构，即母公司制定战略，其分支机构，包括子公司、分公司，都要服从母公司的总体战略。同时，企业结构的变化是经济全球化的产物。

(2) 经营内容比例的变化。

从经营特点来看，国际化经营在整个经营中所占比例增加。人们普遍认为这个比例是1/4，也就是说，有一部分的经营是在国外进行的。

(3) 最高经营者经营姿态的变化。

对国际化持积极态度的企业家通过战略韧性、创新活性、文化包容性三重驱动，不仅提升企业国际化成功率，更重塑全球产业链价值分配格局。新生代企业家正借助数字化工具推动国际化进程进入"精准渗透"新阶段。这种积极态度转化成的行动力，正在创造更具包容性和可持续性的国际化2.0模式。

(4) 企业目标的变化。

企业目标包括很多方面，在此强调其中重要的一点，即企业作为世界的一个细胞组织，它在赚取利润的同时，应该负起世界性的社会责任和义务。

4）国际化经营的模式及常见进入方式

企业国际化经营模式大致可以分为四大类：贸易型进入模式、契约型进入模式、投资型进入模式和战略联盟进入模式。

贸易型进入模式分为间接出口与直接出口。

契约型进入模式包括：通过授权经营进入海外市场（包括普通授权经营和特许经营两种）；通过服务合同进入海外市场（包括技术协议、服务合同、管理合同等）；通过建设合同或生产合同进入海外市场（包括交钥匙工程、合同生产以及分包等）。

投资型进入模式是指国际企业通过对外直接投资进行扩张，包括独资经营、合资经营、新建、兼并和收购等方式。

战略联盟进入模式则是指某个企业的结盟对象超越了国界，在世界范围内与对自己发展有利的企业结成合作伙伴，包括公司契约式联盟、国际协作式联盟、合作备忘录式联盟以及企业式战略联盟四种。

这四种国际化经营模式体现了国际企业的纵向成长轨迹。

企业国际化经营常见的进入方式除了直接出口外，许可证协议、特许经营等也是常见方式。

（1）直接出口。

这是企业国际化经营初始阶段经常采用的方式，即直接参与其出口产品的国际经营活动。直接出口的好处是可以加强控制，更有效地实施企业自身出口战略，积累国际经营经验，培养经营人才。

（2）许可证协议。

这是指让渡专利许可、专有技术和商标使用权的协议。通过这种协议，一方将无形资产的使用权转让给国外另一方并获得国际化经营的权利。许可证协议的优点是费用低、障碍少、风险小（因为不需要技术许可方投入大量资金），所以便于快速渗透尽可能多的目标市场。

（3）特许经营。

它是许可证协议的特殊形式，也是目前应用最广泛的国际化经营方式。它是指转让方不仅转让技术、商标，而且传授统一的经营规范、管理方法等，并且要求接受方严格遵守执行，以保证产品和服务符合统一规定的标准。这一方式在快餐业、广告等行业普遍流行。

观念应用9-1

特许经营：一种生态旅游高质量发展的商业模式

特许经营是商业活动中通过约束性双边关系的缔结，以达到节约交易成本、提高资源配置效率的一种经营模式。随着我国生态文明建设的深入推进，积极践行"绿水青山就是金山银山"发展理念，生态旅游作为一种生态产品价值实现方式势必将迎来新的发展机遇。如何通过市场化手段，提高生态旅游产品供给质量，切实建立更有效的人与自然联结，是事关生态文明建设质量的重要话题。

我国生态旅游发展历程较短，生态旅游企业总体发育迟缓，且普遍具有小、散、弱的特征。历史上，风景名胜区、湿地公园、森林公园、地质公园等自然遗产地因大众旅游发展带来生态环境下滑、产品质量低下以及多头治理等问题，在此背景下，我国推出了"建立以国家公园为主体的自然保护地体系"改革。现阶段亟须科学利用特许经营这一管理工具，推动生态旅游高质量发展。

资料来源　张海霞，黄梦蝶. 特许经营：一种生态旅游高质量发展的商业模式［J］. 旅游学刊，2021，36（9）：8-10.节选.

分析：在国家公园的特许经营中，既有公平、公开、公正的招标进入机制，也要对经营者的服务范围、服务价格、服务质量进行监管并有完备的退出机制，还要构建有利于原住民参与并公平获利的利益分享机制。企业、社区、当地政府的作用在特许经营中缺一不可，而良好的特许经营管理能实现多方利益的协调。

（4）管理合同。

它是指将本国企业或合营企业的全部业务，交由一家外国公司全权负责管理，合同规定管理期限和付酬方法，通常采取按销售额、利润额的比例进行提成，按具体服务项目支付和总付等方法。例如，希尔顿酒店集团就是通过管理合同方式向国外饭店输出高级管理人才。

（5）对外直接投资。

它是指在投资人所在国以外的国家所经营的企业中拥有持续利益的一种投资，其目的在于对该企业的管理拥有有效的发言权。在国际化经营过程中，企业通过对外直接投资方式可以对海外经营项目实施有效管理和监控，以顺利实施自己的国际化经营。

实际上，进行国际化经营的企业在选择国际化经营进入方式上并不是单一的，也可能同时采用几种方式一起进入国际市场，这取决于企业对客观情况、自身条件的判断及一些相关因素的考察。

5）国际化经营遵循的原则

世界经济的全球化发展，影响着每一个国家经济的发展。中国企业在中国经济发展中所起的作用举足轻重，为了能够对中国经济发展做出更大的贡献，中国企业必须按照市场经济发展的规律和我国企业自身的特点进行国际化经营。

（1）遵循经济规律原则。

世界经济国际化规律、世界经济一体化规律、世界经济不平衡发展规律、世界科技不断纵深发展的规律是世界经济发展的四大基本规律。因为这些规律对世界经济各个组成部分的主要内容、发展过程及主要方面都起着巨大作用，所以我国企业必须遵循这些基本规律。

（2）发挥比较优势原则。

竞争优势的关键在于能否使主导产业具有优势。按照国际竞争优势理论，竞争优势的关键在于差别，在于比较优势。企业国际化经营的关键是突出比较优势，只有具备了比较优势才能具有在国际市场上的优势竞争力。

（3）调整经营战略原则。

企业必须加快使经营战略随国际市场变动而调整的步伐，成功的国际化经营要以正确的国际化经营战略为前提和基础。企业在国际化经营过程中，必须严格遵循目标市场所在国的市场规则和商业惯例，针对国际市场环境的复杂性，把自身的经营优势与目标市场的分析相结合，提出并实施与国际接轨的市场经营战略。

（4）实施管理和技术创新原则。

创新是一个民族进步的灵魂，是一个国家兴旺发达的不竭动力。在高新技术得到蓬勃发展的背景下，企业的创新能力直接影响商品结构的好坏和质量的高低、技术含量和附加值的高低，直接影响企业在国际市场上的竞争能力。要彻底解决这些问题，关键在于力争管理和技术创新。

在世界经济全球化发展趋势和我国加入WTO这一有利条件下，中国企业必须严格遵循以上基本原则，结合自身的经营条件和外部经营环境的变化实际，有选择、创造性地运用基本原则，在开拓国际市场过程中把握好企业二次创业的历史性机遇。

补充阅读资料9-1

华为公司国际化经营

从华为整个国际化经营历程来看，其1996年与我国香港地区企业的合作是其迈入国际市场的初始点。最初它的营销方针为"引进产品、国内推广"，在进军我国香港地区市场的经历中，华为发现外国企业产品因其所具备的高新技术极大地占有了国内市场的份额，单纯地引进销售策略能获得的利润空间非常小。因此，面对新的挑战，华为将自身定位及时转变为以自主研发为重点的高科技通信企业，并从此走上了技术输出之路。

华为真正意义上迈入全球市场应该是从1997年的俄罗斯市场开始的，在漫长的7年时间里挺过电信业务市场的寒冬和经济危机的冲击，最终与俄方企业签订技术服务合同。从整体来看，华为采取的国际化经营战略其实是一种"渐进式"战略，也可以理解为"先易后难"战略，即先把俄罗斯以及亚非拉地区的新兴发展中国家或地区作为国际市场的切入点，在这些国家或地区的市场成功销售所获得的资金和国际声誉以及积攒的经验都为下一步进军发达国家市场铺平了道路。与其他急于抢占市场机会的跨国企业不同，华为能成功拓展发达国家市场，最主要因素是其不忘初心、稳扎稳打提高产品的科技含量，并以自主研发为重点对产品和国际化战略进行突破创新。这也启示我们，唯有不断提升企业核心竞争力、稳固自身基础实力，才能应对经济全球化浪潮中的各种挑战，最终在竞争激烈的国际市场中站稳脚跟。

资料来源　戴琦，全铭. 跨国民营企业的国际化经营研究——以华为公司为例［J］. 投资与创业，2021（8）. 节选.

9.1.2　国际化经营面临的环境

综观当今世界，机遇和挑战并存，如何在多变的市场中捕捉信息，抓住机遇，迎接挑战，事关中国企业国际化经营的成败。中国企业国际化经营，一方面受国内政治、经济体制和政策等因素的影响，另一方面受国际市场变动及东道国政治、经济、法律、社会等因素的影响。

1）国际政治环境

政治环境是影响一家企业进行国际化经营所面临的重要环境之一，因此对国际化经营所在国新的政治环境进行认真的调查，并进行经营风险评估是十分必要的。

当企业进行国际化经营时，涉及对国内外生产要素在不同国家之间的综合配置，母国和东道国之间的关系以及各东道国之间的关系就构成了影响国际化经营环境的重要因素。国际政治环境包含了极其复杂的政治、法律与经济因素。在国际政治环境中，最为重要的就是母国与东道国之间的关系。

2）国际经济环境

企业国际化经营的经济环境是指国际经济贸易体系和国际经济金融体系，它们都直接影响各种生产要素在国际的转移和流动。影响企业国际化经营的主要经济环境障碍是贸易保护主义。发达国家一直进行着经济结构调整，贸易摩擦时有发生，加上发展中国家的债务危机使国际市场容量相对缩小，竞争更加激烈。金融环境对国际化经营也有很强的制约作用，主要包括国际金融制度、外汇市场、货币及资本市场和世界银行等。其中，汇率对国际化经营具有决定性的影响，货币的升值或贬值直接影响企业是否能打入某国市场、产品的定价和货币的支付方式等决策与操作。

值得注意的是，随着东道国市场开放程度的提高和国际交往的日益频繁，经营环境将有所改善，世界组织及一些区域经济性组织使许多国家的经营环境受到很大约束，东道国采取一些极端性经济政策和措施的可能性越来越小。

3）国际法律环境

企业进行国际化经营除了了解和遵守本国政府颁布的有关涉外法规外，还必须充分熟悉和了解东道国及其他相关国家、地区和国际组织的法律环境。影响国际法律环境的另一因素是国际法规。这些法规是缔约国之间签订的条约、公约和协定，如《商标注册条约》《马德里条约》等。这些条约具有全球性或地区性约束力。

4）国际文化环境

不同国家之间在社会文化、道德规范与价值观上表现出来的差距会对国际化经营企业的业务活动产生重要影响，文化环境相对政治、经济和法律环境来讲，更难以被把握，并且关系到企业国际化经营的成败。在特定环境下，人们对人与人、人与自然之间的关系因不同角度、不同深度的理解形成了迥然不同的世界观。外来企业要想取得经营上的成功，必须对此有深入的了解。对企业国际化经营影响较大的因素通常有语言、受教育程度、社会结构、宗教信仰和风俗习惯等。

思 政 视 角 9-1

"一带一路"倡议下的中国企业跨文化管理

"一带一路"是丝绸之路经济带和21世纪海上丝绸之路的简称。"一带一路"的发展理念带动了我国经济的发展，给我国企业带来了更为广阔的发展前景。但是企业在发展过程中，必然需要面对一个较为严重的问题，就是在跨国经营中的国家之间的文化冲突问题。我国企业要想实现更加久远、更好的发展，就势必要解决跨国经营中的文化冲突问题。

文化冲突的解决，首先要坚定文化自信，正如习近平总书记所说："无论哪一个国家、哪一个民族，如果不珍惜自己的思想文化，丢掉了思想文化这个灵魂，这个国家、这个民族是立不起来的。"在五千多年的文明发展中，中华民族一直追求和传承着和平、和睦、和谐的坚定理念。以和为贵，与人为善，己所不欲、勿施于人等观念和传统在中国代代相传，深深植根于中国人的精神中，深深体现在中国人的行为上。五千多年文明形成的价值理念，一直是中华民族奋发进取的精神动力。在坚定文化自信的基础上，实现包容性的跨文化管理，即实现对于不同文化、不同国家、地域、种族之间的独立性成员，完成协同化、包容化的综合管理。

资料来源 赵娟. 一带一路战略下的中国企业跨文化管理分析［J］. 北京印刷学院学报，2017（10）：70-71.节选.

5）母国环境

母国环境由本国的直接环境因素和间接环境因素构成。企业领导对这些因素应该是比较了解的。这些因素不仅影响国内经营，更影响国际业务。母国的政治、经济和社会稳定状况将会促使本国政府制定国际化经营的政策与措施。例如，当政府面临外汇增多时，将鼓励资金外流。

6）东道国环境

东道国环境是指企业在某外国市场上经营时，在当地所面临的各种直接和间接环境因素。东道国的政治稳定性直接影响企业的国际化经营风险，政治环境的突变往往给经营者造成措手不及的打击。不同东道国的情况不一样，各类环境的差别、机会以及威胁也大为不同。因此，从事国际化经营的企业必须对东道国的相关环境进行详细的考察。

9.1.3 中国企业国际化经营的环境分析

1）中国企业进行国际化经营面临的机遇

（1）经历了47年的经济体制改革和发展，我国一些企业初具规模，积累了一定的国际化经营经验。

（2）虽然局部战争频繁，但和平与发展仍是世界发展的主题。

（3）科学技术迅猛发展，全球经济和信息趋于一体化，各国的文化和生活方式也呈现出国际化的迹象。

（4）近年来，许多发展中国家、欠发达国家为吸引外资，纷纷推行对外开放政策。

（5）许多发达国家一方面积极开展对外投资，另一方面采取措施吸引外资。

2）中国企业进行国际化经营面临的挑战

（1）发达国家的跨国公司已渗透到世界的各个角落和行业，国际竞争异常激烈。

（2）部分国家和地区贸易保护主义时有抬头。

3）国际化经营的比较优势

在国际竞争日益严峻的形势下，中国企业进行国际化经营仍具有一定的比较优势：

（1）劳动力成本较低，素质高。大量廉价劳动力的存在是20世纪80年代跨国公司到中国投资的主要原因，而这些公司在中国建厂经营又给中国培养了一批熟练的工人和懂经营管理的优秀人才。

（2）中国企业在适用技术方面比较成熟，集中体现在轻工、家用电器、纺织等行业，

199

同时在航天、生物遗传工程等高新尖端技术方面处于世界先进水平。

4）国际化经营的比较劣势

在经济全球化的形势下，中国企业进行国际化经营必然存在一定的比较劣势：

（1）中国规模较小的企业多，达不到最低经济规模的标准，难与大型跨国公司抗衡。

（2）大多数企业缺少国际化经营的经验，管理观念落后，加之语言、文化方面人才的缺乏，使得许多企业在国际化经营中无所适从。

（3）中国企业国际化经营内容的结构不合理，出口主要以初级产品和粗加工为主，对外直接投资的比例较小。

观念应用9-2

国际化热的冷思考

从出口贸易到"走出去"战略，越来越多的中国企业走出国门，参与世界竞争。

然而，中国企业国际化并不是像描述的数据那么好。汤森路透发布的2015年"全球创新百强"中，上榜企业美国为35家，日本为40家，中国没有一家企业上榜。很多中国企业在国内取得了不错的成绩，但一"出海"就风头尽失；一些令国人自豪的"蛇吞象"并购案亦未能带来预期的效果……

诺丁汉大学商学院（中国）副教授李磊认为，国际化困境是由于中国企业在国内市场的主场优势明显，而在海外市场上创新优势不强造成的。拿来主义、低人力和营运成本不足以成为国际化中的竞争优势，企业还需回到研发和品牌营销能力及建设上来。

另外，除了核心创新能力和适宜的战略选择，企业还需慧眼识陷阱。中山大学副教授汪建成认为，企业需要时刻警惕、多做调研分析，在提升自身能力的同时积极运用创新性、合法性框架避免陷入国际化陷阱。

对于由技术驱动的世界经济一体化的今天来说，大部分企业都会被动卷入全球市场，而国际化应该如何去走？如何才能做得更好？还需要企业在国际化热潮中，多保持一份冷静。

资料来源 佚名.国际化热的冷思考［J］.北大商业评论，2016（2）：44-45.节选.

分析：企业国际化应遵循客观发展规律，有些企业缺乏战略目的性，也缺乏人才及组织方面的准备，有些企业甚至是为了国际化而国际化，单纯凭借做大做强的民族主义热情，就加入到"走出去"的行列中，难免陷入国际化陷阱。

9.2 国际市场选择机制

由于国际市场具有消费者人数众多、分布广泛和购买需求差异较大的特点，所以企业不可能满足所有消费者的需求，企业在考虑自身条件的基础上，必须确认国际市场中最具吸引力、最能有效提供产品和服务的市场区域，来选择回报率高、安全性强、持久性好的地区作为目标市场。

9.2.1　影响企业选择国际市场的因素

在企业分析国际化经营所面临环境的基础上，企业结合自身特点，决定和影响企业选择国际市场的因素可总结为以下几点：

1）技术水平

国际技术市场是一个高度不完善的市场，因此拥有先进技术的企业往往倾向于通过国外直接投资把外国市场内部化，以此来克服国际市场技术缺陷和许可证协议本身的缺点。

2）产品投入市场期限

按照产品生命周期理论，企业对最新产品采取以出口为主、对外直接投资为辅的政策。随着产品的成熟，一般的趋势是：产品越是成熟，企业越是采取控制程度低的进入方式。

3）品牌知名度

产品品牌知名度很高的企业往往采用控制程度很高的进入方式。这是因为当地的合伙者有可能损坏品牌的声誉，这给当地合伙者造成的损失要远远小于给品牌所有者造成的损失。

4）进入国际市场的成本

它是指在国际市场上企业产品的研发、生产、销售和管理所需要的投资与开支。当成本相对于企业规模和企业自有资本来说很大时，企业应该选择安全系数大、风险低的市场。

5）企业的国际化经营经验

企业对能够产生规模经济效益的产品进行管理的完善程度、企业管理人员经验积累所带来的效益、企业管理人员对变幻莫测的国际环境的总体把握程度等，都是企业需要考虑的重要因素。

9.2.2　国际市场的细分化

国际市场细分又称国际市场分割、国际市场区划等，是指根据消费者需求的差异性，按照一定标准将整体国际市场划分为若干不同需求类型的顾客群或国际细分市场的过程。

1）国际市场细分的标准和因素

一般而言，凡是能导致和反映国际市场需求差异的因素都可以作为国际市场细分的标准。常见的标准因素有：

（1）人口统计因素：年龄、性别、家庭人数、家庭生命周期、收入、职业、受教育程度、宗教信仰、种族等。

（2）心理因素：气质性格、生活方式、个性爱好等。

（3）行为因素：购买动机、使用频率、品牌忠诚度、利益追求、待购状态等。

（4）地理因素：人口密度、气候、经济地理环境、空间位置等。

2) 国际市场细分的模式

国际市场细分变量因素复杂多样，市场细分的方法有很多种，除了用人文统计学或生活方式等进行细分外，我们也可以用消费者的需求异同性来划分。

（1）质同细分模式。在这个国际细分市场中，消费者有大致相同的需求，也就是说，消费者有基本相同的消费偏好。

（2）散点细分模式。在这个国际细分市场中，消费者对产品的需求存在差异。先进入国际市场的品牌可能迎合最多的消费者。新进入市场的竞争者，可能把它的品牌设置在原有品牌附近，从而引发一场争夺国际市场份额的竞争。

（3）群体细分模式。国际市场可能出现有独特偏好的集群，这些集群可称为自然的细分市场。

3) 国际市场细分的程序

较严格、系统的国际市场细分，一般认为要经过以下步骤：

（1）确定国际市场范围。确定国际市场范围的起点是国际市场需求情况。然而国际市场需求状况是复杂多样的，因此企业必须结合自身的经营目标和资源现状条件，从广泛的国际市场中大致确定自己有能力服务的国际市场范围。

（2）列出确定国际市场范围内产品的需求位次。这些需求大多具有与人品属性、心理因素、行为因素和地理因素有关的特征，企业可以根据以往国际市场活动的经验进行估计和判断，或搜集类似的资料来加以确定。

（3）列出国际市场细分的初步依据。企业可以通过样本调查、抽样调查方法，将排列出来的需求向不同类型的消费者征询意见，从中挑出消费者最迫切的需求项目并加以集中整理，再确定其中一些因素作为国际市场细分的初步依据。

（4）按照细分依据进行初步细分。通常是根据不同消费者需求的具体内容，按照一定的国际市场细分法，初步确定将企业所选定的产品市场范围划分为几种不同类型的消费群。

（5）挑选出特征突出的需求因素作为细分标准。将初步划分出的各细分市场的需求因素加以进一步验证，把各细分市场所共有的需求因素以及次要的需求因素加以删除，保留具有鲜明特征的主要需求因素作为细分标准。

（6）命名国际细分市场。为使国际市场细分更加科学化，有必要进一步考察每一细分国际市场的不同消费需求，并对其进行必要的整理，然后进行命名。

（7）对细分市场进行综合评价。最后对确定的细分市场进行全面细致的分析，特别是对它的潜力、效益和发展前景等做出评价，以便企业能够正确地选择国际目标市场。

（8）选择国际细分市场。在进行完上述工作后，对国际细分市场进行选择。

事实上，每个企业都有自己独特的实际情况，因此其国际化目标市场的选择和确定也不可能千篇一律地照抄照搬已有模式，而应根据自身的实际情况和特点，制定出适合本企业的发展战略。

观念应用 9-3

元气森林国际市场细分

元气森林开拓国际市场时，首先要了解当地市场环境、贸易架构，并对当地的消费人群进行调研，充分考虑当地地理因素、行为因素和心理因素等。

元气森林的产品理念更年轻化、健康化，在国内深受年轻人的喜爱。但是在国际市场这个大环境中，地域特点会影响人们的消费习惯，例如亚洲市场会偏爱茶，北美市场偏爱气泡水或电解质饮品，因此可以针对不同地区开展调查，设计出有针对性的限定软饮料；或者采取全球化和本土化融合的营销策略，设计出符合目标市场消费者口味的软饮料，开拓市场。

对于消费者来说，由于每个人的个性差异和需求的不同，对软饮料的选择也会有不同的心理表现，而心理特征是可以通过营销的方式改变的。元气森林的气泡水系列强调零糖、零卡、零脂肪，目标市场是注重健康的消费群体，其他系列也可以按照消费者不同的心理特征采取有针对性的营销组合策略。

行为细分是根据消费者对产品的认知、态度等将其区分为不同的消费群体，这种细分方式在经济越发达、人均收入越高的国家尤为重要。消费者购买产品是为了获得某种利益的满足，在选择软饮料方面，消费者也有多种追求。基于此，可根据消费者追求的不同利益划分消费群体，从而改变消费者对品牌的态度，打造自身的品牌价值，提高消费者的品牌忠诚度。

资料来源　赵靖怡，陈刚，陈鑫妍. 我国软饮料企业国际市场开发策略研究——以元气森林食品科技集团有限公司为例［J］. 商讯，2021（28）：18-19. 节选.

分析：跨国经营要面临更大的风险，这就要求企业需要进行更为全面、细致的市场调研、市场细分与市场选择。

9.2.3　国际市场的定位

1）国际市场定位的概念

国际市场定位是指企业根据国际市场上消费者的需求偏好、竞争情况和自身情况，确定自身产品或服务在国际市场上所处的竞争位置。其实质就是要专门针对国际市场消费者心目中某一特定需求，为本企业产品或服务设计独特、富有个性的销售组合，以形成本企业产品或服务的竞争优势。其宗旨就是，在消费者对同类产品或服务的消费过程中，形成对本企业产品或服务的深刻印象，进而形成品牌忠诚。

2）国际市场定位的方法

由于产品的竞争性、需求的多样性和国际市场的复杂性，企业进行有效市场定位，树立其产品的形象和地位变得更加重要。国际市场定位的方法可以归纳如下：

（1）以产品的基本有形属性特征来定位，如服务地点、服务人员和服务设施等。

（2）以产品的基本性质、特征和消费者所获得利益来定位，如舒适性、豪华性和经济性等。

（3）以产品所具有的某一特殊性质来定位，以形成本企业产品与国际市场上同类产品的区别，如绿色产品、促进健康、提高免疫力等。

（4）以产品的使用者来定位，即把某一产品与某一类消费者联系起来，根据那些特定的消费者群体树立恰当的形象。这主要是通过宣传，在产品和消费者之间架起一座桥梁。

9.3 国际市场竞争战略

哈佛商学院教授迈克尔·波特在其名著《竞争战略》一书中，提出了三种基本的企业竞争战略：低成本战略、差异化战略和集中战略。这三种竞争战略至今仍是普遍适用的。为了充分体现出全球化竞争中的新特点，我们试图从另一角度将全球企业通常采用的竞争战略进行分类，归纳出几种具有典型意义的国际竞争战略。当然，国际化经营企业并非只能采用其中的一种战略，也可以同时选用若干种。

9.3.1 企业内部国际竞争战略

企业内部国际竞争战略立足于建立、维持、放大、移植某种企业内部的核心能力，以赢得国际竞争优势。企业内部国际竞争战略的选择在很大程度上取决于企业所在行业的战略焦点。

1）技术竞争战略

在某些行业中，国际性企业可以通过建立某种技术创新方面的优势取得市场竞争地位。同时，因为许多国家政府都把掌握先进技术看成影响国家未来命运的事情，所以这种国际化经营企业在与外国政府的讨价还价中处于强势地位。在尚未成熟的高新技术产业中，高新技术竞争战略得以普遍应用。这些产业中的企业为赢得行业领先地位，要不断地进行技术创新、新产品开发，以满足甚至是引导顾客的需求。

在技术已经趋于成熟的产业中，企业也可能实施高新技术竞争战略。例如，在汽车行业中，一般的新款汽车通常具备某一单项优点，如果哪家企业率先利用高新技术研制出具备速度快、节能环保、款式新颖和价格低廉等优点的汽车，则势必会主导世界潮流，赢得足够的利润空间。一般来说，奉行高新技术竞争战略的国际化经营企业的主要竞争对手也是国际性企业，而非当地企业，因为进入这些行业毕竟要受到高额投资与技术壁垒的限制。

要实施这种战略，国际化经营企业必须具备的基本条件有：

（1）国际化经营企业拥有具有较强创新能力、富有团结合作精神的精良创新队伍。

（2）国际化经营企业必须能够支付得起庞大的研究开发费用。

（3）国际化经营企业的研发人员研制出来的产品必须能满足某种普遍的需求，即要有足够大的市场，因为只有销售额足够大，才能在补偿巨额研究开发成本之余尚有丰厚的利润。

2）质量竞争战略

在一些低技术或技术已经稳定的成熟行业中，各企业的产品在设计上不会有太大的区别。这时企业可以在某种核心产品上，通过使用一些专有技术来获取高于竞争对手的质量水平，并将其移植到世界各地的子公司或分支机构中。这样，建立在全球顾客认知的高质量形象的基础上，企业就拥有一个具有良好声誉的品牌。对于国际化经营企业来说，它是一项重要的无形资产，是一项能保持持久的竞争优势。

与高新技术产业中的国际企业相比，技术成熟产业中的国际企业在与外国政府的谈判中讨价还价的能力低一些，因为这些行业中的核心技术已多为其他企业所掌握，进入这些行业的投资及研究开发成本相对低些，所以国际企业面临的竞争对手有许多是东道国企业。只要满足东道国市场的要求，国际化经营企业就可能有利可图。例如，丰田公司生产的汽车享有全球质量声誉，但这并不意味着它进入中国市场时能享有与摩托罗拉一样的待遇，它只能在中国建立合资企业，因为中国企业原本已有生产汽车的基本技术，而摩托罗拉身处高新技术产业，当时没有一家中国公司掌握生产移动电话的技术，因而它能够在中国设立独资子公司。

要实施这种战略，国际化经营企业必须具备的基本条件有：

（1）国际化经营企业具备一套完善的、被世界所承认的产品质量管理体系。

（2）国际化经营企业对某项核心产品具有专有技术。

（3）国际化经营企业必须设法在全球采购、生产、销售各环节中严格确保达到统一的质量标准化管理，能够实现全球范围的标准化。

3）管理技能竞争战略

国际化经营企业还可以通过发展某种营销、财务、计划或组织方面与众不同的管理技能来获得市场竞争优势。例如，美国宝洁公司在广告设计与制作方面就是一个成功的典型。当然，这些管理技能在全球各子公司内部的移植同样显得十分重要。

要实施这种战略，国际化经营企业必须具备的基本条件有：

（1）国际化经营企业拥有擅长某种管理技能的专业人才。

（2）国际化经营企业的产品在国际市场的同类产品中拥有相同的质量、技术水平。

（3）国际化经营企业产品的品种繁多，能进行系列化生产销售。

观念应用9-4

解码飞天诚信国际化探索与实践

飞天诚信科技股份有限公司（以下简称飞天诚信）成立于1998年，公司总部设立在北京，是全球智能卡操作系统及数字安全产品的供应商，基于客户需求持续创新，在网络身份识别、软件版权保护、智能卡操作系统等三大领域取得了领先地位。截止到2018年，企业产品行销全球五大洲80多个国家和地区，海外业务占公司总业务的10%且稳步攀升，并与微软、谷歌等层级的世界名企开展了多方深入合作。

飞天诚信2014年开始加入FIDO联盟，2016年被选为FIDO联盟董事会成员，截止到2018年，全球共有30多家FIDO联盟董事会成员，包括谷歌、微软、高通、三星、诺基亚、西门子、英飞凌等国际知名企业，大陆地区只有联想、阿里巴巴和飞天诚信3家企业获此殊荣，飞天诚信是国内董事会成员中唯一一家提供智能硬件认证的企业。

　　2016年，飞天诚信Java智能卡操作系统平台FT-JCOS在国内率先斩获国际CC EAL5+安全认证，这是目前国内第一家通过CC EAL5+级别认证的开放平台智能卡操作系统。证书的获得说明飞天诚信智能卡操作系统在产品设计和安全性等方面已达到国际先进水平，在研发、生产等各个环节以及产品生命周期管理上均已达到同行业最高标准。

　　2017年11月，谷歌高级保护计划最终选用飞天诚信为其生产安全令牌产品Titan key，谷歌相信这样的账户保护措施，可以有效阻止最复杂的黑客攻击。

　　2018年7月，飞天诚信一款USB Key产品再次经过美国UL实验室的严格测评和CMVP审核，获得FIPS140-2 Level 3级别安全认证。这是截止到2018年，业内双界面USB Key产品唯一通过FIPS安全认证的产品。

　　资料来源　崔光耀. 打造国际市场安全中国造——解码飞天诚信国际化探索与实践［J］. 中国信息安全，2018（10）. 节选.

　　分析：要想在国际市场中有所作为，需要靠过硬的综合实力，诸如产品技术、质量、资本、理念等，在产品方向上突出新兴创新型业务，还要制定出与公司发展吻合的适应国际要求的策略。

　　4）成本竞争战略

　　这种战略与哈佛商学院教授迈克尔·波特提出的低成本战略相似，降低成本永远是企业追求的目标。国际企业还可以通过在采购、生产、销售、研究开发、人力资源等环节进行合理的全球分工与整合来获取成本优势。

　　要实施这种战略，国际化经营企业必须具备的基本条件有：

　　（1）国际化经营企业在原材料采购、产品生产、销售、研究开发、人力资源等方面的协调工作能力十分突出。

　　（2）国际化经营企业的各个产地和市场之间的相互联系（如采购、供货）非常密切。

　　（3）国际化经营企业拥有经营产品的所有技术，以及研发、生产、宣传和销售能力。

9.3.2　企业外部国际竞争战略

　　目前，国际化经营企业越来越多地采用一些外部手段来获取竞争对手的资源或者甩掉自身效率不高的部分，以此达到增强自身竞争力、提高企业业绩的目的。

　　1）行业并购与专业化战略

　　企业的兼并收购是加速资本集中、迅速扩大规模的一种重要途径，企业经营业务的专业化是伴随着企业并购、重组发生的。专业化是指通过对企业原有业务单位的拆离、重组，卖掉不相关的、效率不高的部分，使企业经营集中于主业。之所以如此，是因为在20世纪60年代发生的并购浪潮中，企业曾热衷于把一些不相关的业务包含在同一企业中，即多元化经营，希望以此降低风险。但这样做并不成功，许多多元化经营企业的市场价值远远小于每一部分拆开出售的价值之和，经营效率也低于专业化公司。例如，日本索尼公司收购美国哥伦比亚影业公司、松下兼并好莱坞MCA公司等。

要实施这种战略，国际化经营企业必须具备的基本条件有：

（1）国际化经营企业拥有雄厚的资金实力。

（2）国际化经营企业实施并购后，工作人员的文化差异背景越小越好。

（3）国际化经营企业所在的母国政府与东道国政府关系融洽，管制情况少。

2）跨国联盟竞争战略

战略联盟是指国际化经营企业之间超出一般业务往来而又达不到合并程度的，在一定时期、一定范围内的合作方式。战略联盟的具体形式包括许多种，如联合研究开发、互相技术特许、共用销售渠道、组建合资企业等。国际化经营企业跨国联盟竞争战略是企业全球化的一场巨大而又深刻的变革，是一种更高级、更复杂的，既竞争又合作的新的国际分工方式。战略联盟并不意味着国际竞争的削弱，恰恰相反，这是一种更深层次、更大范围、更高强度的竞争。战略联盟是最近几十年才迅猛发展起来的，越来越多的全球企业以不同的方式与其直接或间接竞争者结成战略联盟，目的是从中受益并对抗其他竞争者。

要实施这种战略，国际化经营企业必须具备的基本条件有：

（1）国际化经营战略联盟企业中双方实力相当。

（2）国际化经营战略联盟企业所在母国和东道国的政治、经济关系稳定。

（3）国际化经营战略联盟企业之间沟通条件优良。

9.4 现代企业国际化经营的策略选择

针对目前我国有些现代企业存在缺乏核心竞争能力、资本有限、防御风险能力较差、国际管理经验不足、体制不完善等一些劣势，但同时有些现代企业具有产品、技术、经营等方面的优势等实际情况，我国企业在进行国际化经营时必须根据自身的特点，趋利避害、扬长避短，准确地选择国际化经营策略。

9.4.1 现代大型企业国际化经营的策略选择

1）实行多方位的市场开拓策略

国际市场既是一体化的，又是多元化的。企业国际化经营也应当是多层次的、多方位的。

（1）生产技术方面。企业应对不同的市场分别采取不同技术以取得比较优势。

（2）经营内容方面。企业不仅要扩大产品出口，还要积极开展技术输出、劳务输出、工程承包等，有步骤地进行海外直接投资。

（3）经营地区方面。市场方向不仅包括发展中国家市场，也包括发达国家市场。不仅沿海地区企业实行国际化经营，内陆地区企业也要走向国际市场。企业在具体运作各种国际化经营方式上，要结合市场和企业实际，选择易操作、风险小的方式。

2）特色创新国际化经营策略

企业要创造自己的精品品牌，不断增强市场竞争力，必须千方百计地朝着"人无我有""人有我优""人优我特"的方向前进，要善于从自己的传统产品中开发出有特色的新产品，树立产品的特色品牌。

企业应采取种种措施开发产品特色和创新策略，以提高产品的附加值，具体措施包括：

（1）开发国际型人才。国际化市场竞争最终是人才的竞争，企业国际化经营离不开国际型人才的开发和培养。

（2）加大资金投入。我国企业研发费用占销售收入比重比较小，中小企业占比更小。国际上一般认为企业研发费用占2%可以维持，占5%以上的企业才有竞争力。

（3）建立特色创新机制。企业应确立特色创新的主体地位，形成利益驱动和风险驱动机制，形成以市场需求推动特色创新的市场导向机制，并建立开发性的特色创新机制。

（4）实现创新模式的嬗变。创新模式可以采取模仿创新模式、协同创新模式、引进创新模式、自主创新模式和全球化创新模式等。

思政视角 9-2

讲好中国故事，传播民族知名品牌

"2020年中国上市公司品牌价值榜"总榜TOP100总体品牌价值为125 513亿元，其中33家企业品牌价值超千亿元，占据总体价值的70%，其中2家企业品牌价值更是超万亿元。从行业上看，互联网行业表现亮眼，约占总体价值三成。这也意味着，中国企业不再是大而不强，而是通过品牌培塑内涵力量，实现价值升华。

企业品牌不仅是价值的力量，也是国家软硬实力的重要载体。全球化战略推进一批纵横全球市场的跨国企业产生，但每个跨国企业都贴着主权国家的标签，无论市场深耕到哪里都是中国企业。近些年，国际市场上中国企业品牌价值不减反增，内蕴其中的不仅是中国经济的韧性，更有中国企业的全球竞争力和品牌稳步提升的影响力。

资料来源　张敬伟. 企业品牌是国家软硬实力重要载体 [N]. 每日经济新闻，2020-05-13（4）. 节选.

3）提升国际化经营层次策略

我国企业在开展国际化经营过程中，要以组建国际化经营公司为总目标，不能仅停留在商品输出和合资企业阶段，要根据对方国别不同，结合不同的比较优势，制定相应的国际化经营策略，来发展国际化经营。

对于输出导向型投资地区，以保持和扩大市场、增加出口、多创汇为目标，资金一般可流向发达国家和发展中国家，但以发展中国家为主。对于输入导向型投资地区，海外企业最终产品返回国内，获取我国经济发展所需的资源、技术及人才，资金流向以资源丰富的欧美国家为主。企业要不断确立着眼于世界市场总体的发展策略，提高企业国际化经营的内容，建立覆盖全球的国际化经营管理体系，实现国际化经营的全球化。

9.4.2　现代中小型企业国际化经营的优势分析

1）相对技术优势

中小型企业与大型企业相比，在很多领域缺乏现代尖端技术，但拥有不少"适用技术"，这些技术在发展中国家有广泛的适用性。

2）内部化优势

中小型企业规模较小、资金规模有限，其内部规模经济性并不明显。但各中小型企业如果组成"企业群"，进行"集群式"对外投资，就可充分共享经营资源，形成规模优势。另外，中小型企业决策简单而富有效率，能够更灵活、及时地做出反应。中小型企业内部的环节较少，更易于管理者考核员工的工作效率，提高管理效率。

3）市场营销优势

中小型企业规模小、资源有限、实力较弱，往往无法经营多种产品以分散风险，但它有很多优势，如机动灵活、市场适应性较强、市场进退成本低、能更多地接触客户、更快地做出反应等。另外，在产品的开发方面愿意设计和生产适合当地条件的产品，开拓发达国家跨国公司不屑一顾的市场缝隙，其产品具有相当高的专业性和独特性。

9.4.3　国际化经营的策略选择

1）企业国际化经营可供选择的策略

（1）给国外的公司发放许可证，让其使用公司的技术生产和分销公司的产品（在这种情况下，国际收入等于许可证协议的版税收入）。

（2）维持一个国家的生产基地，然后将产品出口到国外市场，其方式是利用公司自己拥有的或者国外公司所控制的分销渠道。

（3）采取多国家的竞争战略，为了适应不同的购买者需求和竞争环境，在不同的国家采取不同的战略方式（其差异程度可能不大，也可能很大）。公司可能运用相同的竞争主题（如低成本、差别化、最优成本），同时公司可能为满足购买者的需求与期望而对产品和服务进行定制，目标顾客群在有些国家可能很广，而在其他国家则可能聚焦于一个狭窄的市场。而且，这个国家所采取的战略行动同在另一个国家采取的战略行动互相独立，将公司的战略同东道国的市场和竞争环境匹配起来要优先于跨国的战略协调。

（4）采取全球低成本战略，竭尽全力成为全球绝大多数或所有具有战略重要性的市场上的购买者的低成本供应商。公司的战略行动要在全球范围内进行协调，以获得相对所有竞争对手的低成本地位。

（5）采取全球差别化战略，对公司的产品在一些相同的属性上进行差别化，以创造一个全球一致的形象和全球一致的主题。公司的战略行动必须在全球范围内进行协调，以获得全球一致的差别化。

（6）采取全球聚焦战略，在每一个有着重要意义的市场上为同一个相同的清晰的小市场服务，公司的战略行动必须在全球范围内进行协调，以在全球范围内获得一致的低成本或差别化。

（7）采取全球最优成本供应商战略，竭尽全力在全球范围内，在相同的产品属性上能够与竞争对手相匹敌，在成本和价格上打败竞争对手，公司在每一个国家的战略行动必须在全球范围内进行协调，以在全球范围内获得一致的最优成本地位。

补充阅读资料 9-2

"一带一路"倡议背景下中国物流企业的国际化路径

"一带一路"倡议是未来 10~20 年中国实施全方位对外开放的总抓手和总纲领。不同于前两次对外开放强调贸易和投资,"一带一路"倡议涉及贸易、投资、产能、金融、生态、海上等六大领域,重点是加强中国同共建国家的"政策沟通、设施联通、贸易畅通、资金融通、民心相通",这为国内物流企业加快海外网络布局、积极发展属地化服务等带来难得的机遇。

国内物流企业应抓住"一带一路"倡议契机,采取"走出去""走进去""走上去"的"三步走"战略,即通过"走出去"加快物流企业海外网络布局,通过"走进去"推动物流企业属地化经营,以及通过"走上去"靠管理推动物流企业跨国经营。加快构建从追逐贸易流转向以完成工程承包、生产制造等海外项目任务为主导的海外网络布局,并通过资产设施注入和网络功能完善等完成业务属地化,最终通过管理国际化实现业务、人员、信息等物流要素经营的全球化。

资料来源 梅赞宾,汝宜红,宋志刚. 一带一路背景下中国物流企业的国际化路径 [J]. 中国流通经济,2016(9). 节选.

2)中国企业国际化经营的具体策略选择

(1)以中外合资经营、特许经营为主的国际化经营策略。

中外合资经营公司是指国内企业与国外企业建立共同投资、共同经营、共负盈亏、共担风险的有限责任公司。国内企业与国外企业合资经营能够弥补自身资金的不足,引进国外的先进技术、管理模式和管理方法,因而是提高自身竞争力、发展壮大自己的一种有效的内向型国际化方式。这种方式在我国最为普遍,几乎涉及每一个行业。我国一些大中型企业在这方面行动较早,其中以汽车行业最为典型。例如,一汽大众、广州本田、上海大众等都是与国外的知名汽车公司合资经营的。

选择特许经营方式时,授权商不需要投入大量的资金便可以达到扩张的目的,在一个相当短的时期内可以达到一个非常高的增长率,比单靠自己的力量所能达到的要快得多。被授权方则可以利用授权商的品牌、商标、技术和经营方式迅速扩大影响、开拓市场,而且在创业过程中始终对自己的经营具有控制权。由于特许经营能够达到双赢的目的,在国外被普遍使用。中国近些年也开始大力发展特许经营,中小企业既可以成为外国企业的特许经营商,也可以自己作为特许经营的授权方发展企业。

(2)以并购、合资为主,独资为辅的国际化经营策略。

企业可以通过对外直接投资,与当地企业合并或购买当地企业,在东道国当地生产、当地销售,打入共同市场或自由贸易区,获取成员国的国籍,变为东道国的企业。这样,我国国际化经营企业不仅可以利用对方的先进技术学会按国际惯例管理企业,而且可以利用对方的人力、物力进行资源要素的最佳配置,以低廉的成本生产产品,获得更多的比较利益。同时,我国企业进行对外直接投资,与东道国联盟,开拓出口商品市场,可以利用对方在国外市场的影响力和完善的营销网络系统降低与分散企业的投资风险。

（3）采用高科技手段的国际化经营策略。

电子商务是目前高科技手段中比较常用的一种。它是在国际互联网上采用数字化方式进行的国际商务活动。这种经营策略对企业来说有许多好处：

①可节省国际交易费用、时间，提高效率。

②减少对交易中间商的依赖，降低销售成本。

③可提供更多出口交易的机会，克服企业在国际市场上面临众多信息危机的缺点。

④由于网上交易无地域、时间限制，受自然条件影响小，因此便于国际化企业的产品及时推向全球，提高其知名度和国际竞争力。

随着互联网技术的迅速发展，越来越多的国际化经营企业意识到通过最新的高科技交易方式在网上寻找更多客户的优越性，这一先进的科技手段必将为国际化经营企业的经营活动带来巨大的收益。

（4）依附国际化经营策略。

随着国际化经营越来越受到重视，许多大型企业集团都投入到了国际化经营的队伍中，但有些规模、实力都不能和大型企业集团相比的企业，可以依附于大型企业集团而生存、发展。一方面，以生产大企业产品的零配件、供应原料而进行纵向联合，形成协作化关系，发挥企业小而精的优势，实行专业化协作生产。例如，有些企业在决定自己的生产方向时，不是着力于开发新产品，而是接受一个或几个大企业长期固定的订货单，依附于大型企业集团发展。另一方面，一些具有特色的产品和服务，如手工制品、劳务等，可充分利用大型企业集团的外贸渠道、信息、信贷等便利条件，进入国际市场。目前我国具有实力的大型企业集团大多为国有企业，它们在融资、信息渠道、技术管理等方面均受到国家重视和支持，这无疑会给这些企业通过大型企业集团实现国际化经营带来便利。

21世纪是一个变革的时代，以不变应万变的态度已无法应付接踵而来的激烈竞争，唯有通过战略的运用才能紧握住每一个转变的契机。这是一个不谈战略就显不出品位的时代，这是一个不谈战略就显不出企业实力的时代，毫无疑问这还是一个战略决胜的时代。对于那些根本还来不及谈论战略的企业和企业家，失败的风险总是随时随地都有的。我们必须重新审视并更加重视战略在企业生存发展中的主导作用，因为战略是不能出问题的，否则企业就会有灭顶之灾。

● **本章小结**

★ 从国际化经营趋势的实际形势，介绍了国际化经营的有关内容和面临的环境、国际化经营市场选择机制的确立、基本竞争战略的制定和国际化经营的策略选择。

★ 国际化经营常见的进入方式包括直接出口、许可证协议、特许经营、管理合同和对外直接投资。国际化经营面临的环境包括国际政治、经济、法律、文化环境，母国环境和东道国环境。

★ 国际市场细分的程序包括：确定国际市场范围；列出国际市场范围内产品的需求位次；列出国际市场细分的初步依据；按照细分依据进行初步细分；挑选出特征突出的需求因素作为细分标准；命名国际细分市场；对细分市场进行综合评价；选择国际细分市场。

★ 国际化经营内部竞争战略包括技术竞争战略、质量竞争战略、管理技能竞争战略和成本竞争战略。国际化经营外部竞争战略包括行业并购与专业化竞争战略和跨国联盟竞争战略。

★ 大型企业国际化经营的策略选择包括实行多方位的市场开拓策略、特色创新国际化经营策略和提升国际化经营层次策略。中国企业国际化经营的策略选择包括中外合资经营、特许经营为主的国际化经营策略，并购、合资为主，独资为辅的国际化经营策略，采用高科技手段的国际化经营策略，依附国际化经营策略。

● 知识掌握

1）单项选择题

（1）在企业国际化经营的常见进入方式中，（   ）的优点是费用低、障碍少、风险小，所以便于快速渗透尽可能多的目标市场。

A.直接出口　　　　　　　　　　B.许可证协议

C.特许经营　　　　　　　　　　D.管理合同

（2）在企业国际化经营的常见进入方式中，（   ）是初始阶段经常采用的方式。

A.直接出口　　　　　　　　　　B.许可证协议

C.特许经营　　　　　　　　　　D.管理合同

（3）在企业国际化经营的常见进入方式中，（   ）是目前应用最广泛的方式。

A.直接出口　　　　　　　　　　B.许可证协议

C.特许经营　　　　　　　　　　D.管理合同

（4）（   ）提出三种基本的企业竞争战略。

A.波特　　　　　　　　　　　　B.亚当·斯密

C.安德鲁斯　　　　　　　　　　D.德鲁克

（5）不是国际市场细分模式的是（   ）。

A.质同细分模式　　　　　　　　B.散点细分模式

C.群体细分模式　　　　　　　　D.模块细分模式

（6）国际化经营的主体是（   ）。

A.企业　　　　　　　　　　　　B.企业家

C.个人　　　　　　　　　　　　D.组织

（7）不属于国际化经营的进入方式的是（   ）。

A.直接出口　　　　　　　　　　B.间接出口

C.对外直接投资　　　　　　　　D.特许经营

（8）不属于国际市场细分因素中的人口统计因素的是（   ）。

A.人口密度　　　　　　　　　　B.家庭人数

C.收入　　　　　　　　　　　　D.职业

（9）按照产品生命周期理论，企业对最新产品采取以出口为主、对外直接投资为辅的政策。随着产品的成熟，一般的趋势是：产品越是成熟，企业越是采取控制程度（   ）的进入方式。

A.高　　　　　　　　　　　　　B.低

C.不变　　　　　　　　　　　　　　D.不定

（10）国际市场可能出现有独特偏好的集群，这属于国际市场细分的（　　）模式。

A.质同细分　　　　　　　　　　　　B.散点细分

C.群体细分　　　　　　　　　　　　D.组织细分

2）多项选择题

（1）国际化经营常见的方式包括（　　）。

A.直接出口　　　　　　　　　　　　B.许可证协议

C.管理合同　　　　　　　　　　　　D.对外直接投资

E.特许经营

（2）国际化经营内部竞争战略包括（　　）。

A.技术竞争战略　　　　　　　　　　B.跨国联盟竞争战略

C.质量竞争战略　　　　　　　　　　D.管理技能竞争战略

E.成本竞争战略

（3）国际化经营应遵循（　　）原则。

A.经济规律　　　　　　　　　　　　B.发挥比较优势

C.调整经营战略　　　　　　　　　　D.实施管理创新

E.实施技术创新

（4）国际市场细分的标准有（　　）。

A.人口统计因素　　　　　　　　　　B.心理因素

C.行为因素　　　　　　　　　　　　D.地理因素

E.政治因素

（5）三种基本的企业竞争战略是（　　）。

A.低成本战略　　　　　　　　　　　B.差异化战略

C.集中战略　　　　　　　　　　　　D.垄断战略

E.唯一性战略

3）简答题

（1）影响企业选择国际市场的因素有哪些？

（2）中国企业国际化经营的比较优势有哪些？

（3）国际市场定位的方法有哪些？

（4）中小型企业的国际化经营策略包括哪些？

（5）如何进行国际市场细分？

● 知识应用

□ 案例分析

吉利国际化战略实施路径

企业国际化战略是我国企业自主品牌战略的一个组成部分，是提高自主品牌企业国际竞争力的重要途径。企业的国际竞争力也是企业实现国际化的基础。

中国汽车产业的国际化进程正从"引进来"阶段进入"走出去"阶段。从目前我国自主品牌汽车企业"走出去"的形态来看，主要有四种海外市场进入模式：一是直接出口，这是当前我国汽车产业跨国经营的主要方式；二是建立海外CKD（全散装件）组装/SKD（半散装件）组装工厂；三是并购重组；四是建立海外生产基地。

吉利的国际化战略以海外并购、海外设立工厂和研发中心为主。在汽车企业国际化上，吉利可以说是走在了最前端。创业伊始，吉利就明确了走向国际的战略目标，迄今为止，吉利的国际化已经经过了产品出口、品牌传播、自主研发和技术引进、海外并购等几个国际化阶段，现今正在进入资源整合、进军欧美的更高阶段。目前吉利已开始组建欧洲、北美营销事业部，已着手对欧美市场进行上市研究。吉利的一系列跨国经营战略，尤其是海外并购沃尔沃的成功，使得其品牌知名度大为提升，这也是近年来吉利的产销量和出口量增长的直接因素之一。

资料来源　陈丽. 自主品牌战略与国际竞争力提升——吉利汽车的路径与经验［J］. 金融经济，2018（22）. 节选.

问题：请总结吉利国际化的特点和路径。

□ 实践训练

实训项目：企业国际化经营战略的制定。

实训目的：培养能够在掌握国际市场竞争战略类型的基础上进行企业国际化经营战略制定的能力。

实训步骤：寻找某一国际化经营企业，调查该企业当前面临的国际化环境，结合当前实际和企业具体情况为该企业制定国际化经营的竞争战略。

□ 德育训练

"一带一路"倡议背景下国内企业如何实现与国际化市场深度融合

自党的十八大以来，习近平总书记提出的"一带一路"倡议，促使越来越多的企业"走出去"，开拓海外市场，为企业"走出去"注入信心，为企业提供难得的国际化发展机遇。"一带一路"倡议的提出，顺应了新常态下我国经济发展的客观需求，有效突破我国经济发展过程中原有的障碍因素，成为我国各大企业国际化、贸易化发展的新动力。

在新常态发展背景下，"一带一路"倡议已成为我国各大企业"走出去"、实现国际化运营的历史机遇，在优化国内企业发展环境、解决新常态经营问题、化解我国产能过剩、推动实体经济发展等多方面都有着较高帮助，提供重要契机。同时，我国企业作为推动社会经济发展、带动社会经济转型升级、实现居民就业的最主要渠道，是实现国际化发展、增强国际化经营能力以及实现"一带一路"倡议的重要组成部分。

另外，"一带一路"倡议的提出，对企业经济发展提出新要求，要求企业应积极作为，勇于担当，积极采取有效措施，大力推进自身转型升级，通过建立科学合理的国际化经营机制，在推动企业国际化发展中实现新的盈利增长，引领经济新常态。由此可见，响应"一带一路"倡议走出去，与当前企业国际化经营能力是互补互促、共同发展的。

资料来源　李珊. 围绕"一带一路"倡议走出去增强企业国际化经营能力［J］. 科技·经济·市场，2020（6）：110-111.节选.

讨论：结合本章知识，分析在"一带一路"倡议中，国内企业如何与国外企业形成国际化利益共同体，促进国际化市场深度融合。

● 网上资源

https：//www.chinairn.com

企业战略变革

知识目标：

1.理解战略变革的含义和企业战略变革的必要性。

2.了解影响战略变革的主要因素。

3.掌握企业战略变革实施的步骤。

能力目标：

1.能够通过系统性调研与分析，识别企业面临的内外部环境变化，判断战略变革的必要性。

2.能够基于诊断结论，提出建设性意见并制订战略变革方案。

素养目标：

1.积极运用社会主义核心价值体系引领企业文化构建，驱动企业战略变革与技术创新。

2.强化以"四个自信"为战略导向的意识，构建具有中国特色的企业战略变革方案。

　　企业要想在激烈的市场竞争中获得优势，不仅要关注外部环境变化给企业带来的机会和挑战，更要改变自身的管理模式，形成有别于其他企业、为本企业所特有的核心竞争力。只有这样，企业才能保证可持续发展，基于环境的变迁和自身资源与能力的变化有必要对原有战略进行重大调整，实施战略变革。

10.1　企业战略变革的必要性

　　在当今世界上，唯一不变的就是变化，而变化必然引发新的问题，特别是在当今科技日新月异、竞争日益激烈的环境中，企业唯有保持高度弹性、充满创新与活力，才能在市场上持续生存。从这个意义上说，企业最大的问题不在于外部环境发生变化，而在于企业自身能否根据这种变化采取相应的变革行动。

　　随着经济的发展、社会环境的变化，以及企业自身的发展，原有的战略可能不适应新的环境，甚至会制约企业的发展，企业必须通过战略变革来适应新的环境，从而实现企业的长期发展。企业变化的动因是多种多样的，大多数情况下，可能有以下几种动因：

　　（1）环境的变化。竞争者业务的变化、消费者消费目标和方式的变化、法律的变化、社会行为和态度的变化、经济的变化等。

（2）在技术和工作方法方面的变化。这些变化也可能是环境变化所引起的，如新技术的出现和关于工作安全的新法律的出现。

（3）产品和服务方面的变化。这是由于消费者需求、竞争者行为、新技术的出现等所引起的变化。

（4）管理及工作关系的变化。例如，领导风格与员工工作方式的改变，以及教育培训方面的改变。

（5）组织结构和规模的变化。这包括设立新的部门、更多的授权或集权、计划方式的改变、管理信息的提供和控制的执行改变等。

上面讨论的几种变化可能导致企业的重组。

（6）并购后，未来的管理层希望改善现有结构并将公司整合到新的母公司结构和体系中，这将包括名称和标志的变化，也包括组织结构、文化、工作角色、员工数量和管理体系等更深刻的变化。

10.1.1 战略变革的基本含义

一般来讲，战略变革包含两种形式的变革：一是企业组织的重大结构性变革；二是企业战略的变革。前者是构成西方战略变革管理理论的主要内容。英国曼彻斯特管理学院教授伯恩斯（Burnes）认为，组织理论也就是变革理论。在大量关于组织变革的研究文献中，也有涉及企业战略变革的内容，但它处于从属地位。这与战略管理的产生时间较晚有关。随着人们对战略管理的逐步重视，以及企业所处的外部环境的不确定性、不连续性和难以预测性，西方管理学界对企业战略变革的关注与日俱增，关于这方面的研究文献也于20世纪80年代后期开始出现。目前，此理论正在深入发展，而国内管理学界对它关注快速提升近几年研究成果增速已超越组织变革领域，尤其在数字化转型战略等方向形成本土化理论突破。

近年来，权变理论的运用范围逐渐扩大到组织理论。权变理论的组织设计观念认为，不可能建立一种万能的管理模式，也没有一种"最好"的管理模式，只有"最适宜"的管理模式，企业组织需要根据不同条件来选择和设计不同的组织模式。

权变理论认为，权变的最基本缘由是变化的环境，企业组织变革的根本原因在于企业内外环境的变化，权变理论称之为权变变量。选择新的组织或改革旧的组织时，必须对这些权变变量予以充分的考虑，然后才能依据权变变量的变化设计不同的组织模式。

美国现代管理学之父德鲁克认为：世上没有放之四海而皆准的设计，每一个企业机构的设计，都必须以配合其使命和策略的主要业务为中心。随着权变理论被越来越多的管理者接受，其理论的核心思想也被越来越多地用于企业的战略管理之中，这就是战略变革，因此可以说，战略变革的理论基础就是权变理论。

所谓企业战略变革，是指企业为了获得可持续竞争优势，根据所处的外部环境或内部情况已经发生或预测会发生或想要使其发生的变化，结合环境、战略、组织三者之间的动态协调性原则，并涉及企业组织各要素同步支持性变化，改变企业战略内容的发起、实施、可持续化的系统性过程。

10.1.2　战略变革的种类

我们在探讨了战略变革的含义后，再来看一下战略变革的种类。达夫特在 1992 年对企业为了适应环境和在市场条件下生存而推行的战略变革进行了分类，共有四种类型：

（1）技术变革。技术变革往往涉及企业的生产过程，包括使之有能力与竞争对手相抗衡的知识和技能。这些变革旨在使企业的生产更有效率或增加产量。技术变革涉及工作方法、设备和工作流程等方面。

（2）产品和服务变革。产品和服务变革是指企业产出的变化，包括开发新产品或改进现有产品等，这在很大程度上影响着市场机会。

（3）结构和体系变革。结构和体系变革是指企业运作的管理方法的变化，包括结构变化、政策变化和控制系统变化等。

（4）人员变革。人员变革是指企业员工价值观、工作态度、技能和行为方式等的转变，目的是确保员工努力工作，完成企业目标。

10.1.3　战略变革的必要性

1）政治法律环境变化的需要

首先，政府职能的转变为企业战略变革提供了制度性基础。以我国为例，在政企职责分开后，联结企业与政府的隶属关系被切断，企业进入法人治理结构阶段，政府对企业的管理也从部门管理转为行业管理。其次，政府为保证宏观调控目标的实现，一个重要手段就是加强各种立法和执法力度，以完善的法治体系规范企业行为。法律环境的变化也会影响企业战略的变化，如反不正当竞争法等。最后，一些新的制约因素不断出现。例如，环境保护的强化和社会伦理标准的重构对企业既是一种潜在的制约，又孕育着新的机会，对环境有害的或被认为不公平的或违反伦理的行业，受到越来越多的限制。

2）企业自身发展的需要

组织本身的因素也是战略变革的内在推动力量，如企业前期业绩、战略、高层管理团队的特点等方面的变化都将成为战略变革的诱发因素。

毫无疑问，企业的前期业绩是战略变革的重要内在因素。一般而言，业绩不佳更容易引发战略变革。当企业面临业绩不佳或业绩下滑时，更可能从战略内容或战略实施，甚至战略决策的过程中寻找问题的根源。

企业内部应变管理能力弱，是许多已破产的企业和濒临破产企业的通病。应该说，管理变革为战略变革创造了基础条件、增加了动力；同时，战略变革为企业的管理变革提供了政策依据和发展方向上的指导。所以，企业在不断通过管理变革来完善自身发展的同时，一定要充分关注企业的战略变革，否则，将很容易迷失正确的发展方向。目前，我国很多企业正处于重要的转型期和战略变革期，要成功而快速地实现企业的发展目标，很重要的一点就取决于战略变革和管理变革上的密切配合与快速跟进。

3）经济全球化的需要

20世纪90年代以来，以信息技术为中心的高新技术迅猛发展，不仅突破了国界，而且缩小了各国和各地之间的距离，使世界经济越来越融为一体。目前，经济全球化已显示出强大的生命力，并对世界各国经济、政治、军事、社会、文化等方面，甚至包括思维方式等，都造成了巨大的冲击。这是一场深刻的革命，任何国家都无法回避，唯一的办法是去适应它，积极参与经济全球化，在历史大潮中接受检验。经济全球化是一把"双刃剑"。与此同时，它加剧了国际竞争，增多了国际投机行为，增加了国际风险。企业面临的经营风险是不可避免的，因此企业必须及时调整自己的经营战略。

4）市场变化的需要

目前，我国乃至全球的市场都出现以下主要特征：①买方市场的形成。②市场微型化。③市场竞争程度加剧。④市场的全球化。

消费偏好的快速变化导致产品生命周期日益缩短，使得建立在大规模生产基础上的传统竞争战略面临新的挑战。企业需要寻求既能够制定接近大规模生产的价格，又能够满足个性化需要的生产方式。在国外，许多行业的生产企业正在从传统的大规模生产方式向大规模定制生产方式转变。相应地，战略也需要从基于大规模生产的理念向大规模定制理念转变。然而，大规模定制战略是对传统战略的巨大挑战。

企业保持生存和继续发展的前提就是它所提供的产品或服务要满足不断变化的市场需要。企业不仅要满足当前经营和管理的需要，也要满足当前经营和管理中已经显示出来的一些变化的需要，以提高企业管理效能，增强企业发展后劲，因此战略变革就是企业保持竞争优势必不可少的一个环节。

观念应用 10-1

大数据时代对企业战略管理提出的要求

数据是企业经济活动赖以运转的重要资源，是现代企业创造价值的重大来源，是企业发展中的核心资产。重视大数据资源，体现在战略管理中就是转变管理意识、充分应用大数据技术、把现代管理理念与大数据概念充分融合，如此才能紧跟时代步伐，使企业焕发新的竞争力和生命力。

（一）转变管理意识。企业应适应这一潮流，充分重视智能手机带来的各行业换代升级的新风向，快速建立"手机+App+网络"的新时代企业基础设施，将战略管理的行为移植到三位一体的平台之上，挖掘企业潜能，不断降本增效，在快速发展的时代中争得先机。

（二）摆正大数据技术与战略管理的关系。数据技术始终是一种工具、一种手段，企业的发展主要还是靠自身的战略定位、竞争实力和管理水平。

资料来源 张广开. 大数据技术在企业战略管理中的应用［J］. 中国集体经济，2021（3）：160-162.节选.

分析：企业战略管理关乎企业生存发展，应当积极与大数据技术结合，创造管理抓手，加速管理进程，提升管理效率。战略管理与大数据技术完美结合将成为各企业争相研究和探索的重大课题，也将成为现代企业做优、做强、做大的可靠路径。

10.2　企业战略变革的影响因素分析

近年来，企业之间的竞争非常激烈，已进入白热化阶段。同时，企业所处的行业与环境都处于复杂、动态和不确定的发展过程中。企业发展的过程就是一个不断适应外部环境变化和积累自身内部能力的动态过程。为了保证企业可持续发展，基于环境的变迁和自身资源与能力的变化，企业有必要对原有战略进行重大调整。

每个企业都必须面对变革，影响企业变革的因素有很多，其中最关键的有以下几点：

1）企业领导

高层管理团队对战略变革的影响主要表现在：当高层管理者不是企业的所有者时，根据委托代理理论，高层管理者将按他们个人的利益最大化目标做出实际决策，如盲目扩大企业规模；而作为企业所有者的管理者，与那些不是所有者的管理者相比，可能更不愿意偏离组织的先前战略。

企业在战略变革过程中会遇到无数的阻力，因此企业需要有一批人尤其是高层管理者坚定地拥护变革。支持变革的管理者权力越大，变革成功的可能性也就越大。这是因为只有企业的高层领导才能最清楚地告诉员工战略变革的重要性和必要性。企业的最高领导层不能仅仅确定战略变革将要达到的目标，为了实现战略变革的目标，他们还应该规划并积极参与战略变革的过程，只有这样，才能向全企业表明变革的重要性，也有助于变革目标和变革过程的协调统一。

当然，高层领导要全身心投入变革中，各部门管理者也必须理解他们在企业变革中的角色。各级管理者在变革中起管理和激励变革的作用。为了确保各级管理者理解自己在变革中的领导角色，企业应该提供一些针对性的培训课程。所有成功实现企业变革的企业都表明，在企业变革的过程中，正规的教育与培训是相当重要的因素。

2）企业文化

在战略变革不可避免时，能否及时创建一种支持战略变革的组织文化，是变革能否最终获胜的根本因素。企业文化是一家企业在长期生产实践中所凝结起来的一种文化氛围，包括企业价值观、企业精神、经营理念和广大员工所认同的道德规范与行为方式。

战略和文化之间的关系，就好像是人的行为与精神的关系，人先有了精神，然后才有在精神支撑下的行为，而行为又影响人的精神。

现阶段，国际市场竞争环境日益复杂，呈现出以科技竞争为核心、品牌主体间围绕知识产权资源的角逐持续激化、区域经济集团化趋势明显、贸易保护主义抬头、消费者需求多样化与个性化等特点。因此，为适应国际竞争要求企业必须进行战略变革，而战略变革首先涉及的是组织中的人和文化。组织文化主要是组织的非正式制度在发挥作用，战略变革会影响到组织中某些群体的利益，如果对他们而言是有利的，这种组织文化便会支持战略变革，而一旦这些群体不喜欢战略变革所带来的结果时，组织文化便会成为问题之源。对于大部分中国企业而言，如何变革既有战略以适应国际市场竞争，是未来几年甚至是相当长时期内都要认真思考的问题，因此如何创建适合战略变革的企业文化也就成为必选之题了。

221

思政视角 10-1 ————————————————————

文化引领企业创新变革

党的十九届五中全会提出"坚持创新在我国现代化建设全局中的核心地位，把科技自立自强作为国家发展的战略支撑"，并将其摆在各项规划任务的首位进行专章部署。这是以习近平同志为核心的党中央站在历史新高度、从战略全局出发做出的重大战略决策，具有重大而深远的意义。

在当今时代，文化越来越成为民族凝聚力和创造力的重要源泉，越来越成为影响综合国力竞争的重要因素。文化的核心价值观念体系，影响着人的创造活动取向。文化在创新驱动中发挥着引领作用。社会主义核心价值体系是兴国之魂，是社会主义先进文化的精髓，决定着中国特色社会主义发展方向。没有文化的积极引领，没有人民精神世界的极大丰富，没有全民族精神力量的充分发挥，一个国家、一个民族不可能屹立于世界民族之林。

资料来源　张福斌. 以文化引领企业创新变革［J］. 建筑，2019（24）：24-25.节选.

3）员工参与变革的积极性

在战略变革中，如果得不到企业员工的支持和积极参与，变革是不可能成功的。为促进员工积极参与变革，企业应该做到以下几点：

首先，应赋予员工更多权力和责任。比如，在业务流程再造中，只有在流程专家的指导下，员工参与改造流程，方能获得成功。因此，应赋予员工改变流程的责任和权力，流程改造如果失败，他们应该负相应的责任，如果改造成功，员工也应得到相应的奖励。

其次，应注重对员工的培训。通过培训，可达到两个目的：其一，加深员工对企业业务的理解，以帮助他们理解为什么要进行变革，在哪些方面应该变革。其二，培训可以帮助员工掌握战略变革所需的技能。如果授予员工更多的权力和责任，但没有教会他们实施变革的技能，最终可能会导致南辕北辙。培训包括针对新上任管理者的领导技巧和员工胜任新工作所需的技术等。

最后，经常调查员工的态度和行为，将调查结果反馈给员工。这有助于员工清楚变革的过程，并帮助管理者了解企业文化变革到达何种程度，还有哪些地方没做到位。

4）变革过程中的沟通和评估

在战略变革过程中，沟通是相当重要的，具有以下几方面的作用：

（1）企业的高层领导需要通过沟通将企业的愿景和战略传达给各级员工。

（2）沟通有助于管理层和员工了解战略变革的进展，以及还有哪些工作没有完成。

（3）利用多种沟通途径，管理层将重要的信息传达给员工，员工也可向其他员工提供帮助或者寻求帮助。

管理层和员工之间注重沟通，会让员工感受到管理层的关注，一起克服变革中遇到的种种困难。为了促进良好的沟通，掌握一定的沟通技巧是相当重要的，交互作用分析是提高各级员工沟通技巧的非常好的培训课程。

评估对战略变革的成功也至关重要。在变革过程中，企业应当及时评估变革的进展和当前的状态。评估的指标包括两类：一类是一些传统的企业绩效指标和财务指标；另一类是软性指标，如大股东、客户、中高层管理者的意见等。这些信息有助于确定变革是否合适，促进大家对变革过程的理解。通常，评估结果应该及时反馈给所有的员工。

只有大部分企业成员理解、接受新的企业战略，企业战略变革才拥有成功的群众基础。因此，要有机结合人力资源管理和企业战略变革。由于管理者和普通员工在新战略执行中角色与职能的不同，人力资源管理措施的侧重点也有所差异。针对高层管理者，注重沟通、合作、补偿和控制，减少权力性阻力；针对中层管理者，着重培养和选拔，发挥其在组织中承上启下的特殊作用；针对低层管理者和普通员工，侧重沟通、培训和教育，加强企业战略变革的基础动力。

5）人力资源管理制度是否与战略变革的目标保持一致

人力资源管理制度和政策是与企业的愿景、战略相一致的。对多数企业而言，经过多年的积累，已经形成一套相对稳定的人力资源管理体系。然而，在战略变革中，企业有新的愿景、战略，这时，旧有的人力资源管理制度（如薪酬、绩效考核、员工发展等）可能不能满足战略变革的需求，因而需要适当的改变，以配合战略变革的开展。例如，绩效考核制度和所使用的绩效考核方法应更关注有利于促进文化变革的要素及其他促进战略变革的要素。同样，绩效管理和薪酬制度等要进行相应的调整。

小思考 10-1

为什么有的组织不愿意变革？

分析要点：组织变革作为战略发展的重要途径，总是伴随着不确定性和风险，并且会遇到各种阻力。管理心理学研究发现，常见的组织变革阻力可以分为以下三类：

（1）组织因素。在组织变革中，组织惰性是形成变革阻力主要的因素。这是指组织在面临变革形势时表现得比较刻板、缺乏灵活性，难以适应环境的要求或者内部的变革需求。造成组织惰性的因素较多，例如，组织内部体制不顺、决策程序不良、职能焦点狭窄、层峰结构和陈旧文化等，都会使组织产生惰性。此外，组织文化和奖励制度等组织因素以及变革的时机也会影响组织变革的进程。

（2）群体因素。组织变革的阻力还会来自群体方面，研究表明，对组织变革形成阻力的群体因素主要有群体规范和群体内聚力等。群体规范具有层次性，边缘规范比较容易改变，而核心规范由于包含群体的认同，难以变化。同样，内聚力很高的群体往往不容易接受组织变革。

（3）个体因素。人们往往会由于担心组织变革的结果而抵制变革。一是职业认同与安全感。在组织变革中，人们需要从熟悉、稳定和具有安全感的工作任务，转向不确定性较大的工作任务，其职业认同受到影响，产生对组织变革的抵制。二是地位与经济上的考虑。人们会感到变革影响他们在企业组织中的地位，或者担心变革会影响自己的收入。由于个性特征、职业保障、信任关系、职业习惯等，员工也会产生对组织变革的抵制。

10.3 企业战略变革的实施过程

一个完整的企业战略变革实施过程包括变革前的准备、变革的实施、战略变革的跟踪与持续改进三个阶段。

10.3.1　变革前的准备

1）摸清企业现状

明确企业现状是实施企业战略变革的第一步，也是非常重要的一步。企业首先要清楚自己的现状，了解企业发展现存问题以及挖掘出制约企业发展的因素，才会采取相关措施。毕竟企业不是为了管理而管理，企业任何管理的变革都必须有充分的内部数据和事实作为依据，抛弃了这些数据和事实，企业战略变革实现的可能性非常小。企业经常采用的问卷调查、面对面的交流沟通、收集文件及记录、笔录、会议、座谈等都是为了摸清企业现状，找出自身的优势与不足。

2）确定战略变革目标

企业的任何行为都必须具有一定的目标，没有目标的计划或任务是没有任何意义的。通过对企业现状的调查与摸底，运用SWOT等方法分析所搜集到的这些信息，对影响企业运作或产生瓶颈的因素做阐述与分析，明确企业变革的目标，以及通过实现这个目标而要解决的企业问题。当然，这个过程多数采用的是座谈、会议和面对面沟通等方法。这个阶段的主要任务就是实现企业内部多数员工对目标的认可。

3）目标分解及项目计划确定

企业变革只有大的目标是不现实的，是没有可操作性的。要使得企业的目标可以实际操作，就必须采用结构分解的方式对企业战略变革的大目标进行层层分解，也只有将所有的子目标或子任务都分解到相关岗位，这个目标才有意义。其实，在战略变革过程中，多数员工是不可能非常清楚所有目标的，但是多数岗位上的员工都想知道自己到底要干些什么。所以，进行积极的沟通和协调，明确相关岗位的任务，然后让员工自己理解并完成任务，是企业战略变革倡导的重要方法之一。企业战略变革负责人必须将员工个人承诺的内容与其绩效挂钩，也只有这样操作，才会使得员工在战略变革中既有压力，也有动力。

4）战略变革内容的模拟、讲解及发布

战略变革是个复杂的过程，应该属于一个系统的社会工程，在这个工程里面，所有的人际关系都是企业要积极面对的。因此，在企业准备实施战略变革的阶段完成以后，就需要对这个阶段定性、定量的内容进行模拟现场操作、讲解和座谈，让员工明白企业要提倡什么和反对什么。通过模拟，员工会清楚企业要求的内容；通过讲解，员工会清楚模糊的地方；通过发布，员工会清楚战略到底在什么时间进行切换。

5）战略变革内容的培训、宣传及试运行

企业进行战略变革时，需要通过系统性培训来推进员工思想转变。企业通过战略变革内容培训、引用行业标杆企业经典转型案例等方式，将企业变革的必要性转化为员工对企业发展蓝图的集体承诺，自觉将个人发展与组织目标相融合，增强员工对变革的深层认同。同时，建立有效的信息发布、沟通机制，面向全体员工解释变革的紧迫性和必要性，尤其需要重点解释企业及员工短期利益变化和企业长期价值提升的关系。通过对这些变革的内容进行阶段性、计划性培训、宣传及试运行，找出在模拟中没有发现的问题或不足，并及时改进。

补充阅读资料 10-1

战略变革的时机选择

信息是管理者认识变革力量大小的根据。财务报告、质量控制数据、预算和标准成本信息等是主要的内容。这些信息可以显示外部和内部力量的变化状况。利润率下降、市场份额下降会明显地表明企业竞争力量减弱和需要进行战略变革。遗憾的是，许多企业直到发生了大规模的危机才会认识到战略变革的重要性。一般来说，战略变革时机有三种选择，有远见的企业应该选择第一种，这样能避免过迟变革的代价。

1. 提前性变革

这是一种正确的变革时机选择。在这种情况下，管理者能及时地预测到未来的危机，提前进行必要的战略变革。国内外的企业战略管理实践证明，及时进行提前性变革的企业是最具有生命力的企业。

2. 反应性变革

在这种情况下，企业已经存在有形的可感觉到的危机，并且已经为过迟变革付出了一定的代价。

3. 危机性变革

在这种情况下，企业已经存在根本性的危机，再不进行战略变革，将面临倒闭和破产。因此，危机性变革是一种被迫的变革，企业往往会付出较大的代价才能取得变革的成效。

企业一旦决定进行战略变革，就要进一步考虑如何进行变革的问题。这需要分析问题的症状以发现问题的实质。然而，管理者们对问题性质的意见和看法常常是有分歧的。为此，这一阶段的工作可围绕下面三个问题来讨论：（1）什么是有别于问题表象的实质问题？（2）解决该问题要改变什么？（3）变革的结果（目标）是什么，如何衡量这些目标？

资料来源　中国注册会计师协会. 公司战略与风险管理［M］. 北京：经济科学出版社，2011.

小 思 考 10-2

某公司是一家大型商场，在过去的几年中一直维持实体店销售，具有很高的信誉和知名度。近期，该商场通过市场调查发现，网上购物的兴起使其销售量逐渐下降，为此高层管理者决定建立自己的网上购物商城，以扭转局面增加其销售量。该商场采取的这种战略变革是什么？

分析要点：反应性变革。该商场已经存在有形的可感觉到的危机，并且已经为过迟变革付出了一定的代价，所以属于反应性变革。

10.3.2　变革的实施

1）战略变革管理团队的建立

在第二阶段开始时，企业应该建立一个由高、中、低层管理者和关键员工组成的战略变革管理团队，对战略变革实施综合、系统管理，尤其要注重中层管理者与关键员工的角色和作用。中层管理者承上启下的有机联动性与关键员工对战略执行绩效的第一线真实感受和认识，是正确发起和实施战略变革不可或缺的要素。

2）培育战略学习机制，提高企业战略的转换能力

企业战略作为连接企业组织和环境的纽带，通过环境、组织和战略三者间的反馈式互动而成为企业获取可持续竞争优势的重要途径和前进方向。战略学习机制在其中起着基础性作用。组织学习是以组织为基本单位的知识创新过程，所以要充分重视各种形式的企业知识创新活动，使企业在实施战略变革时能充分保证变革按照既定的时间进行，并提高战略变革质量。

3）合理、谨慎地设计企业战略的变革过程

企业战略的变革要经历发起、制订方案、贯彻执行（其间伴随着绩效评估）等阶段，是一个长期复杂的系统过程，需要深入调研、认真制定和扎实推行，应做到循序渐进、步步为营，不能凭借"长官意志"而武断拍板，希图一蹴而就。

观念应用10-2

中粮集团的战略变革

中粮集团的战略变革实践具有代表性，2004—2016年，时任董事长宁高宁通过引入"团队学习法"推动企业从传统贸易公司向全产业链国际化粮商转型。这一方法结合西方行动学习理念与中国国企情境，以集体研讨和反思为核心，分两阶段实施：

战略启动阶段（2004—2008）：该阶段的核心目标是打破传统国企的决策惯性，重塑组织战略认知与管理体系。通过高层战略研讨会重塑使命与业务体系，梳理50余项分散业务，建立6S管理体系，通过"催化师"机制培养经理人成为战略落地的推动者，打破传统国企决策模式。

战略深化阶段（2009—2016）：围绕"全产业链"目标，开展业务协同研讨与国际化人才培养，将团队学习融入领导力课程，解决产业链协同与全球化资源配置难题，最终推动中粮集团跻身全球五大粮商。

资料来源 苏勇、王芬芬，陈万思.宁高宁领导下的中粮集团战略变革实践［J］.管理学报，2021，18（02）：159-170.

分析：中粮集团战略变革以"思想引领+行动实践"为主线，通过本土化创新管理工具激活组织活力，成为国企改革的典型案例。

4）改变企业文化

无论是战略还是文化都需要变革，战略的变革会带来不确定性和风险。尽管战略变革前企业必须做好各种资源的评估，但由于企业文化等的存在，不同个体对战略变革结果的接纳程度及风险意识都不同，对战略变革的态度就自然不同，战略变革甚至会激起反抗，从而导致失败。

如何让变革深入人心，让创新价值观成为坚定不移的价值取向，是战略变革成功的关键。变革是需要付出成本的，坚决清除变革途中的障碍本身就是一种价值观取向的标杆。形成主流文化是向企业成员宣示变革的决心的最好途径。

可以说，企业的变革就是战略与文化如何协同的问题。在战略变革不可避免时，及时创建一种支持战略变革的企业文化，是变革最终获胜的根本因素；否则，企业文化便会成为问题之源。

5）构筑共同愿景

战略变革成功的关键在于如何正确发挥组织能量从而取得成功，这需要从说服那些参与变革人员接纳新的战略开始，也取决于企业成员能够在企业的前景问题上达成一致。解决此问题最好的方式就是规划共同愿景。

愿景告诉人们"我们（企业）将成为什么"，不同于战略目标——明确告诉成员什么时间能达成什么具体目标。一个明晰的愿景应该是对企业内外的一种宏伟的承诺，使人们可以想象达成愿景后的收益。它应该具备以下特征：能够让人们激情澎湃，调动他们的积极性，让人们觉得有点高远但愿意全力为之奋斗。

所以，战略变革要提出共同愿景，给员工一个足以让其兴奋不已的蓝图，让员工和利益相关者提供帮助，甚至牺牲短期利益。用愿景激发员工变革的欲望，是战略管理必不可少的一环。

6）塑造核心价值观

价值观是指导人的行为的一系列基本准则和信条。价值观回答以下问题："什么事至关重要？""什么事很重要？""我们信奉什么？""我们该怎样行动？"……一家企业的价值观是该企业对于内部和外部各种事物与资源的价值取向，是企业所有成员在长期的企业哲学指导下的共同价值观。价值观是我们进行决策，确定政策、策略和方法，以及选择行为方式的指导方针。因此，建设战略支持型企业文化，要把着力点放在塑造企业核心价值观上，在企业内部确立人的价值高于资产的价值、共同价值高于个人价值、团队价值高于单体价值、社会价值高于经济价值的价值观。

一个与企业发展战略相适应、相匹配的企业核心理念体系的创建和完善，为企业发展战略的推进提供着生生不息的价值导向、智力支持、精神动力、舆论引导和文化支撑，促进企业中的人拥护变革，对既有的价值观进行创新，使之匹配新的战略实施框架，是战略管理实施的价值基础。

思政视角 10-2

"四个自信"为企业变革创新指明方向

习近平总书记在党的十九大报告中强调，"全党要更加自觉地增强道路自信、理论自信、制度自信、文化自信"。"四个自信"是中国特色社会主义的重大理论创新，也是实现中华民族伟大复兴中国梦的精神动力。

"四个自信"为管理本土化讨论指明了方向，中国企业需要立足于本土实践经验的经济理论、管理理论的支持、指导。本土经济学、管理学研究的成果，为管理思维方式变革提供了较为丰富的知识基础，企业在进行战略变革分析、变革机会的识别与开发、变革策略制定时，只有坚定"四个自信"，才能正确分析形势，做出正确的选择。

资料来源 梁景胡，宁晚枚. 管理类专业课程思政建设探索［J］. 对外经贸，2023（6）：46.

7）让战略变革在组织文化中根深蒂固

经过共同愿景的规划、既有价值观的创新，一种支持战略变革的组织文化就初步建立起来了。这种组织文化仅仅是开始，组织成员对于新的文化价值观只是停留在了解阶段，此时如果过早放松对新的组织文化的培育，战略变革就会面临因缺乏动力而停滞不前的风险。因此，短期的变革成功并不意味着长期的胜利，只有当新的战略变革深入组织文化的根源中，变革的果实才会巩固。要使战略变革在文化中根深蒂固，有几个要素要关注：

（1）领导团队身体力行。

要使组织中的每一个人相信愿景并愿意去实践共同的价值观，领导团队的身体力行最为重要。如果共同的价值观只是停留在口头、文字、会议等形式上，领导团队也高高在上，这样的价值观是不可能被员工接受的。价值观不应该只是每天不断说教，而应该每时每刻体现在行动上，因此领导团队的行动更为重要。

（2）让价值观体现在工作绩效上。

任何精神层面的东西，如果不体现在物质层面上，是不可能让人们折服的。要员工信奉共同价值观，就必然要让他们相信这样的价值观是能够给他们带来绩效的，无论是在薪酬上或者是在个人发展空间上，它必须有一个体现的载体。所以，要有意识地向员工表明新的战略变革将如何帮助他们提高工作绩效，从而使他们将战略变革的作用与价值观联系起来，从而愿意去坚持这种价值观。

（3）清除变革中的障碍。

战略变革开始往往让组织成员在观念上无所适从，文化惯性使他们怀疑变革的真实性，既有利益者更会在非正式场合散播变革的不利因素。此时，负责战略变革的高层管理者应寻找有效方法，让变革的决心深入人心，让创新价值观成为坚定不移的价值取向，让成员迅速适应变革。例如，让反对和不支持战略变革的人离开团队，奖励在战略变革中起模范作用的员工等，使员工清楚什么是对的、什么是错的。

10.3.3　战略变革的跟踪与持续改进

当战略变革完成以后，所有变革的内容就成为企业的"内部法律"，任何员工都必须无条件地去执行。让员工改变一种习惯需要不断进行培养和奖惩，所以在这个阶段公正、公开、透明是企业必须坚持的，是在正式运作前期坚决不可以打破的，否则企业战略变革很容易步入歧途。同时，在这个过程中，企业的管理部门必须跟踪和检查，并进行阶段性质询，然后根据发生的问题进入新一轮的企业战略变革，这样，一个企业战略变革的循环系统就完成了。

小思考 10-3

在战略变革的发展阶段中，对公司制定的战略没有发生太大的变化，仅仅有一些小的修正，这体现的是战略变革的什么阶段？

分析要点：是连续阶段，在战略发展的连续阶段中，制定的战略基本上没有发生大的变化，仅有一些小的修正。

● 本章小结

★ 介绍了战略变革的含义。

★ 阐述了战略变革的必要性。

★ 分析了影响战略变革的主要因素。

★ 介绍了战略变革实施的步骤。

● **知识掌握**

1）单项选择题

（1）实施企业战略变革的第一步应该（　　）。

A.摸清企业现状　　　　　　　　　　B.确定战略变革目标

C.宣传战略变革内容　　　　　　　　D.分解目标

（2）（　　）阶段的主要任务是实现企业内部多数员工对目标的认可。

A.确定战略变革目标　　　　　　　　B.目标分解及项目计划确定

C.战略变革内容的模拟、讲解及发布　D.战略变革内容培训、宣传及试运行

（3）在变革实施阶段，企业应该建立一个由高、中、低层管理者和关键员工组成的战略变革管理团队，对战略变革实施综合、系统管理，尤其要注重（　　）的角色与作用。

A.高层领导者　　　　　　　　　　　B.关键员工

C.中层管理者和关键员工　　　　　　D.中层管理者

（4）在一个动态的环境中，（　　）是企业战略变革的基础。

A.企业的动态能力　　　　　　　　　B.企业实力

C.领导决策　　　　　　　　　　　　D.目标分解

（5）战略变革的理论基础是（　　）。

A.权变理论　　　　B.企业变革　　　　C.企业分析　　　　D.企业规划

（6）权变理论认为企业组织变革的根本原因是（　　）。

A.企业内部环境的变化　　　　　　　B.企业外部环境的变化

C.企业内外环境的变化　　　　　　　D.不确定

（7）权变理论中自然环境因素影响企业的（　　）。

A.地域分布和授权管理　　　　　　　B.发展目标和经营理念

C.组织的稳定性　　　　　　　　　　D.企业组织的结构和规模

（8）权变理论中经济因素影响企业的（　　）。

A.地域分布和授权管理　　　　　　　B.发展目标和经营理念

C.组织的稳定性　　　　　　　　　　D.企业组织的结构和规模

（9）权变理论中社会因素影响企业的（　　）。

A.地域分布和授权管理　　　　　　　B.发展目标和经营理念

C.组织的稳定性　　　　　　　　　　D.企业组织的结构和规模

（10）权变理论中技术因素影响企业的（　　）。

A.地域分布和授权管理　　　　　　　B.发展目标和经营理念

C.组织的稳定性　　　　　　　　　　D.企业组织的结构和规模

2）多项选择题

（1）企业战略变革类型有（　　）。

A.技术变革　　　　B.产品和服务变革　　C.结构和体系变革

D.人员变革　　　　E.政策变革

（2）企业战略变革的必要性包括（　　）。

A.政治法律环境变化的需要　　　　　B.企业自身发展的需要

C.经济全球化的需要　　　　　　　　D.中国加入WTO的需要

E.市场变化的需要

（3）权变因素包括（　　）。

A.经济因素　　　　　B.社会因素　　　　　C.技术因素

D.员工因素　　　　　E.自然环境因素

（4）目前，我国乃至全球的市场都出现（　　）的情况。

A.买方市场的形成　　B.卖方市场的形成　　C.市场微型化

D.市场竞争程度加剧　E.市场的全球化

（5）为了摸清企业现状，可采取（　　）的办法。

A.问卷调查　　　　　B.面对面交流　　　　C.收集文件

D.座谈　　　　　　　E.召开会议

3）简答题

（1）战略变革的种类有哪些？

（2）当今的市场有什么变化？

（3）企业应该如何进行战略变革？

（4）影响战略变革的因素有哪些？

（5）进行企业战略变革的必要性有哪些？

● 知识应用

□ 案例分析

纳爱斯战略变革

1.基于"涅槃重生"的第一次战略变革（1985—2005）

20世纪80年代，我国进入改革开放和社会主义建设新时期，中国洗涤用品行业成为最早开放的行业之一。宝洁等世界洗涤巨头几乎占据中国洗涤市场的半壁江山，而国内厂家由于长期受计划经济的影响，品牌意识薄弱，举步维艰。纳爱斯在这种大环境下，开始了变革之旅。

纳爱斯创立于1968年，当时只生产单一产品肥皂，由于拘泥于制度以及自身原因，企业业绩徘徊不前。1985年庄启传新任厂长，带领员工进行首次战略变革，专攻洗涤用品行业。这位高瞻远瞩的企业家，做事处处先人一步。2000年纳爱斯正式跨入洗衣粉市场并且迅速成为该行业老大。该阶段，重获新生的纳爱斯从一个即将倒闭的小厂一步步成长为洗涤用品生产王国。

2.基于"快速扩张"的第二次战略变革（2006—2013）

进入21世纪，人们对提高生活品质的要求日益从"硬性"转向"软性"，日化产品逐渐向天然、健康、安全理性回归。纳爱斯的经营理念从"只选对的，不买贵的"变为"只为提升您的生活品质"，以求最大限度地满足消费者日益提升的生活品质需求。

2006年纳爱斯朝着市场容量大、盈利水平相对较高的中端市场——个人护理用品市场迈进，直接将英属中狮公司麾下中国香港奥妮、裕旸、莱然3家公司收入囊中。该阶段，纳爱斯成功变革升级，从洗涤用品行业成功变革进入个人护理用品市场。

3.基于"海外发展"的第三次战略变革（2014年至今）

纳爱斯在经济不景气的情况下，依然维持较快的增长速度。为了赢得更多市场份额，开始进行大日化战略布局，2015年成功收购中国台湾妙管家。纳爱斯通过整合妙管家市场，以期形成一个中国大陆和台湾，以及日本、东南亚经济圈，进一步推进集团全球化战略，以更高端的产品拓展海内外市场。在家居清洁领域，纳爱斯之前涉足不深，因而此次收购，有助于其向家居清洁用品行业成功变革。

同时，纳爱斯进一步提高国际化合作的水平，与瑞士奇华顿、德国巴斯夫、法国家乐福等世界500强企业，从一般合作关系提升为全面合作战略伙伴关系，并从合作中获得了宝贵的学习机会和提升空间。在此阶段，纳爱斯在中高端市场成功站稳脚跟，通过收购妙管家，使集团的产品链形成了一个覆盖洗涤、个人护理、家居清洁三角构架。

资料来源　许强，张力维，杨静. 复合基础观视角下后发企业战略变革的过程——基于纳爱斯集团的案例分析［J］. 外国经济与管理，2018（7）. 节选.

问题：试分析纳爱斯三次战略变革的动因。

□ 实践训练

实训项目：企业战略变革决策。

实训目的：培养能够依据企业未来发展战略和目标以及内外部环境的变化，对企业是否进行战略变革进行决策和提出建设性意见的能力。

实训步骤：调查某一企业，分析目前该企业是否面临某一类型、某种程度的危机，进行是否需要进行战略变革的决策，说明理由并提出建设性意见。

□ 德育训练

《中国制造2025》引领中国工业企业的战略变革

《中国制造2025》是经国务院总理李克强签批，由国务院于2015年5月印发的部署全面推进实施制造强国的战略文件，是中国实施制造强国战略第一个十年的行动纲领。

该文件被称为"中国版工业4.0规划"，核心是提出中国建设制造强国的三个十年"三步走"战略，重点对第一个十年的目标、任务进行了具体部署。具体到对重大工程的分类，主要是包括国家制造业创新中心建设、智能转型、基础建设工程、绿色制造、高端装备创新五大类。中国工业企业要根据国家的产业政策进行企业的战略调整，升级自己企业的技术创新能力和管理创新能力，如果真能做到技术领先加成本领先，在国内市场的竞争力会大大提升，同时走出国门参与国际竞争的可能性会显著增加。

资料来源　温池洪. 经济新常态下的企业战略变革和互联网+商业模式研究［J］. 吉林工商学院学报，2015（8）：35-38.节选.

讨论：结合本章知识，分析我国工业企业的总体战略和经营战略如何进行变革。

231

● 网上资源

http：//www.chinalm.org

http：//www.chnmc.com

主要参考文献

[1] 赵丽芬，张淑君. 企业战略管理 [M]. 北京：中国人民大学出版社，2011.

[2] 姚莉. 企业战略管理 [M]. 武汉：武汉大学出版社，2010.

[3] 丁宁. 企业战略管理 [M]. 北京：清华大学出版社，2009.

[4] 赵友生，樊秀男. 企业战略管理 [M]. 北京：经济科学出版社，2009.

[5] 王玉. 企业战略管理教程 [M]. 4版. 上海：上海财经大学出版社，2013.

[6] 郭洪林. 企业人力资源管理 [M]. 北京：清华大学出版社，2005.

[7] 萧鸣政. 人力资源开发与管理——在公共组织中的应用 [M]. 2版. 北京：北京大学出版社，2009.

[8] 姚裕群. 人力资源管理 [M]. 2版. 北京：中国人民大学出版社，2005.

[9] 曾建权. 人力资源管理理论与实务 [M]. 广州：中山大学出版社，2004.

[10] 魏杰. 企业战略选择 [M]. 北京：中国发展出版社，2002.

[11] 赵曙明. 人力资源战略与规划 [M]. 北京：中国人民大学出版社，2002.

[12] 蔡树堂. 企业战略管理 [M]. 北京：石油工业出版社，2001.

[13] 阿姆斯特朗. 战略化人力资源基础 [M]. 张晓萍，何昌邑，译. 北京：华夏出版社，2004.

[14] 沃克. 人力资源战略 [M]. 吴雾芳，译. 北京：中国人民大学出版社，2001.

[15] 蓝海林. 企业战略管理 [M]. 2版.北京：科学出版社，2015.

[16] 王方华. 企业战略管理 [M]. 上海：复旦大学出版社，2015.

[17] 稻盛和夫. 阿米巴经营 [M]. 陈忠，译. 北京：中国大百科全书出版社，2016.

[18] 胡茉. 欧洲企业管理经典案例解析 [M]. 上海：上海交通大学出版社，2017.

[19] 蓝海林，等. 企业战略管理 [M]. 3版. 北京：中国人民大学出版社，2018.

[20] 肖智润. 企业战略管理：方法、案例与实践 [M]. 2版. 北京：机械工业出版社，2018.

[21] 魏江，邬爱其，等. 战略管理 [M]. 2版. 北京：机械工业出版社，2021.

[22] 艾晓玉. 传统文化与现代管理 [M]. 2版. 北京：中国旅游出版社，2025.

[23] 徐伟，燕雷，陈浩. 变革的力量：供应链数字化转型实战 [M]. 北京：中国铁道出版社，2025.

[24] 梅洁. 从战略到绩效的卓越管理 [M]. 北京：电子工业出版社，2025.

[25] 苗莉. 企业战略管理 [M]. 2版. 北京：国家开放大学出版社，2025.